U0555614

信托纠纷实务与风险防范

中盛律师事务所　编

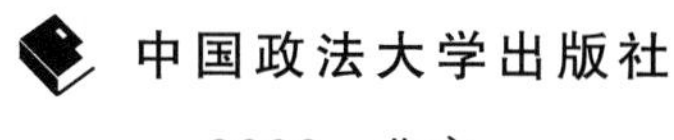

2022 · 北京

图书在版编目（CIP）数据

信托纠纷实务与风险防范/中盛律师事务所编. —北京：中国政法大学出版社，2022. 6
ISBN 978-7-5764-0633-7

Ⅰ. ①信…　Ⅱ. ①中…　Ⅲ. ①信托－经济纠纷－研究－中国　Ⅳ. ①D922. 282. 4

中国版本图书馆CIP数据核字(2022)第145572号

书　名　信托纠纷实务与风险防范
XINTUO JIUFEN SHIWU YU FENGXIAN FANGFAN
出版者　中国政法大学出版社
地　址　北京市海淀区西土城路 25 号
邮　箱　fadapress@163.com
网　址　http://www.cuplpress.com (网络实名：中国政法大学出版社)
电　话　010-58908466(第七编辑部) 010-58908334(邮购部)
承　印　固安华明印业有限公司
开　本　720mm×960mm　1/16
印　张　19.75
字　数　330 千字
版　次　2022 年 6 月第 1 版
印　次　2022 年 6 月第 1 次印刷
定　价　88.00 元

编委会

序　言

没有坦途通向未来，但我们还是摸索着笃定前行。

执卷在手，思绪万里。信托作为一种“舶来品”，是伴随着改革开放发展起来的。进入二十世纪九十年代，正值我国加快市场经济立法速度的关键时期，《证券法》《破产法》和《信托法》的起草工作开始提上日程，而我有幸作为第一批“摸着石头过河”的人，奉命主持起草《信托法》，参与了这部法律制定的全过程。

我国信托立法是在既缺乏实践基础又缺乏理论准备的情况下开始的，其专业难度和技术难度之大，对立法工作提出了很大的挑战。制定一部符合中国国情、顺应时代发展的《信托法》，显得尤为迫切和重要。经过广泛调研、征求意见和反复论证，历经八年的起草、修改和数次审议，凝结着众多法律人心血和智慧的《信托法》于2001年问世。《信托法》对信托业的私权领域作了详尽规定。但《信托业法》并未一同诞生。原银监会2007年颁布的《信托公司管理办法》和《信托公司集合资金信托管理办法》，对《信托法》公权方面的缺位做了很好的补充。

《信托法》是我国信托制度确立的里程碑，自此我国信托业迈出了规范发展的历史性一步。这部法律尽管有缺憾，但瑕不掩瑜，它填补了我国信托法律制度的空白，为普及信托观念，调整信托关系，规范信托行为，促进信托事业的健康发展提供了根本遵循。另一个成果是,《信托法》的诞生也为我国的信托研究开辟了一条康庄大道,自此信托人才不断涌现,信托理论不断深入发展。《信托法》的创造过程已交付给历史,《信托法》的未来还需后来人的努力。后生可畏,焉知来者之不如今也。

曰与时偕行。

常制不可以应变化,一途不可以应无方。我国法律意义上的信托实践从营业信托开始兴起,历经二十余年发展,信托业已成为我国金融行业的重要支柱。近年来,伴随回归信托本源、转型发展的要求,特别是《关于规范金融机构资产管理业务的指导意见》出台以后,我国信托业呈现出新的特点:打破"刚兑"成为不可逆转之大势,信托公司的信息披露义务成为监管部门关注的重点;疫情肆虐,经济受到严重挑战,更多的信托纠纷进入司法视野,信托公司的"适当性义务"不断被厘定;互联网经济的发展,个人信息保护问题在信托业务中不断凸显;以及新型信托产品的出现带来的问题……中盛律师事务所作为信托行业的一线参与者,创作本书,正顺应了信托业发展的趋势。

曰业有专攻。

中盛律师事务所创立于1996年,2013年被中国信托业协会正式吸纳为唯一一家律所会员单位。长期以来,中盛律师事务所一直深耕于信托领域,丰富的信托法律实践经验使得本书的内容具有极强的实用性与可操作性。本书内容涵盖信托纠纷的各个方面,包括信托基本原理、信托诉讼与非诉法律业务实操细节,从理论与实务维度,结合丰富案例,深入浅出地阐述,在信托这个复杂的主题和普通人的理解之间连接了一条纽带,帮助信托研究者、信托从业人员、信托法律工作者更全面地了解信托制度的理论和实务知识。不仅如此,本书顺应当代信托业的新变化,对信托业的新情况、新问题进行了较为深入的理论探讨与实务研究,对信托制度发展过程中各类争议的解决与规则的完善,具有积极的推动意义。

曰见性志诚。

外物从未乱本真,不失初来赤子心。本书内容的全面、细致与专业是中盛人多年来专注于信托领域研究探索取得的成绩,体现出中盛人对信托业务精益求精的不懈追求，更体现出中盛人对所在行业的赤诚热爱以及以我国信托事业发展为己任的责任感。中盛人的专业专注、至精至诚也赋予这本书独一无二的灵魂与温度。

希望本书能引起更多人对于信托的思考和研究，使信托纠纷拨开迷雾见分晓，促进我国信托法律与信托事业进一步发展。

桐花万里丹山路，雏凤清于老凤声。

我心甚慰，为中国信托业，为信托业中国。

是为序。

2022 年 6 月

目 录

CONTENTS

第一章
信托纠纷的类型、特点及法律适用

解决信托纠纷的核心，须从信托法律规范中找寻可供支持一方当事人得向他方当事人有所主张的法律规范，即请求权基础。尽管“信托”是个舶来品，但事实上信托在每个国家的发展都被打上了各自独特的烙印，所以，在介绍信托纠纷类型、特点前，有必要先对我国信托特点、分类略加阐释。考虑到我国信托业历经了萌芽、停滞、恢复、整顿、发展等阶段，本书以2001年公布的《信托法》〔1〕作为规范我国信托业发展的起点，试图展现我国现行信托规范制度下的信托全貌。

第一节　我国信托规范制度下的信托

根据《信托法》第2条，信托法律关系以信托财产独立性为灵魂，以委托人对受托人的信任为起点，以管理、处分财产权为主要内容，信托的目的包括但不限于受益人利益。

首先，信托财产的独立性被认为是现代信托制度的核心。所谓“独立性”，即信托财产既独立于委托人其他财产，又独立于受托人、受益人的固有财产，还意味着如果受托人严格履行勤勉尽责义务，那么管理、处分信托财产过程中产生的损益，均由信托财产承担。这也反映出信托制度中最具魅

〔1〕为了行文方便，本书中提及的我国法律规范文件均省略“中华人民共和国”字样，如《中华人民共和国信托法》简称为《信托法》。

力的"所有权与受益权相分离"的特点,[1]以及信托公司得以横跨货币、资本、实业三大市场的根本原因。尽管我国信托财产登记制度至今尚未建立,但从"Use"到"Trust"走过的几个世纪的发展历程来看,[2]我们对我国信托业的未来充满期待。

其次,委托人将财产或财产权让渡给受托人,不论是出于财产安全的考虑,还是看重受托人保值增值信托财产的能力,根本上讲都是其自由权利的扩张,只是将权利中的"利"剥离并让渡给受益人。为保障各方当事人之间的稳态结构,受托人在获得信托报酬的同时,须"受人之托,忠人之事",于信托公司而言,"应恪尽职守,履行诚实、信用、谨慎、有效管理的义务"。

受托人此种信义义务要求维护受益人的最大利益,且一定程度上可以通过约定划定义务边界,故有别于民法上诚实信用原则的法定义务。例如,根据 2017 年中国银监会下发的《信托业务监管分类说明(试行)》的规定,信托公司不具有信托财产的运用裁量权,而是根据委托人或是由委托人委托的具有指令权限的人的指令,对信托财产进行管理和处分。针对该种事务管理类信托,受托人对尽职调查、信托设立、信托财产运用和处分、原状分配等事项均可事先约定。[3]

---

〔1〕 日本学者四宫和夫在其《信托法》(东京有斐阁株式会社 1989 年版)曾这样描述,"信托具有不实质性地丧失财产权或财产权人状态,却可以按照财产权人追求的各种目的来转换其形态的共通功能"。

〔2〕 按学界的通说,信托肇始于中世纪英国的"用益制"(Use),被认为是现代信托的原始制度,根据余辉《英国信托法:起源、发展及其影响》(清华大学出版社 2007 年版)中提及的历史资料,Use 当初只是人们转移地产的一种手段,民法上称之为财产处分方式。1925 年,《英国财产法》颁布,废除了《英国用益法》,从此以后,所有的"Use"与"Trust"的区别完全消除并统一于"Trust"的概念之中,参见陈向聪:《信托法律制度研究》,中国检察出版社 2007 年版。

〔3〕 根据《信托业务监管分类说明(试行)》,被动管理型信托(也称为事务管理类信托或事务信托)的主要特征包括:(1)信托设立之前的尽职调查由委托人或其指定的第三方自行负责。信托公司有权利对信托项目的合法合规性进行独立的尽职调查。(2)信托的设立、信托财产的运用和处分等事项,均由委托人自主决定或信托文件事先明确约定。(3)信托公司仅依法履行必须由信托公司或必须以信托公司名义履行的管理职责,包括账户管理、清算分配及提供或出具必要文件以配合委托人管理信托财产等事务。(4)信托终止时,以信托财产实际存续状态转移给信托财产权利归属人,或信托公司根据委托人的指令对信托财产进行处置。

同时，因委托人不能无故解任受托人，受托人此种信义义务与《公司法》上董事、监事和高级管理人员（以下简称董监高）的忠实、勤勉义务既有联系又有区别。因现行《公司法》对忠实勤勉义务内容表述上的缺失，根据《公司法（修订草案）》第 180 条，忠实义务要求董监高不得利用职权谋取不正当利益，重在规制不公平关联交易；勤勉义务要求其为公司最大利益履行职务，尽到合理注意义务，类似英美法系国家 BJR（商业判断）规则。相比较而言，《信托法》对受托人信义义务的规范主要散见于第 4 章第 2 节，虽然并未明确提出“忠实勤勉”的概念，但通过列举方式规定的内容，与“忠实勤勉”义务多有类似。例如，《信托法》同样禁止不公平关联交易，根据第 28 条，若信托文件没有规定或者未经委托人或者受益人同意，受托人固有财产与信托财产、不同委托人的信托财产之间不得以不公平的市场价格进行交易。《信托法》同样规定了受托人的合理注意义务，根据第 36 条，受托人违背管理职责、处理信托事务不当致使信托财产受到损失的，受托人须承担恢复信托财产原状或赔偿的责任。但是二者从性质上看完全不同，《公司法》规定的公司与董监高的关系本质上是委托关系，无论是最高人民法院指导案例 10 号，还是《民法典》第 933 条、《公司法（修订草案）》第 66 条均确立了董监高职务的无因解除制度，即股东会决议解除董监高职务不需要理由。而《信托法》规定，自信托设立起，委托人与受托人的信托法律关系不同于委托关系。根据《信托法》第 23 条，只有在“受托人违反信托目的处分信托财产或者管理运用、处分信托财产有重大过失”的情况下，委托人才获得解任受托人的权利。两相比较，信托法律关系更趋稳定，一定程度上赋予了受托人更稳定的未来预期，也更有利于发挥受托人专业管理能力。

实际上，法律上不仅谨慎对待解任权，而且针对撤销信托（《信托法》第 12 条）、撤销信托处分行为（《信托法》第 22 条、第 49 条）、解除信托（《信托法》第 50 条、第 51 条）均设置了权利行使的严苛前提和除斥期间等限制规定。信托在法律的层层“呵护”下，委托人、受托人、受益人，甚至包括债权人的利益因此获得一种平衡。这种法律上的刻意为之，凸显了信托在财富传承、破产隔离方面独一无二的先天优势，这种稳定的延续性在公益信托中也表现得更加明显。《信托法》第 72 条规定，公益信托终止后，信托财产将可能转移给其他具有近似目的的公益信托。

最后，尽管事务管理类信托与主动管理类信托的分类依据更倾向于监管层面的考量，但正如 2019 年《全国法院民商事审判工作会议纪要》（以下简称《九民纪要》）关于营业信托纠纷案件的审理前言提到，营业信托纠纷主要表现为事务管理类信托纠纷和主动管理类信托纠纷两种类型，可见法律上将信托划分如下类型。

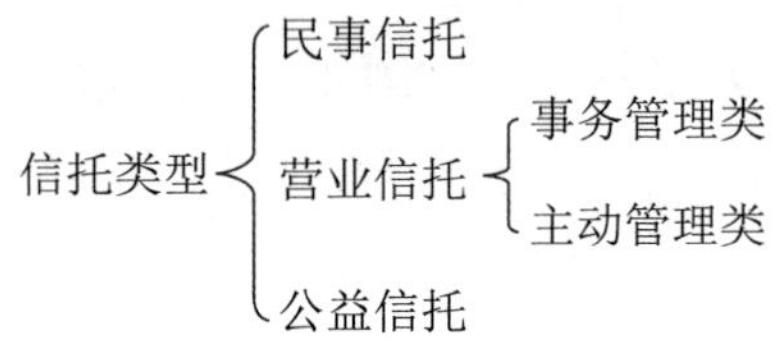

从商业角度看，各种信托法律关系终将以不同的信托产品呈现，根据《信托公司资金信托管理暂行办法（征求意见稿）》，信托可划分为如下类型。[1]

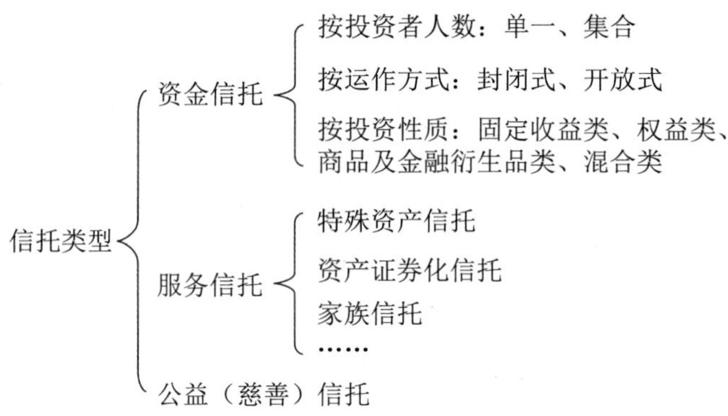

〔1〕 监管部门也曾将公益（慈善）信托归为服务信托，但考虑到《信托法》也将公益信托单独作为一种类型，另外公益（慈善）信托具有的独特特点，比如目的上仅为实现公共利益；在内部结构上，通常设置“决策委员会”或“监督管理委员会”的机构，应当设立监察人制度；在监管上，同时受民政部门监督等，故作者将此类信托单独作为一种信托类型。参见中国银保监会有关部门负责人就《信托公司资金信托管理暂行办法（征求意见稿）》答记者问，第四个问题：“《办法》对资金信托业务如何定义？”，载 http://www.cbirc.gov.cn/cn/view/pages/ItemDetail.html? docId = 902891&itemId = 915，最后访问日期：2022 年 5 月 10 日。

伴随着我国经济转向高质量发展阶段，信托业正在改变依靠“通道类”“融资类”业务收益的路径依赖，2018 年中国信托业年会上监管提出“信托业务要坚持发展具有直接融资特点的资金信托，发展以受托管理为特点的服务信托，发展体现社会责任的公益（慈善）信托”，信托行业面临着创新业务模式和防范风险的双重压力。资金信托领域，不论是标准化证券投资信托，还是参与直接融资市场的长期股权投资信托，一方面囿于现有制度的发展桎梏，另一方面承担着建立全面风险管理体系的重任。服务信托领域，除较为成熟的资产证券化信托和家族信托商业模式外，特殊资产信托、企业年金信托、预付款信托等新型产品信托均处于探索阶段。而公益（慈善）信托领域，同样须解决制度配套措施缺失、信托持续性不强、公众参与度不高等问题。

正是在这种信托业务转型的大背景下，面对未来信托产品创新可能带来的不确定风险，本书重在回顾总结既往信托纠纷，以期对信托业务风险防范提出建议与思路。

第二节　信托纠纷的类型

《民事案件案由规定》第八部分“与公司、证券、保险、票据等有关的民事纠纷”中，二级案由“信托纠纷”项下分民事信托纠纷、营业信托纠纷、公益信托纠纷三个三级案由。那么，上述分类是否涵盖了所有信托纠纷类型？回答这个问题的关键在于定义营业信托纠纷的内涵和外延。

一、营业信托纠纷

《九民纪要》第 88 条第 1 款对营业信托纠纷作出了定义，指明营业信托纠纷的主体是信托公司。[1]但如何理解第 88 条第 2 款，根据《关于规范金融机构资产管理业务的指导意见》（以下简称《资管新规》）的规定，其他

〔1〕《九民纪要》第 88 条第 1 款规定，信托公司根据法律法规以及金融监督管理部门的监管规定，以取得信托报酬为目的接受委托人的委托，以受托人身份处理信托事务的经营行为，属于营业信托。由此产生的信托当事人之间的纠纷，为营业信托纠纷。

金融机构开展的资产管理业务构成信托关系的，当事人之间的纠纷适用信托法及其他有关规定处理。对于此规定存在不同观点，其争议焦点是，其他金融机构开展的构成信托关系的资产管理活动引发的纠纷，是否也应认定为营业信托纠纷？

广州仲裁委员会微信公众号发布的《信托、营业信托、营业信托纠纷》一文认为，营业信托纠纷应符合三方面要求：（1）以信托公司和其他金融机构作为受托人；（2）以取得信托报酬为目的经营信托业务；（3）在信托当事人之间发生的纠纷。也就是信托公司之外的其他金融机构开展的构成信托关系的资产管理活动引发的纠纷亦属于营业信托纠纷。

最高人民法院民事审判第二庭编著的《〈全国法院民商事审判工作会议纪要〉理解与适用》认为，《民事案件案由规定》规定的三类纠纷案由与《信托法》第3条“民事、营业、公益”三种信托法定分类相对应，提出以行为说，即信托系营业性商行为的本质来界定营业信托。同时提到《九民纪要》第88条第2款的目的是避免相同金融产品不按照同一原则统一监管而造成监管空白、监管套利，从中央要求将功能监管和行为监管作为监管强化和补齐短板的角度，以“相同之事理，为相同之处理”，统一适用法律，实现纠纷的依法、公正处理。故同样认同扩大营业信托纠纷的受托人主体范围的观点。

但是《〈全国法院民商事审判工作会议纪要〉理解与适用》在具体阐释时提到“传统的信托公司、基金管理公司等实际经营信托业务的机构开展的营业信托……”，其依据是2001年国务院办公厅《关于〈中华人民共和国信托法〉公布执行后有关问题的通知》中“在国务院制定《信托机构管理条例》之前，按人民银行、证监会[1]依据《信托法》制定的有关管理办法执行。人民银行、证监会分别负责对信托投资公司、证券投资基金管理公司等机构从事营业性信托活动的监督管理”的相关规定。而根据该通知中“未经人民银行、证监会批准，任何法人机构一律不得以各种形式从事营业性信托活动”的规定可知，营业信托具有特许经营性质。当然，上述通知是对“信托机构从事信托活动的事项作出具体规定”前的过渡性安排。根据

[1] 证监会指中国证券监督管理委员会，本书中简称为证监会或者中国证监会。

《信托登记管理办法》第2条第2款，“本办法所称信托机构，是指依法设立的信托公司和国务院银行业监督管理机构认可的其他机构”。中国信托登记有限公司网站中“信托产品成立公示”的发行机构，仅显示68家信托公司，并不存在“国务院银行业监督管理机构认可的其他机构”。所以，从这个方面看，营业信托纠纷不包括信托公司之外的其他金融机构开展的构成信托关系的资产管理活动引发的纠纷。

虽然观点不同，但实际上并不会对信托纠纷案件审理造成影响，即使营业信托纠纷受托人主体不包括其他金融机构，案由上依据《最高人民法院关于印发修改后的〈民事案件案由规定〉的通知》“第三级案由中没有规定的，适用相应的第二级案由”的规定，可适用“信托纠纷”案由，在审理时适用《信托法》及其他有关规定处理信托法律关系也不存在争议。故笔者从对应《信托法》信托法定分类的角度认为，营业信托纠纷包括信托公司和其他金融机构构成信托关系的资产管理活动引发的纠纷。

二、公益信托纠纷

公益信托纠纷引起的诉讼有别于公益诉讼，根据《民事诉讼法》第58条，公益诉讼主要包括环境保护公益诉讼、消费者保护公益诉讼等，起诉主体为法律规定的机关和有关组织，其实质属于侵权诉讼。而公益信托纠纷是信托当事人基于公益信托关系产生的纠纷，《信托法》第60条对公益信托的范围进行了列举，其实质属于合同纠纷，[1]所以，除《信托法》第65条明确赋予“信托监察人有权以自己的名义，为维护受益人的利益，提起诉讼”外，委托人也可以根据协议约定提起诉讼。

需要注意以下问题：

第一，因《信托法》第63条要求“公益信托的信托财产及其收益，不得用于非公益目的”，且需要在民政部门备案，所以在现行信托规范中，并不是所有具备公益目的的信托均为公益信托，由此引发的纠纷也不宜归为公

〔1〕《信托法》第73条规定，公益事业管理机构违反本法规定的，委托人、受托人或者受益人有权向人民法院起诉。此类纠纷属于行政诉讼，不在本书讨论范围之内。

益信托纠纷。

第二，尽管目前信托监察人制度仅在公益信托中被提及，但是监察人提起的诉讼也并非全部属于公益信托诉讼。设立监察人的原因之一是因为公益信托没有明确的财产权益归属权人，受益人不享有任何决策权，甚至话语权，被称为“所有者缺席”。所以，当存在受益人行使监督权利困难的情形下，理论上都可以引入监察人机制。

第三，《信托法》第64条明确信托监察人由委托人或公益事业管理机构指定，用来监督受托人管理信托事务，但委托人亦存在损害信托利益的可能性，例如关联交易，不当利益的输送等，故信托监察人为维护公益信托利益，可以向委托人提起诉讼。

当然目前尚未有严格意义上的公益信托纠纷出现，虽然存在以公益信托纠纷为案由的案例，但是案件本身与公益信托纠纷相去甚远。值得关注的是，全国首例将慈善信托机制引入公益诉讼专项资金制度的环境民事公益诉讼案件，即“北京市某研究所诉某汽车公司大气污染责任纠纷案”[1]。该案的调解协议显示，该汽车公司通过设立公益（慈善）信托，并由公益组织代表、环境专家、法学专家组成决策委员会，将公益诉讼赔偿金用于保护和修复大气环境、防治大气污染。从一个侧面说明，信托本身就是减少纠纷、实现公益目的的良好途径。

三、民事信托纠纷

将民事信托纠纷放在最后阐述，并不是为了“兜底”前述两种情况外的其他信托纠纷，只是现有信托分类体系下的无奈之举。实际上，《信托法》将信托类型划分为民事信托、营业信托、公益信托三种，也被学界质疑其逻辑依据存在矛盾。对于争议按下不表，本书讨论的民事信托纠纷按照学界一般认识，是与商事信托纠纷相对的概念，主要指以自然人为受托人，因民事信托关系而发生纠纷。例如，根据《民法典》第1133条第4款“自然人可以依法设立遗嘱信托”之规定可能引发的遗嘱信托纠纷。最典型的案例是

〔1〕 案号：(2016) 京04民初73号。

被冠以国内“遗嘱信托第一案”的“李某1、钦某某等遗嘱继承纠纷案”〔1〕。以本案为例，在解决民事信托纠纷时主要关注以下几点。

第一，首先须根据《信托法》判断民事法律行为是否构成信托法律关系。在判断遗嘱行为性质时，往往要结合法律解释，包括目的解释、整体解释等综合认定意思表示的实质内容。例如，根据目的解释，信托目的必须合法，遗嘱应当实现家族财富的传承；根据整体解释，遗嘱财产应当符合信托财产所有权和收益权分离的最主要特征。

第二，判断信托文件的效力除依据《信托法》外，还应符合其他相关法律规范。根据《信托法》，信托文件应当采用书面形式，还应当载明信托目的、委托人及受托人姓名、受益人范围、信托财产范围、受益人取得信托利益的形式和方法等。根据《民法典》，不同遗嘱形式除须符合《民法典》第1143条之实质要件外，还须满足形式要件。例如，“李某1、钦某某等遗嘱继承纠纷案”中李某遗嘱为自书遗嘱。《民法典》第1134条规定：“自书遗嘱由遗嘱人亲笔书写，签名，注明年、月、日。”

第三，因牵涉不同法律规范，须谨慎处理各规范间的衔接问题。“李某1、钦某某等遗嘱继承纠纷案”在学界产生了广泛讨论，不少学者认为在目前法律制度下存在很多无法解决的问题，并提出各种建议。对此，笔者认为，应当首先在现有法律规范内寻求解决之道。例如，被广泛讨论的遗嘱与遗嘱信托生效时间的冲突问题。《信托法》第13条第1款并不是说遗嘱信托成立、生效必须与遗嘱生效保持一致，第13条第2款也不能当然解读为遗嘱信托不以受托人承诺管理、处分信托财产成为信托的成立要件。实际上，二者分别根据《信托法》和《民法典》“继承编”相关规定，并行不悖，遗嘱信托不会因为不与遗嘱同时生效而不能成立。当然应当明确，遗嘱是单方法律行为，而遗嘱信托成立应当根据《信托法》第8条经受托人承诺。至于遗嘱信托成立后，《信托法》第10条提到的“效力”是指信托生效的效力，还是

---

〔1〕 案号：(2019) 沪02民终1307号。虽然本案发生在《民法典》实施前，但仍具有重要参考价值，法院依据《继承法》的裁判理由也不与《民法典》“继承编”冲突。当然，并不是说《民法典》创立了遗嘱信托，根据《信托法》第8条、第13条，实际上已经肯定了遗嘱信托类型。

指对债权人的对抗效力，属于《信托法》本身须明确的问题。而根据《民法典》第230条“因继承取得物权的，自继承开始时发生效力”，受托人取得信托财产所有权的时间均会回溯至继承开始时，不会出现无权利人的真空期。

第三节　信托纠纷的特点

因营业信托与公益信托、民事信托在性质上存在较大区别，加之公益信托纠纷和民事信托纠纷实践中较少发生，其特点在上文中已经有所提及，故本书以营业信托纠纷为主要论述对象。对于营业信托纠纷，近年来案件数量逐年递增，一般认为是由于外在经济环境、监管政策影响和信托业自身风控措施不完善等各种因素相互叠加造成的。由此归纳信托纠纷的特点为：信托法律关系复杂、监管政策和法律规范交织、涉众纠纷和执行案件增多等。此处需要再次明确，根据《九民纪要》第89条，受托人在信托财产运用端和交易对手（交易对手之外的主体，如融资人、债务人）产生的纠纷不属于营业信托纠纷。因设立信托应采取书面形式，营业信托又以信托合同形式为典型，所以营业信托纠纷往往被误认为属于合同纠纷，但签订信托合同这一外在表现形式并不足以概括信托的性质，信托纠纷独有的特点也往往被忽略。对比合同纠纷，营业信托纠纷的特点包括以下几点。

第一，营业信托纠纷以信托本身合法合规为基础，同时须关注营业信托的性质。尽管存在法院裁判信托合规性与监管职能是否冲突的争议，但实务中确实存在当事人的相关诉请，当然在有明确监管意见时，法院一般予以认同。司法实践更为关注的是营业信托的性质，即判断营业信托属于事务管理类信托还是主动管理类信托。不论哪种类型，受托人均负有信义义务，均应当诚实、信用、谨慎、有效地履行受托人义务，但受托人的履职范围和尽职程度会有所不同。除需要根据法律规范和合同约定外，信托是否存续、是否已经清算分配对厘清各方责任也起到关键作用。

第二，营业信托纠纷与合同纠纷最明显的区分在于归责原则的差异。合同责任以无过错责任为原则，以过错责任为例外，有偿合同一般采取无过错责任原则。但是营业信托纠纷中，受托人承担相应责任以过错责任为前提，受托人如证明在受托管理信托财产期间履行了受托人职责，或者行为与损害后果不存在因果关系，则免于承担责任。

第三，信托财产的独立性引申出《信托法》上归入权的规范基础，即《信托法》第 26 条第 2 款：“受托人违反前款规定，利用信托财产为自己谋取利益的，所得利益归入信托财产”。故学界普遍认为，受托人的赔偿对象应为信托财产，赔偿金额应当适用“归入原则”统一归入信托财产，受益人根据信托受益权，经信托收益分配间接获得赔偿。

第四节　信托纠纷的解决途径

信托纠纷属于商事领域纠纷，因此，商事纠纷的解决途径基本均适用于信托纠纷，包括诉讼、仲裁、和解、调解（诸如行业调解、人民调解）等的商事纠纷解决方式均可适用。诉讼，通常是指当事人根据约定或者法律规定向管辖法院提起诉讼，请求法院保护其合法权益；仲裁，则是指当事人根据约定选择依法设立的仲裁机构（仲裁委员会）适用特定仲裁规则对其争议事项进行裁决；和解，一般理解为当事人之间自行协商解决产生的纠纷、自愿达成和解协议；调解，则是在第三方（例如人民调解委员会、行业协会等）主持和协调斡旋下，促使当事人在平等自愿协商的基础上，就争议事项达成一致解决方案，在各方共同作用下解决纠纷。诉讼和仲裁过程中，需要严格遵守法定程序，当事人之间的对抗性往往比较强烈，判决结果和裁决结果的权威性最高；而和解、调解没有严格的法定程序，法律规定较为宽松，纠纷解决过程更为和谐。

诉讼、仲裁、和解、调解等争议解决方式各有特色，在纠纷解决过程中不可或缺。信托纠纷往往项目金额巨大，资产处置复杂，存在各方利益博弈，并涉及企业的商业信用及商业机密。因此，鼓励在专业法律人员参与的情况下，根据各纠纷解决途径的适用条件和个案特点，有针对性地选择恰当方式解决争议，以期既省时省力，又能节约资源，并有利于维护商业秘密，最终实现“案结、事了、人和”。

一、调解与调解协议的司法确认

调解是解决信托纠纷的方式之一，常见的调解形式包括人民调解、行业调解、司法调解、仲裁调解等。人民调解，是指人民调解委员会通过说服、疏导等方法，促使当事人在平等协商基础上自愿达成调解协议，解决民间纠纷的活动，主要立法规制为《人民调解法》。行业调解，是指一些行业协会作为中立的第三方，本着中立性、专业性的原则，以双方当事人的合意为基础，通过调解员的辨析、斡旋，解决纠纷。行业调解在特定专业领域的纠纷解决上发挥着重要作用，譬如中国建设工程造价管理协会工程造价纠纷调解工作委员会（简称中价协调解委员会）调解建设工程合同领域的纠纷。司法调解，是指人民法院在诉讼过程中的调解，包括诉前调解和诉讼中调解。仲裁调解，是指仲裁机构在仲裁过程中的调解。人民调解委员会主要调解民间纠纷，不收取费用，我们在此不做过多赘述。信托纠纷的解决如适用调解方式，可能会涉及行业调解、司法调解、仲裁调解。

调解的特点是高度尊重当事人的意愿，体现当事人自愿协商一致的结果，当事人双方都较为满意也便于后期履约。另外在时限上，相较于诉讼的一审、二审、再审、执行等漫长环节，调解期限一段不会耗时过长；同时，在合法的前提下，调解可以不受法律关系、诉讼主体和诉讼请求的限制，尽可能地一次性解决立、审、执的问题，有助于一揽子解决当事人之间的纠纷，真正达到案结事了。需关注的是，《最高人民法院关于建立健全诉讼与非诉讼相衔接的矛盾纠纷解决机制的若干意见》第10条规定，“……经商事调解组织、行业调解组织或者其他具有调解职能的组织调解后达成的具有民事权利义务内容的调解协议，经双方当事人签字或者盖章后，具有民事合同性质”，即调解协议在未经司法确认之前仅具有民事合同性质，没有强制执行力。我国法律等规范性文件规定，可对人民调解协议、行业调解协议进行司法确认。实务中建议通过司法确认的形式来赋予调解协议强制执行力，以便通过法院的力量确保调解协议的顺利履行。2011年1月1日起施行的《人民调解法》第33条第1款、第2款规定，“经人民调解委员会调解达成调解协议后，双方当事人认为有必要的，可以自调解协议生效之日起三十日内共同向人民法院申请司法确认，人民法院应当及时对调解协议进行审查，依法确认调解协议的效力。人民法院依法确认调解协议有效，一方当事人拒绝履行或者未全部履行的，对方当事人可以向人民法院申请强制执行”。2016 年 6 月 28 日起施行的《最高人民法院关于人民法院进一步深化多元化纠纷解决机制改革的意见》第 31 条规定：“完善司法确认程序。经行政机关、人民调解组织、商事调解组织、行业调解组织或者其他具有调解职能的组织调解达成的具有民事合同性质的协议，当事人可以向调解组织所在地基层人民法院或者人民法庭依法申请确认其效力。登记立案前委派给特邀调解组织或者特邀调解员调解达成的协议，当事人申请司法确认的，由调解组织所在地或者委派调解的基层人民法院管辖。”但是同时也应看到，也有调解协议被法院认定为无效而无法进行司法确认，例如《人民调解法》第 33 条第 3 款规定，“人民法院依法确认调解协议无效的，当事人可以通过人民调解方式变更原调解协议或者达成新的调解协议，也可以向人民法院提起诉讼”，从侧面说明了调解协议存在着无法进行司法确认的情形。

2022 年 1 月 1 日起施行的《民事诉讼法》对申请司法确认调解协议时可选择的管辖法院进行了扩大规定，相较于此前的法律规定，不再局限于调解组织所在地法院，对级别管辖亦由之前的基层人民法院受理变更为根据案涉纠纷向基层人民法院或者中级人民法院提出，顺应了目前我国多元化调解机制的建立完善进程。根据现行生效的《民事诉讼法》第 201 条规定：“经依法设立的调解组织调解达成调解协议，申请司法确认的，由双方当事人自调解协议生效之日起三十日内，共同向下列人民法院提出：（一）人民法院邀请调解组织开展先行调解的，向作出邀请的人民法院提出；（二）调解组织自行开展调解的，向当事人住所地、标的物所在地、调解组织所在地的基层人民法院提出；调解协议所涉纠纷应当由中级人民法院管辖的，向相应的中级人民法院提出。”据此，对调解协议进行司法确认的受理法院取决于：（1）调解是由当事人自行选择发起还是由人民法院指定；（2）案件所涉纠纷应当由中级人民法院还是由基层人民法院管辖，当事人可自行根据实际情况选择向作出邀请的人民法院、当事人住所地法院、标的物所在地法院或调解组织所在地法院提出申请。

二、仲裁

信托纠纷多是因财产关系引发的纠纷，属于仲裁受案范围，实践中不少当事人自愿选择仲裁这一争议解决方式。各仲裁机构官网会公示其仲裁示范条款。[1]实践中，可根据实际情况参考适用。当事人达成书面仲裁协议或仲裁条款后，即排除了人民法院对案件的管辖权。

仲裁规则，指规范仲裁进行的具体程序及此程序中相应的仲裁法律关系的程序规则。一般来说包括仲裁程序（例如，仲裁申请、答辩、反请求、仲裁员与仲裁庭、审理等）、裁决、适用程序（简易程序或普通程序）、仲裁费用收费标准等。《仲裁法》第 15 条第 3 款规定，中国仲裁协会依照本法和民事诉讼法的有关规定制定仲裁规则；第 75 条规定，中国仲裁协会制定仲裁规则前，仲裁委员会依照本法和民事诉讼法的有关规定可以制定仲裁暂行规则。现阶段，中国仲裁协会尚未成立，仍在筹建当中，所以实践中，一般由各仲裁委员会单独制定仲裁规则，并在其官网上进行公示，独立性较为明显，没有统一标准。需关注的是，各仲裁委员会会定期更新其仲裁规则，同一仲裁委员会有多个仲裁规则版本，实务中，为避免就适用的仲裁规则版本出现争议和分歧，建议事先访问仲裁机构官网了解不同版本的内容差别和仲裁规则适用、施行的规定。

由于各仲裁委员会规定不同，仲裁规则作为仲裁活动参与者的“内部法”，已成为当事人选择仲裁机构需要考虑的一个重要因素。我们以北京地区的三家仲裁委员会为例，从费用、适用程序、裁决期限等方面分别陈述以

---

〔1〕 参见中国海事仲裁委员会示范条款“凡因本合同引起的或与本合同有关的任何争议，均应提交中国海事仲裁委员会，按照申请仲裁时该会现行有效的仲裁规则进行仲裁。仲裁裁决是终局的，对双方均有约束力。注：可特别约定：仲裁庭由……仲裁员组成，仲裁地位于……，仲裁语言为……，本合同适用……为实体法”。北京仲裁委员会示范条款“因本合同引起的或与本合同有关的任何争议，均提请北京仲裁委员会/北京国际仲裁中心按照其仲裁规则进行仲裁。仲裁裁决是终局的，对双方均有约束力”。中国国际经济贸易仲裁委员会示范仲裁条款“凡因本合同引起的或与本合同有关的任何争议，均应提交中国国际经济贸易仲裁委员会，按照申请仲裁时该会现行有效的仲裁规则进行仲裁。仲裁裁决是终局的，对双方均有约束力”。

供了解，详见表 1-1。[1]

表 1-1　北京三家仲裁委员会的仲裁规则

仲裁规则	费用	适用程序	裁决期限（不含期限延长情形）
中国国际经济贸易仲裁委员会仲裁规则（2015 版）	案件受理费+案件处理费+其他额外的、合理的实际开支（详见《中国国际经济贸易仲裁委员会仲裁费用表（二）》）	除非另有约定，争议金额不超过 500 万元，或争议金额超过 500 万元但经一方当事人书面申请并征得另一方当事人书面同意的，或双方当事人约定适用简易程序的，适用简易程序（详见第 56 条）	组庭后 4 个月内作出裁决书（详见第 71 条）； 简易程序中，仲裁庭应在组庭后 3 个月内作出裁决书（详见第 62 条）
北京仲裁委员会/北京国际仲裁中心仲裁规则（2022 年 2 月 1 日施行）	仲裁员报酬+机构费用+其他额外的、合理的实际开支（详见该会仲裁规则附录 1）	除非另有约定，争议金额不超过 500 万元人民币的，适用简易程序。 当事人约定由一名仲裁员（独任仲裁员）组成仲裁庭审理案件的，适用简易程序，除非当事人就适用程序另有约定。 案件争议金额不超过 500 万元，当事人约定由三名仲裁员组成仲裁庭审理案件的，适用普通程序，除非当事人就适用程序另有约定。 案件争议金额超过 500 万元，当事人约定或者同意的，也可适用简易程序，仲裁费用予以减收。 案件争议金额不超过 500 万元，当事人约定适用普通程序的，承担由此增加的仲裁费用（详见第 54 条）	自组庭之日起 4 个月内作出裁决（详见第 48 条）；简易程序，自组庭之日起 75 日内作出裁决（详见第 59 条）

〔1〕我们仅讨论境内争议案件，仲裁规则可能不定期更新，请以届时实际访问的仲裁规则规定为准。

续表

仲裁规则	费用	适用程序	裁决期限（不含期限延长情形）
中国海事仲裁委员会仲裁规则（2021年版）	案件受理费+案件处理费+其他额外的、合理的实际开支【详见该会仲裁规则附件二表（一）】；或机构管理费+仲裁员费用+其他额外的、合理的实际费用【详见该会仲裁规则附件二表（二）】	除非当事人另有约定，凡争议金额不超过人民币500万元的，或争议金额超过人民币500万元但经一方当事人书面申请并征得另一方当事人书面同意的，或双方当事人约定适用快速程序的，适用快速程序（详见第66条）	组庭后6个月内做出裁决书（详见第57条）；快速程序，在组庭后3个月内作出裁决书（详见第72条）

相较于诉讼程序而言，以仲裁方式解决信托纠纷具有以下优势：（1）仲裁更尊重当事人的意思自治，这是仲裁制度的核心。包括是否接受仲裁方式解决纠纷，仲裁事项、仲裁机构、仲裁地、仲裁员、适用法律等，都可以由当事人自愿协商确定，一般是在当事人签署的仲裁协议或者合同的仲裁条款当中体现，使得管辖恒定。（2）仲裁一般不公开进行（当事人协议公开且不涉及国家秘密时除外），手段更加私密，能够保护当事人的商业秘密和业务合作背景、细节信息等。（3）一般来说，仲裁员多兼顾且熟悉业务背景和法律知识，面对复杂的信托纠纷，仲裁员能自由地运用一些行业管理和商业规则，提供专业的解决方案。（4）仲裁程序更为快捷，可以满足当事人希望程序快速推进的需求。诉讼与仲裁的本质区别是仲裁方式的一裁终局性。不同于诉讼纠纷适用的两审终审制，根据《仲裁法》的规定，仲裁裁决一旦作出，当事人就同一纠纷再申请仲裁或者向人民法院起诉，仲裁委员会或者人民法院一般不予受理，但是存在法定的申请撤销裁决的情形时，仍可向人民法院申请撤销仲裁裁决。

但是与诉讼这一传统纠纷解决方式相比，仲裁存在以下劣势：（1）仲裁一裁终局，这就意味着除《仲裁法》第58条[1]规定的情形外，当事人对仲裁裁决只能无条件接受，缺乏监督措施，一旦裁决结果未达到预期，也没有任何救济措施；而诉讼两审终审，一审判决结果未达预期，仍然可通过二审上诉制度救济，即使已经发生法律效力的判决，仍可以选择再审等审判监督程序救济。(2) 仲裁协议仅在签约各方之间有效，不能约束第三人，也就不会出现所谓的有独立请求权的第三人或者无独立请求权的第三人等。在案件审理过程中，如果出现需要追加第三人做共同被申请人等追究第三人责任的情况时，程度上较为困难，不如诉讼方便。(3) 仲裁庭对当事人采取的强制手段有限，比如仲裁中的财产保全就需要仲裁庭将当事人提交的相关材料递交给人民法院，通过法院裁定并执行财产保全工作。而信托纠纷案件中，经常会采取财产保全措施，通过仲裁进行可能会拖延案件审理时限，仍需谨慎判断。

仲裁收费与诉讼收费孰高孰低尚无定论。诉讼费用的收取标准全国统一，参见我国《诉讼费用交纳办法》第三章规定。根据我国《仲裁委员会仲裁收费办法》规定，仲裁费包括案件受理费、案件处理费两部分。每个仲裁机构的收费标准不同，还需根据拟选的仲裁机构公示的收费办法来核算仲裁费用。法院官网、仲裁机构官网一般都会提供费用计算工具。以北京地区诉讼标的额（争议金额）为1000万的案件为例，我们借助北京法院审判信息网上的诉讼费用计算工具得出应缴纳诉讼费用81 800元，在北京仲裁委员会官网“费用快算”一栏计算得出仲裁费用为126 000元。仅从经济的角度考虑，可以由当事人根据预估争议金额或诉讼标的来测算仲裁费用、诉讼费用，进而再行选择。

---

〔1〕《仲裁法》第58条规定：“当事人提出证据证明裁决有下列情形之一的，可以向仲裁委员会所在地的中级人民法院申请撤销裁决：（一）没有仲裁协议的；（二）裁决的事项不属于仲裁协议的范围或者仲裁委员会无权仲裁的；（三）仲裁庭的组成或者仲裁的程序违反法定程序的；（四）裁决所根据的证据是伪造的；（五）对方当事人隐瞒了足以影响公正裁决的证据的；（六）仲裁员在仲裁该案时有索贿受贿，徇私舞弊，枉法裁决行为的。人民法院经组成合议庭审查核实裁决有前款规定情形之一的，应当裁定撤销。人民法院认定该裁决违背社会公共利益的，应当裁定撤销。”

三、诉讼

诉讼是一种传统的纠纷解决方式，在信托纠纷领域中广泛应用。相较于其他纠纷解决途径，诉讼裁判结果的权威性最高，诉讼程序法定且最为严格。一般来说，当事人在信托合同中会约定纠纷管辖法院，该约定应遵守我国法律对级别管辖的规定。根据《最高人民法院关于调整高级人民法院和中级人民法院管辖第一审民商事案件标准的通知》（法发〔2015〕7号）、《最高人民法院关于调整高级人民法院和中级人民法院管辖第一审民事案件标准的通知》（法发〔2019〕14号）、《最高人民法院关于调整中级人民法院管辖第一审民事案件标准的通知》（法发〔2021〕27号）等文件，可以归纳以下要点。（1）当事人住所地均在或者均不在受理法院所处省级行政辖区的，中级人民法院管辖诉讼标的额5亿元以上的第一审民事案件；（2）当事人一方住所地不在受理法院所处省级行政辖区的，中级人民法院管辖诉讼标的额1亿元以上的第一审民事案件。另外如果信托合同是信托公司单方拟制并提供的，为避免有格式条款的嫌疑，管辖条款建议可以通过加粗、加黑、凸出显示等方式进行重点提示。

诉讼由国家司法机关主导，法官有采取强制措施的权限，整个过程受国家强制力保障，当事人不服判决结果时可通过上诉、申诉等制度救济，是解决信托纠纷的主要途径。但是诉讼所耗时限一般较久，当事人在选择这一途径解决纠纷时，需对时间成本有合理预期；另外，诉讼案件一般情况下会公开审理，裁判文书会在网上公布，保密性不及其他解决途径。

第二章
信托纠纷的诉讼程序实操

第一节　股权类投资信托产品的诉讼前置程序

随着《资管新规》中规定的过渡期结束，信托产品更多地将从事务管理型向主动管理型发展。涉及股权投资的信托产品往往贯穿《公司法》的相关规定。信托管理人在代为行使股东权利时，将有可能涉及前置程序的问题。

诉讼前置程序系公司体系中的特有制度，作为信托管理人需要引起注意，因为只有在履行了相应的前置程序之后，才能获得通过司法途径进行救济的机会，更好地履行信托管理职责，践行信义义务。具体而言，大体分为以下两类。

一是股东知情权诉讼的前置程序，规定于《公司法》第 33 条第 2 款，即“股东可以要求查阅公司会计账簿。股东要求查阅公司会计账簿的，应当向公司提出书面请求，说明目的……”。此处规定前置程序的目的在于，一般情况下，公司账簿制作专业、资料繁多，由特定财务管理人员保存，如果股东要求查阅，需书面提出。而且，股东在书面申请中应说明查阅目的，如果公司经审查认为股东的查阅请求具有不正当目的，可能损害公司合法权益的，有权拒绝查阅。因此，如果有限责任公司的股东未通过公司内部救济程序行使相应的权利，直接向人民法院要求行使会计账簿查阅权的，人民法院不予受理。

另一个是股东代表诉讼的前置程序，规定于《公司法》第 151 条，即

"董事、高级管理人员有本法第一百四十九条规定的情形的，有限责任公司的股东、股份有限公司连续一百八十日以上单独或者合计持有公司百分之一以上股份的股东，可以书面请求监事会或者不设监事会的有限责任公司的监事向人民法院提起诉讼；监事有本法第一百四十九条规定的情形的，前述股东可以书面请求董事会或者不设董事会的有限责任公司的执行董事向人民法院提起诉讼。监事会、不设监事会的有限责任公司的监事，或者董事会、执行董事收到前款规定的股东书面请求后拒绝提起诉讼，或者自收到请求之日起三十日内未提起诉讼，或者情况紧急、不立即提起诉讼将会使公司利益受到难以弥补的损害的，前款规定的股东有权为了公司的利益以自己的名义直接向人民法院提起诉讼。他人侵犯公司合法权益，给公司造成损失的，本条第一款规定的股东可以依照前两款的规定向人民法院提起诉讼"。此处规定前置程序的原因在于，一方面，董事会或者不设董事会的有限责任公司的执行董事、监事会或者不设监事会的有限责任公司的监事，是法定的公司机关，可依法代表公司行使权利，由这些机关代表公司提起诉讼，符合法定程序；同时，通过前置程序对股东诉讼作出必要限制，避免股东滥诉给公司造成不当影响。

第二节　信托纠纷的诉讼程序

一、简易程序与普通程序

简易程序是相对普通程序而言的，是基层人民法院和它的派出法庭审理简单的民事案件所适用的一种独立的第一审程序。简易程序是普通程序的简化，因此只适用于事实清楚，权利义务关系明确，争议不大的简单民事案件。信托纠纷案件可以适用简易程序审理。简易程序审理实行独任制。关于简易程序的审限，法律和司法解释或其他规范性文件曾先后作出不同规定：（1）2017 年修正的《民事诉讼法》第 16 条规定："人民法院适用简易程序审理案件，应当在立案之日起三个月内审结。"（2）最高人民法院在 2020 年 1 月 15 日印发实施的《民事诉讼程序繁简分流改革试点实施办法》规定，在北京、上海、江苏、浙江、安徽、福建、山东、河南、湖北、广东、四川、贵州、云南、宁夏、陕西开展民事诉讼程序繁简分流改革试点。该实施办法第15条规定，人民法院适用简易程序审理的案件，应当在立案之日起三个月内审结。有特殊情况需要延长的，经本院院长批准，可以延长一个月。（3）现已经被修改的，于2021年1月1日起施行《民事诉讼法解释》[1]第258条第1款规定，“适用简易程序审理的案件，审理期限到期后，双方当事人同意继续适用简易程序的，由本院院长批准，可以延长审理期限。延长后的审理期限累计不得超过六个月”。2022年4月10日起施行的《民事诉讼法解释》第258条第1款规定：“适用简易程序审理的案件，审理期限到期后，有特殊情况需要延长的，经本院院长批准，可以延长审理期限。延长后的审理期限累计不得超过四个月。”至此，新《民事诉讼法解释》将原《民事诉讼法解释》规定的简易程序最长审限从6个月缩短至4个月。此外，此次修改后，当事人是否同意继续适用简易程序不再是延长审限的前提条件。

需要注意，简易程序审级限定于一审民事案件，且必须是基层人民法院及其派出法庭管辖的案件。中级以上人民法院审理的第一审民事案件或第二审民事案件、再审案件或发回重审案件、依法应适用特别程序审理的民事案件，均不得选择适用简易程序审理。

普通程序是指人民法院审判第一审民事案件所适用的基本程序。普通程序具有完整性，从当事人起诉到人民法院立案受理并作出最后裁判等全部程序，法律均有严格、具体的规定，除依法适用简易程序和特别程序审理外，人民法院审理的第一审重大、复杂的案件和一般民事案件都适用普通程序审理。普通程序审理的案件，合议庭组成人员确定后，应当在3日内告知当事人。第一审普通程序审理的案件，应当在立案之日起6个月内审结。有特殊情况需延长的，由本院院长批准，可以延长6个月，还需延长的，须报上级人民法院批准。

需要注意，《民事诉讼法》在2021年12月24日第四次修正之前，依照

---

〔1〕 全称为《最高人民法院关于适用〈中华人民共和国民事诉讼法〉的解释》，以下简称《民事诉讼法解释》。

《民事诉讼程序繁简分流改革试点实施办法》第16条第2款的规定，基层人民法院审理的事实不易查明，但法律适用明确的案件，可以由法官一人适用普通程序独任审理。同时，该办法第18条规定，第二审人民法院审理上诉案件应当组成合议庭审理。但事实清楚、法律适用明确的下列案件，可以由法官一人独任审理：（1）第一审适用简易程序审理结案的；（2）不服民事裁定的。因此，仅在试点地区，适用普通程序审理的案件可以采取由一名法官独任制的审理方式。2021年12月24日第四次修正的《民事诉讼法》，将独任制的适用扩大到普通程序中。《民事诉讼法》第40条第2款规定，“……基层人民法院审理的基本事实清楚、权利义务关系明确的第一审民事案件，可以由审判员一人适用普通程序独任审理”。“基本事实清楚”主要是指案件的核心事实和关键事实总体清楚，但需进一步查证部分事实细节或关联事实，相关事实的查明需要经过当事人补充举证质证、评估、鉴定、审计、调查取证等程序和环节，这类案件如果权利义务关系明确，就可以适用普通程序独任审理。譬如在信托贷款纠纷中，当事人真实签署的有效合同对贷款金额、计息方法等均有明确规定，但是对实际计息应偿付数额存有分歧的，由法官通过专业释明析法、调取贷款和还款记录等即可查清确定应清偿本息数额的情况，便可适用普通程序独任审理。

简易程序的适用并非绝对不变，我国《民事诉讼法》第170条规定，人民法院在审理过程中，发现案件不宜适用简易程序的，裁定转为普通程序。简易程序虽然简化了诉讼程序，但是并未限制当事人的诉讼权利，仍然强调保障当事人的诉讼权利，例如，提出管辖异议、申请回避、举证质证、辩论等。实务中，由于简易程序审限较短，可能会因无法在规定审限内审理完毕，不得不转换为普通程序。

二、小额诉讼程序

小额诉讼程序是与普通程序、简易程序相并列的独立诉讼程序，可以理解为简易程序的进一步简化。以信托纠纷案件为例，只要不超过法定标的金额的上限，且法官认为事实清楚、权利义务关系明确、争议不大的案件，均有可能适用小额诉讼程序。需要特别注意，由于小额诉讼程序实行一审终审，因此当事人对案件的裁判结果不能提起上诉。

2021 年 12 月 24 日第四次修正的《民事诉讼法》对小额诉讼程序的适用范围进行了扩大修改。新《民事诉讼法》第 165 条第 1 款规定："基层人民法院和它派出的法庭审理事实清楚、权利义务关系明确、争议不大的简单的金钱给付民事案件，标的额为各省、自治区、直辖市上年度就业人员年平均工资百分之五十以下的，适用小额诉讼的程序审理，实行一审终审。"该款规定为适用小额诉讼程序的法律依据，较之于此前的立法规定，主要有以下变化：（1）第四次修正前的《民事诉讼法》规定适用小额诉讼程序案件的标的额为上年度就业人员年平均工资百分之三十以下，新《民事诉讼法》将案件标的额标准提高为上年度就业人员年平均工资百分之五十以下，扩大了小额诉讼程序的适用范围；（2）新《民事诉讼法》还规定，标的额超过上年度就业人员年平均工资百分之五十但在二倍以下，当事人约定适用小额诉讼程序的，也可适用小额诉讼程序。意味着小额诉讼程序的决定权除法院掌握外，法律也给当事人提供了灵活适用审判程序的权利，充分尊重当事人的选择权；（3）新《民事诉讼法》将小额诉讼程序的适用限于金钱给付民事案件，而原来立法并无此限制。由于司法实务中，选择小额诉讼程序的案件类型多属于金额较小的金钱债权债务纠纷，修改后的新法更加体现了小额诉讼程序案件类型的特征。

此外，并非所有小标的案件均可以适用小额诉讼程序。最高人民法院 2020 年 1 月 15 日印发实施的《民事诉讼程序繁简分流改革试点实施办法》第 6 条规定："下列案件，不适用小额诉讼程序审理：（一）人身关系、财产确权纠纷；（二）涉外民事纠纷；（三）需要评估、鉴定或者对诉前评估、鉴定结果有异议的纠纷；（四）一方当事人下落不明的纠纷；（五）其他不宜适用小额诉讼程序审理的纠纷。"针对小额诉讼的具体适用的标的金额，该办法第 5 条也予以明确，即，"……标的额为人民币五万元以下的，适用小额诉讼程序，实行一审终审。标的额超出前款规定，但在人民币五万元以上、十万元以下的简单金钱给付类案件，当事人双方约定适用小额诉讼程序的，可以适用小额诉讼程序审理"。另外，《民事诉讼法》采纳并完善了《民事诉讼程序繁简分流改革试点实施办法》的前述规定，新增第 166 条明确了不适用小额诉讼程序的情形，为小额诉讼程序设定“负面清单”，以保障当事人诉权。根据该条规定，“人民法院审理下列民事案件，不适用小额诉讼的程序：（一）人身关系、财产确权案件；（二）涉外案件；（三）需要评估、鉴定或者对诉前评估、鉴定结果有异议的案件；（四）一方当事人下落不明的案件；（五）当事人提出反诉的案件；（六）其他不宜适用小额诉讼的程序审理的案件”。因为这些案件较为复杂，而小额诉讼程序的特征就是极度简化且一审终审，为了确保案件审理的公正，不宜适用小额诉讼程序。

此前小额诉讼程序的审限多参照适用简易程序的审限要求，立法未进行细化完善。新《民事诉讼法》规定了小额诉讼程序的审限。《民事诉讼法》第 167 条规定，“人民法院适用小额诉讼的程序审理案件，可以一次开庭审结并且当庭宣判”，第 168 条规定，“人民法院适用小额诉讼的程序审理案件，应当在立案之日起两个月内审结。有特殊情况需要延长的，经本院院长批准，可以延长一个月”，即小额诉讼程序最长应该在 3 个月内审结，较简易程序的审限更短。

与简易程序相似，小额诉讼程序的适用也并非绝对，在特定条件下会转换为其他审理程序。新《民事诉讼法》首次明确了当事人的异议权，该法第 169 条第 2 款规定：“当事人认为案件适用小额诉讼的程序审理违反法律规定的，可以向人民法院提出异议。人民法院对当事人提出的异议应当审查，异议成立的，应当适用简易程序的其他规定审理或者裁定转为普通程序；异议不成立的，裁定驳回。”

三、2021 年修正的《民事诉讼法》对纠纷诉讼程序的影响

2019 年 12 月 28 日，第十三届全国人民代表大会常务委员会第十五次会议通过《关于授权最高人民法院在部分地区开展民事诉讼程序繁简分流改革试点工作的决定》，授权最高人民法院在北京、广东等 15 个省（区、市）20 个城市的 305 家法院组织开展为期 2 年的民事诉讼程序繁简分流改革试点。后最高人民法院于 2020 年 1 月 15 日印发《民事诉讼程序繁简分流改革试点实施办法》，在试点法院进行为期 2 年的实施。新《民事诉讼法》于 2022 年 1 月 1 日施行，与试点结束时间紧密衔接，属于结合试点经验针对试

点工作所作的专项修改。我们挑选了其中的要点以分析此次修改对纠纷诉讼程序的影响。

针对审判组织上的安排，新《民事诉讼法》第 40 条、第 41 条，扩大了独任制的适用范围。相较于旧《民事诉讼法》规定基层法院在简易程序和小额诉讼程序中可以适用独任制，新法明确普通程序、中级人民法院二审程序在特定情况下也可以适用独任制，第 41 条第 2 款规定，“中级人民法院对第一审适用简易程序审结或者不服裁定提起上诉的第二审民事案件，事实清楚、权利义务关系明确的，经双方当事人同意，可以由审判员一人独任审理”，即可在简易程序或不服裁定（常见的如不予受理、驳回起诉、管辖权异议等裁定类型）的上诉案件中，满足“事实清楚、权利义务关系明确”“经双方当事人同意”这两个条件时，可以适用独任制审理。综合来看，独任制的适用主要取决于案件性质，针对一些复杂案件，仍应实事求是地选择合议制法庭解决纠纷。新《民事诉讼法》规定以下两种情况下不能适用独任制审理，限制独任制的滥用：（1）第 42 条规定的“负面清单”内的 6 类案件，即涉及国家利益、社会公共利益的案件；涉及群体性纠纷，可能影响社会稳定的案件；人民群众广泛关注或者其他社会影响较大的案件；属于新类型或者疑难复杂的案件；法律规定应当组成合议庭审理的案件；其他不宜由审判员一人独任审理的案件。（2）第 43 条规定的情形。当事人对独任审理提出异议且经法庭审查异议理由成立；或者案件审理过程中发生了一些新变化让案情变得复杂，比如追加了共同被告、第三人或者增加了诉讼请求等，导致案件不宜再适用独任制审理的情形。通过法庭主动发现、当事人主动提出异议两种方式来促使独任制向合议制的转换。

为了解决司法实践中送达难的问题，新《民事诉讼法》顺应时代潮流，完善了公告送达制度和电子送达制度。司法实践中，债务人经常违反诚实信用原则，故意逃避诉讼、恶意拖延诉讼致使司法文书无法成功送达。送达难的问题不仅困扰法院也给债权人顺利清收债权带来了极大障碍。新《民事诉讼法》在立法上作出了一些修改回应了送达难的实践问题。其中第 95 条将公告送达时间从 60 天缩短为 30 天，进一步缩短审理周期，明显提高了适用公告送达的案件的审理效率。除此之外，第 90 条规定，“经受送达人同意，人民法院可以采用能够确认其收悉的电子方式送达诉讼文书。通过电子方式送达的判决书、裁定书、调解书，受送达人提出需要纸质文书的，人民法院应当提供。采用前款方式送达的，以送达信息到达受送达人特定系统的日期为送达日期”。此规定顺应了互联网技术的发展和普及，在受送达人同意的情况下，可以采取电子方式送达诉讼文书，并将诉讼文书的范围扩展至“判决书、裁定书、调解书”。

新《民事诉讼法》新增了网络在线诉讼。根据最高人民法院发布的《人民法院在线诉讼规则》的规定，网络在线诉讼包括立案、调解、证据交换、询问、庭审、送达等全部或者部分诉讼环节，在特定情况下还会覆盖到执行阶段。此前，除一些互联网法院，例如，北京互联网法院、杭州互联网法院等，除通过视频网络方式在线审理案件、送达司法文书外，一般传统诉讼活动仍然主要通过线下开庭审理。2020 年新冠肺炎疫情暴发以来，部分地方法院（例如北京地区、江苏地区等）为推进案件审理进度，亦提供了网络开庭渠道，允许当事人线上参与诉讼活动、网络提交诉讼文书等。网络在线诉讼与互联网技术的发展紧密关联，新《民事诉讼法》第 16 条规定，“经当事人同意，民事诉讼活动可以通过信息网络平台在线进行。民事诉讼活动通过信息网络平台在线进行的，与线下诉讼活动具有同等法律效力”，从法律层面为网络在线诉讼提供了制度依据，并充分尊重当事人的选择权。相较于传统线下庭审，网络在线审理更为便捷，在线交纳诉讼费、查收送达文书、递交材料、举证与质证、参加网上庭审、在线接收裁判结果，无需当事人亲自赶赴审判现场，免去了当事人异地开庭出差成本等，具有一定的社会现实意义；但是案件通过网络在线审理时，势必要求当事人以规定格式提交诉讼材料，客观上会增加诉讼文书材料的准备工作，对一些案情复杂、案件材料繁多的案件，会增加许多文书材料的准备工作；且网络在线诉讼依赖于技术平台，诉讼平台可能会不定期更新，需要当事人主动、事先进行调试，确保案件顺利开庭。对一些不能够熟练使用、操作诉讼平台的当事人（例如年长的当事人等）来说，选择线下庭审更为适宜。

新《民事诉讼法》调整了申请执行期限的起算日期。2017 年《民事诉讼法》第 239 条规定“申请执行的期间为二年。……法律文书规定分期履行的，从规定的每次履行期间的最后一日起计算；……”，而新《民事诉讼法》第 246 条规定“申请执行的期间为二年。……法律文书规定分期履行的，从最后一期履行期限届满之日起计算；……”，该修改对分期履行情况下的当事人会产生影响。《民法典》第 189 条规定：“当事人约定同一债务分期履行的，诉讼时效期间自最后一期履行期限届满之日起计算。”《民事诉讼法》关于执行期限起始日期的修改，与《民法典》诉讼时效的起始日期在体系上保持了一致。

第三节　实现担保物权特别程序

在我国，除当事人通过约定自行实现担保物权外，担保物权还可以通过法定程序实现，主要有两种路径：一是诉讼程序模式，二是非讼程序模式。所谓诉讼程序模式是指当事人通过向人民法院提起诉讼的方式来实现担保物权，完整的民事诉讼程序包括立案、调解、审理、判决、执行等阶段，诉讼过程中还不免穿插着财产保全、管辖异议、对裁定/判决文书上诉等环节，较长的审限延长了担保物权的实现时间，增加了担保物权人实现权利的负担。诉讼伴随的高昂成本与较长的审限往往被诟病，与之对应的担保物权非讼程序就应运而生。2012 年修正的《民事诉讼法》在第十五章特别程序中新增加了“实现担保物权案件”的规定。

以信托贷款纠纷为例，在信托产品设立时，可能办理了完备的抵押、质押登记手续，取得了他项权证，完成了担保财产的公示登记等。如果不经诉讼程序，直接通过非讼程序来实现担保物权，对信托机构而言，无疑为债权的实现提供了一个高效、便捷的渠道。

一、实现担保物权非讼程序的历史沿革

所谓非讼程序，是指适用于非讼案件的程序。非讼案件的特点，一是民事法律关系的无争议性，二是没有明确的被申请人或者虽有明确的被申请人，但被申请人对申请人主张的事实或权利无争议，也不处于相互对立的状

态。[1]适用非讼程序审理的案件一审终审，不能上诉或申请再审，但是可以提出异议使法院作出新的判决或裁定，维持或者撤销改变原判决或裁定。非讼程序在我国《民事诉讼法》第十五章特别程序中予以立法规制，其中第七节对“实现担保物权案件”作出了法律规定。

(一) 实现担保物权特别程序的起源

在《物权法》起草时，“不少人提出，要求抵押权人向人民法院提起诉讼以实现抵押权的规定使得抵押权的实现程序变得复杂而且漫长，有时抵押权需要一两年才能实现。建议为使抵押权的实现程序更加便捷，应当允许抵押权人在协议不成的情况下，直接向人民法院申请拍卖、变卖抵押财产”。[2]立法机关接纳了该意见，2007年10月1日起施行的《物权法》第195条第2款[3]、第220条第1款[4]以及第237条[5]规定了抵押权人、出质人、债务人等在债务履行期限届满后可以请求人民法院拍卖、变卖抵押、质押和留置的财产，为通过非讼程序来实现担保物权奠定了实体法上请求权的基础。自此，实现担保物权的法定程序不再是单一诉讼方式，当事人亦可以向人民法院直接申请拍卖、变卖担保财产，为当事人增加了清偿债务的救济途径。然而当时《物权法》和《民事诉讼法》未对如何以非讼方式实现担保物权的具体规则予以明确，关于担保物权通过公权力实现方式适用的程序，在司法实践中引发了争议。

(二) 实现担保物权特别程序的立法形成与发展

2012年修正的《民事诉讼法》在第十五章特别程序后增加了一节“实

---

〔1〕 参见刘家兴、潘剑锋主编：《民事诉讼法学教程》，北京大学出版社2013年版，第273页。

〔2〕 参见全国人大常委会法制工作委员会民法室编：《〈中华人民共和国物权法〉条文说明、立法理由及相关规定》，北京大学出版社2007年版，第357页。

〔3〕《物权法》已失效。《民法典》第410条第2款规定，抵押权人与抵押人未就抵押权实现方式达成协议的，抵押权人可以请求人民法院拍卖、变卖抵押财产。

〔4〕《物权法》已失效。《民法典》第437条第1款规定，出质人可以请求质权人在债务履行期届满后及时行使质权；质权人不行使的，出质人可以请求人民法院拍卖、变卖质押财产。

〔5〕《物权法》已失效。《民法典》第454条规定，债务人可以请求留置权人在债务履行期限届满后行使留置权；留置权人不行使的，债务人可以请求人民法院拍卖、变卖留置财产。

现担保物权案件”，该法第196条[1]和第197条[2]规定了实现担保物权特别程序的启动方式、申请主体、管辖法院、法律效果等。实现担保物权案件正式列入特别程序审理，实现了实体法与程序法的体系关联，开启了担保物权法定实现程序“非讼化模式”司法实践的篇章。但仅有两条原则性规定，内容较为概括和笼统，因此，在司法实践过程中也出现了裁判差异，给当事人选择适用本程序带来了困惑。

针对上述情况，2015年实施的《民事诉讼法解释》作出了进一步完善。其中，第361条至第374条[3]对实现担保物权案件的申请主体、管辖法院、物保与人保并存时的处理、申请材料、异议提出、审判组织、审查事项、救济渠道等方面进一步细化规定，为当事人选择适用本特别程序提供了更加清晰的法律依据。

（三）实现担保物权特别程序的特点及优势

1. 实现担保物权特别程序的审限更短，可以有效提高担保物的处置效率

2021年修正的《民事诉讼法》第187条规定：“人民法院适用特别程序审理的案件，应当在立案之日起三十日内或者公告期满后三十日内审结。有特殊情况需要延长的，由本院院长批准……”。可见，采用实现担保物权特别程序，大大缩短了实现担保物权的时间，显著短于适用普通诉讼程序审理。因实现担保物权特别程序属于非讼程序，案件事实没有争议是适用本程序的前提条件，故在审判实践中，通常不适用公告送达、管辖异议制度，可以有效防止被申请人滥用程序权利拖延时间。

在信托贷款领域，可能会要求融资方提供诸如建设用地使用权、在建工程、房屋、股权等担保物财产的信息，担保财产价值在不同时期会随着项目

---

〔1〕 对应为2021年修正的《民事诉讼法》第203条，即“申请实现担保物权，由担保物权人以及其他有权请求实现担保物权的人依照民法典等法律，向担保财产所在地或者担保物权登记地基层人民法院提出”。

〔2〕 对应为2021年修正的《民事诉讼法》第204条，即“人民法院受理申请后，经审查，符合法律规定的，裁定拍卖、变卖担保财产，当事人依据该裁定可以向人民法院申请执行；不符合法律规定的，裁定驳回申请，当事人可以向人民法院提起诉讼”。

〔3〕 2022年《民事诉讼法解释》第359条至第372条。

开发情况或者市场行情浮动，例如，逾期未开发的土地易被征收土地闲置金甚至被国土资源主管部门收回抵押物、在建工程可能随着项目公司债务累累而烂尾、房屋价值或受政府房地产行业监管调控政策影响、被质押的股权若公司经营不善会使价值贬损等，降低担保物的变现能力。为确保被担保债权的安全受偿，及时拍卖、变卖担保财产实现担保物权，适用本特别程序无疑是一个较优的选择。

2. 实现担保物权特别程序可减少诉累，节约诉讼成本

实现担保物权特别程序实行一审终审，案件受理法院一旦作出裁定，案件即告终结，经受理法院裁定准许拍卖、变卖担保财产后，申请人即可凭此裁定向法院申请强制执行以实现担保物权，有利于债权人快速便捷地实现债权。

而普通诉讼程序实行两审终审制，即由受理案件的法院进行第一次审理，当事人对一审判决不服时可以上诉至上一级人民法院，二审法院再次审理并进行判决，二审法院判决为案件最终判决。且案件审理过程中，法庭可能会在审理前组织双方进行庭前调解，当事人在法定期限内可以针对管辖问题提起管辖权异议，并可就管辖权裁定结果提起上诉。当事人未按照生效判决文书确定的履行期间履行给付义务的，债权人或担保权人等方可向人民法院申请强制执行。一个完整的普通民事诉讼程序会经历立案、管辖权异议、诉前调解、申请回避、一审、二审、申请强制执行、执行结案等流程，有可能花费一年甚至更长的周期，如遇有当事人下落不明无法送达司法文书等特殊情况的，还需再计入公告送达的期间，审限将会更长。普通民事诉讼过程中有财产保全等行为时，不乏有案外人提出异议（例如，抵押房屋的承租人、购买人等）。司法实践中，一些不配合的债务人、担保人等利用诉讼程序上的权利来故意拖延时间，不仅增加了债权人的诉讼负担，也给债权人担保权益的实现带来现实障碍。

3. 实现担保物权特别程序的案件相关费用相对较低

通过传统诉讼方式实现担保物权的民事案件需要向法院交纳诉讼费用，通常情况下主要是案件受理费和申请费。根据 2007 年 4 月 1 日起施行的《诉讼费用交纳办法》第 13 条、第 14 条等规定，审判程序中的案件受理费

根据诉讼标的金额大小，从50元、0.5%～2.5%按比例分段累计交纳；财产保全程序中的申请费从30元至5000元不等，主要取决于保全财产数额。信托贷款纠纷案件涉及标的金额动辄上千万甚至数亿元，案件交纳的诉讼费用是一笔不小的诉讼成本支出。

《诉讼费用交纳办法》第8条第1项规定，依照民事诉讼法规定的特别程序审理的案件不交纳案件受理费，特别程序亦不在需交纳申请费用的案件类型当中。但是因为实现担保物权特别程序制度的立法在《诉讼费用交纳办法》施行之后，前述办法尚未考虑到实现担保物权特别程序案件的财产性和司法实践的实际情况。根据我们在中国裁判文书网上检索近几年实现担保物权类型的案件情况来看，司法实践中法院一般会收取适量的申请费（由被申请人单独负担或由申请人单独负担或由双方共担），每个地区的收费标准不同，其中有对债权金额数千万至上亿元的案件，仅收取数十元、数百元的申请费，[1]亦有一些地区的法院就债权金额上亿的案件收取百万元的申请费。[2]基本上存在着按件收费或者按标的额的一定比例收费的模式。经检索，实践当中部分地区高级人民法院对担保物权案件收费标准作出了规定，检索情况见表2-1。

表2-1　我国部分地区高级人民法院关于担保物权案件收费标准的规定

地区	文件名称	收费标准
福建	《福建省高级人民法院关于依法规范金融案件审理和执行的若干意见（试行）》(闽高法〔2014〕462号)	12. 实现担保物权案件编立“民特字”案号，案由为“申请实现担保物权”，按照财产案件受理费的三分之一交纳诉讼费。申请人向人民法院申请强制执行的，按照执行金额收取执行费，由被执行人负担

〔1〕参见安徽某信托公司诉四川省某房地产公司申请实现担保物权案［案号：(2016) 川1321民特59号］，四川省某县法院裁定准许拍卖抵押的国有土地使用权以清偿申请人约1.4亿元的债权并由被申请人承担500元的申请费。

〔2〕参见某国际信托有限公司与云南某房地产开发有限公司申请实现担保物权案［案号：(2015) 西法民特字第93号］，云南省昆明市某区人民法院裁定准许拍卖、变卖抵押的国有土地使用权以优先清偿某国际信托有限公司6亿元债权，收取案件申请费143万余元，申请人负担43万余元，其余由被申请人负担。

续表

地区	文件名称	收费标准
重庆	《重庆市高级人民法院关于办理实现担保物权案件若干问题的解答》（渝高法〔2015〕164号）	6. 如何确定实现担保物权案件的案号、案由、申请费？ …… 实现担保物权案件暂实行按件收取申请费。国务院就《诉讼费用交纳办法》进行修订后以该办法的规定为准
北京	《北京市高级人民法院关于立案工作中适用〈民事诉讼法〉若干问题的解答》（京高法发〔2014〕449号）	10（申请实现担保物权的审查）申请实现担保物权纠纷如何立案审查？ …… 申请实现担保物权的，应比照财产案件受理费标准的1/3交纳申请费
四川	《四川省高级人民法院关于审理实现担保物权案件若干问题的意见》	二、受理与管辖 …… 9.【收费标准】实现担保物权案件应参照国务院《诉讼费用交纳办法》的相关规定，按件收取申请费

亦有观点倾向于认为“实现担保物权的案件增设在新民事诉讼法第十五章特别程序中，故应当参照《诉讼费用交纳办法》的相关规定按件收取费用，而不应以申请实现抵押权标的额为依据收取”。[1]

整体来看，虽然各地对实现担保物权特别程序的收费标准存有差异，但该程序的收费标准基本上仍低于普通民事诉讼程序的收费标准。具体、明确、适用统一的收费标准仍需通过修正《诉讼费用交纳办法》或最高人民法院的司法解释予以规制，为当事人的选择和法院的受理提供更加明晰的指导意见。

二、实现担保物权特别程序的具体流程

（一）申请主体

2021年修正的《民事诉讼法》第203条规定，担保物权人以及其他有

〔1〕参见高民智：“贯彻实施新民事诉讼法（四）关于实现担保物权案件程序的理解与适用”，载《人民法院报》2012年12月9日，第4版。

权请求实现担保物权的人可以提出实现担保物权申请，2022 年《民事诉讼法解释》第 359 条规定，担保物权人包括抵押权人、质权人、留置权人；其他有权请求实现担保物权的人包括抵押人、出质人、财产被留置的债务人或者所有权人等可以提出申请。

抵押权人、质权人、留置权人作为担保物权人，理所当然可以作为适格主体发起实现担保物权的特别程序，以实现其债权的安全偿还。将抵押人、出质人、财产被留置一方作为本程序的主体，是为了防止担保物权人怠于行使权利而产生借款利息累计、罚息或滞纳金等额外损失，尤其是在出质、留置的担保模式下，动产质物、被留置财产等已经由质权人、留置权人占有，如果担保物权人不及时行使权利，任由担保物价值贬损、减少的，会损害担保人利益。所以我国法律允许担保人发起本非讼程序，照顾到担保人方的利益。司法实践中亦确有担保人提起本程序的案例。〔1〕

（二）管辖法院

1. 地域管辖

实现担保物权特别程序一般以担保财产所在地或者担保物权登记地为连接点，申请人向担保财产所在地或者担保物权登记地人民法院提出，〔2〕这也是因为上述地区更容易了解担保物情况，便于在后续执行阶段采取执行措施拍卖、变卖财产。

信托贷款领域常见担保物有房屋、土地、股权等，根据法律规定，须在不动产登记机构办理抵押登记手续或者负责出质股权所在公司登记的工商行政管理机关办理股权质押登记手续，并向权利人发放他项权证或者股权出质设立登记通知书。也就是说，申请人可以向上述登记地的法院提出申请，无需登记的，向担保财产所在地的法院申请。但是，对于实现票据、仓单、提单等有权利凭证的权利质权案件，可以由权利凭证持有人住所地人民法院管

〔1〕 参见山西某工贸公司与北方某信托公司、晋城某商业银行公司申请实现担保物权纠纷案［案号：（2019）晋 0502 民特 14 号］。

〔2〕 参见 2021 年修正的《民事诉讼法》第 203 条规定：“申请实现担保物权，由担保物权人以及其他有权请求实现担保物权的人依照民法典等法律，向担保财产所在地或者担保物权登记地基层人民法院提出。”

辖；无权利凭证的权利质权，由出质登记地人民法院管辖。[1]

2. 级别管辖

实现担保物权特别程序由基层人民法院管辖。

需要特别注意，在信托贷款领域，很多贷款额度为上亿元甚至几十亿元，依照一般管辖规定，基层人民法院不具有管辖权。但因实现担保物权属于特别程序范畴，故仍应当由基层人民法院管辖，我国《民事诉讼法》第203条对此做了专门规定。

3. 专属管辖

若实现担保物权案件属于海事法院等专门人民法院管辖的，根据2022年《民事诉讼法解释》规定[2]，则应当由专门人民法院管辖。基层人民法院对于该类专属法院管辖的实现担保物权案件没有管辖权。

（三）审判组织以及申请材料的受理与审查

1. 审判组织

实现担保物权的特别程序性质上属于非讼程序，并非传统解决争议纠纷的诉讼程序，为了使程序更加快捷，可以由审判员一人独任审查，但是担保财产标的额超过基层人民法院管辖范围的，根据2022年《民事诉讼法解释》规定，[3]应当组成合议庭进行审查。

司法实践中发生过因审判组织违反法律规定程序导致原准许实现担保物权的裁定被撤销的情况，[4]故应对审判组织的组成予以关注。《最高人民法院关于调整高级人民法院和中级人民法院管辖第一审民商事案件标准的通

---

〔1〕 参见2022年《民事诉讼法解释》第360条："实现票据、仓单、提单等有权利凭证的权利质权案件，可以由权利凭证持有人住所地人民法院管辖；无权利凭证的权利质权，由出质登记地人民法院管辖。"

〔2〕 参见2022年《民事诉讼法解释》第361条："实现担保物权案件属于海事法院等专门人民法院管辖的，由专门人民法院管辖。"

〔3〕 参见2022年《民事诉讼法解释》第367条："……担保财产标的额超过基层人民法院管辖范围的，应当组成合议庭进行审查。"

〔4〕 参见闻喜县某铜业公司、某资产管理公司申请撤销准许实现担保物权裁定案［案号：(2021) 晋0823民特11号］。

知》（法发〔2015〕7号）、《最高人民法院关于调整高级人民法院和中级人民法院管辖第一审民事案件标准的通知》（法发〔2019〕14号）、《最高人民法院关于调整中级人民法院管辖第一审民事案件标准的通知》（法发〔2021〕27号）等司法解释文件中，对应分配给高级人民法院或者中级人民法院管辖审理案件的诉讼标的额进行了明确规定，可依据该系列司法解释判断本程序中担保财产标的额是否超过了基层人民法院管辖的标准。

根据上述司法解释文件，一般来说：（1）当事人住所地均在或者均不在受理法院所处省级行政辖区的，中级人民法院管辖诉讼标的额5亿元以上的第一审民事案件；（2）当事人一方住所地不在受理法院所处省级行政辖区的，中级人民法院管辖诉讼标的额1亿元以上的第一审民事案件。信托贷款领域的债权标的额一般较大，为确保裁定文书的绝对有效，提高资产处置效率，应当关注审理机关是否存在违法组成审判组织的情形。

2. 申请材料的受理与审查

申请人向法院提出实现担保物权的申请时，根据2022年《民事诉讼法解释》第365条的规定，应当提交：（1）申请书。申请书应当记明申请人、被申请人的姓名或名称、联系方式等基本信息，具体的请求和事实、理由；（2）证明担保物权存在的材料，包括主合同、担保合同、抵押登记证明或者他项权利证书，权利质权的权利凭证或者质权出质登记证明等；（3）证明实现担保物权条件成就的材料；（4）担保财产现状的说明；（5）人民法院认为需要提交的其他材料。

前述（2）（3）项是申请人主张担保物权需提供的基础法律文件。具体到信托贷款领域，应结合实际交易架构、担保模式以及合同履行情况来提供，可能会需要以下文件：（1）贷款人、借款人等签署的《信托贷款合同》《融资合作协议》《债务重组协议》及其补充协议等主合同；（2）为担保主合同债权实现而由贷款人与担保人签署的《抵押合同》《股权质押合同》《应收账款质押合同》等配套合同及其补充协议，亦包含可能涉及的公司同意提供担保的《股东会决议》等手续资料；（3）汇款记录以及担保物权凭证，例如发放贷款的银行回单或收据、土地他项权证、股权出质设立登记通知书、应收账款质押登记证明等；（4）到期债务未履行的资料，如《对账单》《债权债务确认书》《催款函》等；以及其他实现担保物权条件成就的资料，例如债务人或担保人被列入失信被执行人、宣告破产、被吊销营业执照等。

就实现担保物权特别程序案件的审查事项来说，根据我国法律规定〔1〕，主要审查主合同的效力、期限、履行情况，担保物权是否有效设立、担保财产的范围、被担保的债权范围、被担保的债权是否已届清偿期等担保物权实现的条件，是否损害他人合法权益，以及被申请人或利害关系人提出的异议等内容，法院可以询问申请人、被申请人、利害关系人，必要时可以依职权调查相关事实。该审查为形式审查，对主合同及担保合同的订立、生效、履行、债权额的确定等影响担保物权实现的事实应使法官足以形成内心确信。

（四）实现担保物权特别程序的裁定

根据2022年《民事诉讼法解释》第370条的规定，裁定处理情形根据审查情况分为以下几种：（1）当事人对实现担保物权无实质性争议且实现担保物权条件成就的，裁定准许拍卖、变卖担保财产；（2）当事人对实现担保物权有部分实质性争议的，可以就无争议部分裁定准许拍卖、变卖担保财产；（3）当事人对实现担保物权有实质性争议的，裁定驳回申请，并告知申请人向人民法院提起诉讼。

本程序一审即为终审裁定，作出后立即生效。同时现行法律为当事人、利害关系人提供了异议救济渠道。根据2022年《民事诉讼法解释》第372条的规定，当事人认为裁定有错误，可以自收到裁定之日起十五日内向原审法院提出；利害关系人有异议时可在知道或者应当知道其民事权益受到侵害之日起六个月内向原审法院提出。原审法院经审查，异议成立或者部分成立的，裁定撤销或者改变原裁定；异议不成立的，裁定驳回。如果提出的异议被裁定驳回，异议人能否继续通过其他渠道救济，我国法律暂无明确规定，

〔1〕参见2022年《民事诉讼法解释》第368条："人民法院审查实现担保物权案件，可以询问申请人、被申请人、利害关系人，必要时可以依职权调查相关事实。"第369条："人民法院应当就主合同的效力、期限、履行情况，担保物权是否有效设立、担保财产的范围、被担保的债权范围、被担保的债权是否已届清偿期等担保物权实现的条件，以及是否损害他人合法权益等内容进行审查。被申请人或者利害关系人提出异议的，人民法院应当一并审查。"

目前仍然是理论界与实务界关注的问题。

三、实现担保物权特别程序实务中的注意事项

（一）实现担保物权特别程序与执行程序的衔接

申请人获得审理法院作出的准许拍卖变卖担保财产的裁定后，如果被申请人未主动履行的，申请人即可向法院申请强制执行，与持生效判决文书申请强制执行的案件无异。

（二）实现担保物权特别程序与传统诉讼程序的衔接

首先，实现担保物权特别程序性质上是非讼程序，与传统诉讼程序并列，当事人可以自由选择适用非讼程序，也可以选择适用传统诉讼程序。非讼程序审理快、效率高，传统诉讼程序环节多、效率较低。但是于当事人而言，二者只是实现担保物权程序上的选择，实现权利的方式是当事人意思自治的范畴，不应否认或者限制当事人的选择权。在实务界，我国一些地方法院的规范文件即持相同态度。[1]理论界，亦有专家认为“实现担保物权特别程序不是启动担保物权诉讼的前置条件。债权人既有权直接选择普通诉讼程序请求确认担保合同效力以实现担保物权，也可以直接申请启动特别程序要求实现担保物权；或者在实现担保物权的特别程序中，由于抵押人或第三人的实质性异议而另行启动诉讼机制进行权利救济。因此，实现担保物权特别程序并非担保物权合同纠纷案的前置性程序，而只是一项简便性权利救济机制，类似于督促程序中的支付令”。[2]

其次，实现担保物权特别程序中，法院裁定驳回申请人全部或者部分诉

---

〔1〕 参见《重庆市高级人民法院关于办理实现担保物权案件若干问题的解答》第 15 条规定：“实现担保物权案件如何与诉讼案件衔接？立案受理前，立案部门应当询问申请人是否就实现担保物权提起了诉讼，如果申请人既申请实现担保物权又就相关权益争议提起诉讼的，则应当向申请人释明由其进行选择。申请人不撤回起诉的，人民法院则应裁定不予受理实现担保物权申请。在人民法院受理实现担保物权案件后，被申请人就相关权益争议又提起诉讼的，人民法院应当裁定驳回实现担保物权申请。”

〔2〕 参见师安宁：“民诉法重点实务问题解析（十二）”，载《人民法院报》2016 年 1 月 11 日，第 7 版。

请后，针对没有被支持优先受偿部分的债权，申请人仍然可以选择适用传统诉讼程序，实现债务清偿。

最后，如果人民法院已经通过诉讼程序或者非讼程序确认了担保权人对拍卖、变卖担保财产价款享有优先受偿权，且对优先受偿的债权范围予以确认的，当事人不得再次提起此前未选择的非讼程序或者诉讼程序，以相同的理由、事实及请求要求法院确认其享有优先受偿权，法院发现当事人有此类情形的，会裁定驳回当事人的申请或者起诉。[1]这主要是为了遵守一事不再理的诉讼原则，避免造成司法资源的浪费。

（三）本程序中被申请人能否提起管辖异议

本程序属于非讼程序，实现迅速、便捷的需求，其程序目的不在于争议解决，司法实践中有些法院认为实现担保物权特别程序不适用管辖异议制度。并且在一些地方法院文件中对此已经有了明确说明，例如，(1)《重庆市高级人民法院关于办理实现担保物权案件若干问题的解答》第 8 条规定，“实现担保物权案件是否适用管辖权异议制度？管辖权异议是民事诉讼法一审诉讼程序中规定的制度，实现担保物权是非讼程序，不适用管辖权异议制度。实现担保物权案件立案后，人民法院经审查认为不属于本院管辖的，应当裁定驳回实现担保物权的申请，并告知申请人可另行向有管辖权的人民法院提出申请”；(2)《浙江省高级人民法院关于审理实现担保物权案件若干问题的解答》第 1 条规定，实现担保物权属于非讼案件，不适用管辖异议制度。立案庭在立案审查阶段发现案件不属于本院管辖的，应向申请人释明，告知申请人向有管辖权的基层法院提出申请；立案后发现不属于本院管辖的，裁定驳回申请，告知申请人向有管辖权的基层法院提出申请；(3)《福建省高级人民法院关于依法规范金融案件审理和执行的若干意见（试行）》第 11 条规定，实现担保物权案件属于非讼案件，不适用管辖异议制度。立案时发现案件不属于本院管辖的，应向申请人释明，告知申请人向有管辖权的基层人民法院提出申请。立案后发现不属于本院管辖的，裁定驳回申请，告知其向有

---

〔1〕 参见某信托公司与江苏某集团公司实现担保物权案［案号：(2017) 苏 0902 民特 21 号］。

管辖权的法院提出申请；（4）《四川省高级人民法院关于审理实现担保物权案件若干问题的意见》第 6 条规定，实现担保物权案件不适用管辖权异议。人民法院受理案件后，发现不属于本院管辖的，应当裁定驳回申请，并告知当事人向有管辖权的人民法院提出申请。当事人提出管辖权异议的，人民法院应当告知当事人实现担保物权案件不适用管辖权异议，无须出具书面裁定。

（四）本程序中实质性争议认定及被申请人异议常见情形

非讼程序要求案件不存在争议，仅是就申请人的某项权利存在与否请求法院予以确认。但是是否只要被申请人提起异议，认为案件存有争议就不能再适用非讼程序了吗？答案显然不是。司法实践中，一般会由法院结合申请人提交的材料审查确定是否继续适用本程序，2022 年《民事诉讼法解释》第 369 条规定了法院审查的范围，包括，主合同的效力、期限、履行情况，担保物权是否有效设立、担保财产的范围、被担保的债权范围、被担保的债权是否已届清偿期，是否损害他人合法权益等内容。如果被申请人仅笼统地表示异议、没有明确依据，不足以构成实质性争议的，仍可适用本程序。那么何谓实质性争议呢？

所谓实质性争议，通常理解为实体权利义务的争议，如果当事人对实现担保物权有实质性争议，则难以再通过非讼程序实现担保物权。我国立法与最高人民法院司法解释未明确界定实质性争议的类型，但是在一些地方高级人民法院的文件中会有规定。[1]概括来说，就案件所涉合同效力、履约情况、索赔债权金额等发生争议，如果被申请人提供初步证据，法官经自由裁量无法确信债权债务清晰无纠纷的，应当认定为存在实质性争议。

---

〔1〕 参见《浙江省高级人民法院关于审理实现担保物权案件若干问题的解答》第 6 条规定：“……‘当事人对实现担保物权有实质性争议’，是指法院在综合审查的基础上，对主合同和担保合同的订立、生效、履行、债权额确定等影响担保物权实现的事实认定还存有疑问，无法在该特别程序中形成内心确信……”《四川省高级人民法院关于审理实现担保物权案件若干问题的意见》第 16 条规定：“……‘对实现担保物权有实质性争议’，包括以下情况：（一）债务人或担保人否认主债权存在，人民法院根据案件证据不能认定主债权存在的；（二）债务人或担保人对主债权金额提出异议，人民法院不能根据案件证据认定主债权金额的；（三）债务人或担保人对主债务合同实际履行情况持有异议，申请人不能证明实际履行情况的；（四）债务人或担保人对主债权的诉讼时效、效力等提出异议，经审查异议成立的；（五）其他对实现担保物权有实质性争议的情况。”

司法实践中，被申请人也多以合同效力、履约情况、索赔债权金额等方面存在争议为由提出异议。

1. 对合同效力方面的异议

对合同效力方面的异议包括但不限于：(1) 合同约定需签字并加盖印章后生效，而实际签署时只签字或者只盖章，不符合合同生效条件，异议人认为合同尚未生效；(2) 合同条款有笔迹涂改，对涂改内容形成时间有异议，要求进行笔迹鉴定；(3) 合同签署页未标注签署日期，无法确定合同期限等。[1]对于此类异议，司法实践中一般会结合各方履约事实对合同效力加以综合判断，在申请人提供贷款发放资金记录、被申请人出具的收据和完整的担保物权登记权利证明等情况下，一般认为合同有效，不会仅仅因合同签署形式上的瑕疵而轻易否定合同效力。

基于以上，提示签约方在签署合同文件时应当更加谨慎、规范，严格按照合同约定盖章、签字，涂改条款应再次加盖双方印章或者由授权代表签字确认，同时避免合同条款留白导致合同关键信息缺失等明显错误，并应加强合同档案管理，保证合同原件的完好无损。

2. 对履约情况方面的异议

对履约情况方面的异议包括但不限于：(1) 担保物权的效力存在瑕疵，公司对外提供担保未按照公司章程规定取得股东会决议或董事会决议，且债权人未进行任何审查；(2) 债权人放弃担保权导致权利消灭（例如债权人方为协助项目开发商办理商品房预售许可证而向不动产登记机关出具函件说明同意对项目地块的土地使用权解押等）；(3) 担保财产上存在法定优先受偿的建设工程价款等债权；(4) 担保财产重复担保，案涉担保物关系到多方当事人的利益，需查明清偿顺序、清偿份额等；(5) 担保财产在其他案件程序中已经被其他权利人申请采取了查封、冻结、扣押等司法强制措施；(6) 债务未到期；(7) 申请人所主张的数额已经得到部分清偿、债权金额有误等。对于此类异议，司法实践中法庭如对案件事实无法从形式上查

〔1〕 参见厦门某信托公司与重庆某房地产公司申请实现担保物权案［案号：(2019) 渝 0109 民特 117 号］。

清的，一般会驳回申请人的诉求。[1]

因此，提请债权人在接受担保时，注意审查担保人提供的加盖公章的各类决议（包括但不限于公司股东会决议、董事会决议、涉及夫妻共同财产时由另一方提供的知情并同意债权人处分担保物的函件等）；谨慎出具同意放弃担保权的书面说明内容；因债务人违约等原因提前要求还款时，及时与债务人、担保人等签署确认协议，就债务到期日期重新作出书面约定等，以避免不必要的被申请人异议风险。

3. 对利息、罚息、违约金、律师费等索赔金额方面的异议

通常情况下，贷款方与融资方、担保方签署的合同中都会对贷款利率、逾期罚息、违约金、律师费等事项作出明确约定。被申请人一般以约定收费标准过高为由提出异议。我国《最高人民法院关于审理民间借贷案件适用法律若干问题的规定》第 25 条和第 27 条规定利率不应超过合同成立时一年期贷款市场报价利率的四倍，超出部分的利息法院不予支持；第 28 条规定当事人约定的逾期利率以不超过合同成立时一年期贷款市场报价利率四倍为限；第 29 条规定当事人约定的逾期利息、违约金或者其他费用，总计不应超过合同成立时一年期贷款市场报价利率四倍，超出部分，人民法院不予支持。[2]在适用特别程序实现担保物权案件中，涉及利息、违约金、律师费等纠纷的，人民法院可以根据法律规定查明，此类异议一般不会影响担保物权的实现。

但是司法实践中，确有部分申请人为避免被申请人提出异议而仅就债权

〔1〕 参见重庆某信托公司申请实现担保物权案［案号：(2016) 渝 0104 民初民特 7 号］。

〔2〕 参见《最高人民法院关于审理民间借贷案件适用法律若干问题的规定》第 25 条第 1 款规定："出借人请求借款人按照合同约定利率支付利息的，人民法院应予支持，但是双方约定的利率超过合同成立时一年期贷款市场报价利率四倍的除外。"第 27 条第 2 款规定："按前款计算，借款人在借款期间届满后应当支付的本息之和，超过以最初借款本金与以最初借款本金为基数、以合同成立时一年期贷款市场报价利率四倍计算的整个借款期间的利息之和的，人民法院不予支持。"第 28 条第 1 款规定："借贷双方对逾期利率有约定的，从其约定，但是以不超过合同成立时一年期贷款市场报价利率四倍为限。"第 29 条规定："出借人与借款人既约定了逾期利率，又约定了违约金或者其他费用，出借人可以选择主张逾期利息、违约金或者其他费用，也可以一并主张，但是总计超过合同成立时一年期贷款市场报价利率四倍的部分，人民法院不予支持。"

本金部分申请在拍卖、变卖担保物所得价款范围内优先受偿。当然，就未受清偿部分的利息、罚息、复利、违约金等费用，申请人仍然可以通过诉讼等方式获得偿还。

除被申请人可以提出异议外，利害关系人亦可以在实现担保物权的特别程序中提出异议。比较常见的情形是房屋在未解除抵押的状态下被作为融资方的开发商出售给第三方，当抵押房屋被担保权人通过非讼程序申请准许拍卖、变卖时，房屋购买人作为利害关系人主张房屋的所有权。由于涉及众多商品房购房户，司法实践中如不妥善处理易引起群诉群访事件。

（五）本程序是否适用公告送达制度

实现担保物权程序是在当事人没有实质性争议的前提下快速实现担保物权的程序。在被申请人下落不明的情况下，难以判断当事人之间是否存在实质争议，且本程序一审终审，被申请人不能通过上诉、审判监督程序予以救济，在被申请人不知情时裁定拍卖、变卖其财产，易损害被申请人合法权益。司法实践中，法院对被申请人下落不明的实现担保物权案件态度较为谨慎，一般不适用公告送达制度。另《重庆市高级人民法院关于办理实现担保物权案件若干问题的解答》[1]和《浙江省高级人民法院关于审理实现担保物权案件若干问题的解答》[2]均明确表明本程序不适用公告送达制度。

---

〔1〕 参见《重庆市高级人民法院关于办理实现担保物权案件若干问题的解答》第7条："实现担保物权是否适用公告送达？实现担保物权案件属于非讼程序，是在当事人没有实质性争议的前提下快速实现担保物权的程序规定。在被申请人下落不明的情况下，人民法院难以判断当事人之间是否存在实质性争议。而且实现担保物权案件不能通过审判监督程序予以救济。由于公告送达系拟制送达，下落不明的当事人即使对裁定不服也难以在公告到期后十五日内依照民事诉讼法司法解释第三百七十四条的规定提出异议，其权利救济难度较大。因此，实现担保物权案件不应适用公告送达。被申请人下落不明的，人民法院应当裁定驳回申请。"

〔2〕 参见《浙江省高级人民法院关于审理实现担保物权案件若干问题的解答》第4条规定："……法院受理实现担保物权案件后发现被申请人下落不明的，对事实清楚、债权债务关系明确、登记手续和权利凭证齐备的案件，经审查符合法律规定的，可以直接作出准予实现担保物权的裁定；但对事实和法律关系还有待于进一步查清，法官对担保物权的效力、范围等无法形成内心确信的案件，则应裁定驳回申请，并告知当事人可另行提起诉讼。以上两种情况，均不存在适用公告送达的情形。准予实现担保物权的裁定作出后，法院可依法采取直接送达、邮寄送达、留置送达，或者在法院公告栏或担保物所在地的居民委员会、村民委员会、物业小区等场所张贴公告等送达方式，申请人可以依据该裁定向法院申请执行。"

（六）担保合同约定仲裁条款是否对实现担保物权特别程序产生影响

本问题仍然是实现担保物权特别程序与传统诉讼程序的衔接问题，对此，我国2021年1月1日起施行的《最高人民法院关于适用〈中华人民共和国民法典〉有关担保制度的解释》[1]第45条第2款已有规定。被申请人以双方签署的担保合同约定了仲裁条款要求排除特别程序适用时，应当结合案件事实区分不同情况作出裁定：（1）当事人对担保物权无实质性争议且实现担保物权的条件已成就的，应当裁定准许拍卖、变卖担保财产；（2）当事人对实现担保物权有部分实质性争议的，可以就无争议的部分裁定准许拍卖、变卖担保财产，并告知可以就有争议的部分申请仲裁；（3）当事人对实现担保物权有实质性争议的，裁定驳回申请，并告知可以向仲裁机构申请仲裁。

新的法律规定要求法院应当通过审查确定当事人之间有无实质性争议决定是否适用实现担保物权特别程序，而此前司法实践中的主流观点认为，仲裁条款排除了人民法院管辖，且诸如重庆等部分地方高级人民法院发布的文件亦做了仲裁约定排除特别程序适用的规定，新法实施后，司法裁判规则趋于统一，仲裁约定不再影响当事人通过特别程序申请实现担保物权，给当事人赋予了更多便利和选择。

第四节　民事财产保全制度的应用

古人有言“凡事预则立，不预则废”，无论做什么事情，都要事先准备，民事保全制度就在案件诉讼（仲裁）程序贯彻了这一理念。民事保全是一种诉讼保障制度，其价值功能在于通过限制被申请人对保全标的的处分来保障将来的案件判决（裁决）顺利执行。依据保全对象的不同，可以分为财产保全、证据保全、行为保全。其中信托案件主要涉及财产保全，信托融资项目中一般都会有比较齐备的担保措施，发生纠纷时，为了控制相关主体的核心资产，信托公司大多数都会采用财产保全措施，在最短时间内保全

---

〔1〕为行文方便，以下简称《担保制度司法解释》。

核心资产，为未来债权清收做充足保障。为了实现债权，在诉讼（仲裁）程序启动前后申请民事保全已经是一个常见的现象。

我国现行有效的《民事诉讼法》对民事活动中的保全措施的类型、适用条件和步骤等作出了原则性规定。我国现行有效的《民事诉讼法解释》对包括保全的申请、法院裁定、异议救济、执行、解除等各环节进一步细化补充，《最高人民法院关于人民法院办理财产保全案件若干问题的规定》则在总结审判执行实践经验的基础上，调整了申请诉讼财产保全的担保数额、引入了保险公司为财产保全提供担保的保险机制、明确了可免于担保的情形等，为各地司法实践提供了诉讼保全具体的操作方式。从法律规定到配套司法解释，目前民事财产保全制度已经具备相对完整的有关申请流程、法院受理、执行保全、责任承担等方面的规定。信托案件涉及财产保全的相关内容，本书介绍相应的法律依据。

一、民事财产保全制度概述

财产保全，顾名思义，是对财产进行保护，指当涉讼的财产或虽未涉讼但已处于争议状态的财产受到某些因素的影响，有可能使将来的判决难以执行或不能执行时，根据当事人或利害关系人的申请，对财产采取保护措施。[1]根据申请时间的不同，民事财产保全分为诉前财产保全和诉讼财产保全。

（一）财产保全类型

1. 诉前财产保全

在诉讼（仲裁）纠纷解决程序开始之前申请对财产进行保全的，属于诉前财产保全。诉前财产保全是指利害关系人因情况紧急，不立即申请保全将会使其合法权益受到难以弥补的损害的，可以在起诉前向人民法院申请采取保全措施。[2]当事人起诉至法院（向仲裁机构申请仲裁）并最终作出生效判决（裁决），进而进入强制执行程序需要经过漫长的审理过程，故法律

〔1〕 参见刘家兴、潘剑锋主编：《民事诉讼法学教程》，北京大学出版社 2013 年版，第 179 页。
〔2〕 参见刘家兴、潘剑锋主编：《民事诉讼法学教程》，北京大学出版社 2013 年版，第 180 页。

赋予申请人针对紧急情况可申请诉前财产保全以期实现债权。诉前财产保全的内容见于我国《民事诉讼法》第 104 条[1]。诉前财产保全裁定时间紧，尚未对案件争议进行实质审理，案情尚不清晰，当事人之间的权利义务关系处于一种不明确的状态，而又涉及对被保全财产采取强制措施，为避免错误保全给第三人造成损害，裁定实施诉前财产保全的适用条件相对严格。

（1）实质条件。

从实质条件来看，“情况紧急”是诉前财产保全适用的前提。如果不能在审理开始前对争议财产采取强制执行措施，将对申请人的合法权益造成难以弥补、无法挽回的现实危险和损害，即申请人的权益处于一种紧迫的、急需的保护状态。

那么实践中该如何认定“情况紧急”呢？我们在中国裁判文书网上检索了较多信托公司申请诉前财产保全的案例，裁定书显示法院一般不会陈述、论证何谓“情况紧急”，多直接表达是否符合法律规定进而作出裁定。例如“（2016）青财保 1 号”案件当中，青海省高级人民法院作出的裁定指出，“经审查，本院认为，申请人某国际信托有限公司的申请符合法律规定，且提供了担保。……裁定如下：对被申请人成都某实业集团有限公司、万某所有的价值 518 622 602.74 元人民币财产予以查封、冻结”。又如“（2019）京 0102 财保 933 号”案件当中，北京市西城区人民法院所作的裁定为，“经审查认为，某国际信托有限责任公司的申请及提供的担保符合法律规定，……裁定如下：冻结某集团有限公司、某广电投资有限公司、某广电科技股份有限公司、李某 1、李某 2 名下银行存款 23 634 641.10 元或查封、扣押其相应价值的财产”。

同时，我们在部分地区法院官网上检索了当地法院发布的财产保全案件办理指引，例如《北京市第一中级人民法院立案阶段财产保全办理指南》《额尔古纳市人民法院诉前财产保全案件立案指引》《青海省海东市中级人

---

〔1〕《民事诉讼法》第 104 条规定：“利害关系人因情况紧急，不立即申请保全将会使其合法权益受到难以弥补的损害的，可以在提起诉讼或者申请仲裁前向被保全财产所在地、被申请人住所地或者对案件有管辖权的人民法院申请采取保全措施。申请人应当提供担保，不提供担保的，裁定驳回申请。人民法院接受申请后，必须在四十八小时内作出裁定；裁定采取保全措施的，应当立即开始执行。申请人在人民法院采取保全措施后三十日内不依法提起诉讼或者申请仲裁的，人民法院应当解除保全。”

民法院关于财产保全工作流程的规定（试行）》等，其中对涉及诉前财产保全的提交材料、审查事项、处理流程进行了详细描述，但未对“情况紧急”的审查理解、判断标准以及审查方式明确规制。

但是也有部分地区法院对诉前财产保全的实质条件作出实操性较强的规定，可以作为申请诉前财产保全的参考。《深圳市中级人民法院办理诉前财产保全案件的指引》对“情况紧急”的情形进行了清晰列举，该指引第10条规定：“有下列情形之一的，可以认定构成‘情况紧急’：（一）被申请人已被其他债权人起诉、仲裁，案件正在审理或者已经被裁决承担责任；（二）被申请人的部分财产或者全部财产已被其他债权人申请法院保全；（三）被申请人名下与本案争议有关的财产正在不动产管理、工商管理等部门办理过户手续，如房产登记中心出具的查册表中房产登记状态为‘交易中’；（四）申请人提交了被申请人与他人签订的可能损害申请人利益的有正当、可信渠道来源的合同、协议、会议纪要、函件等书证材料；（五）申请人提交了当地公安、管委会、村委会证明或视频等证据证明被申请人正在转移财产、搬运设备，被申请人存在企业负责人失联、停产、工人聚集讨薪或供应商聚集追讨货款等，财产可能随时被转移的情形的；（六）申请保全的财产已经抵（质）押给申请人并办理了抵（质）押登记手续的，原则上不认为构成情况紧急。但申请人申请保全的财产范围不限于抵（质）押财产且抵（质）押财产的价值不足以清偿全部债权或者该抵（质）押财产已被其他法院保全在先的，不影响情况紧急的判断；（七）其他可以认定为情况紧急情形的。”《天津法院财产保全案件审查指南（试行）》第9条规定：“对诉前财产保全应重点审查被申请人是否存在财产转移、资不抵债等情况紧急，不立即申请保全将会使合法权益受到难以弥补的损害的情形。”

（2）程序条件。

首先，诉前财产保全只能依当事人或利害关系人的申请进行，法院不能依职权申请。其次，申请人必须提供与请求保全数额相当的担保。[1]如果不

〔1〕 参见《最高人民法院关于人民法院办理财产保全案件若干问题的规定》第5条第2款规定：“利害关系人申请诉前财产保全的，应当提供相当于请求保全数额的担保；情况特殊的，人民法院可以酌情处理。”

提供担保，一般会被裁定驳回。最后，申请人必须在人民法院采取保全措施后 30 日内提起诉讼或申请仲裁，否则会被法院解除保全。[1]

（3）法院对诉前保全申请的处理。

司法实践中对诉前财产保全的适用一般较为谨慎，法院支持的诉前财产保全申请数量整体较少。《民事诉讼法》及其司法解释或者《最高人民法院关于人民法院办理财产保全案件若干问题的规定》，尚未对利害关系人提起的诉前财产保全申请的审查标准、审查事项作出统一规定，有些地方法院通过发布《财产保全案件办理流程指引》等文件对本地方法院司法实践作出规范，从中或可窥探法院对诉前财产保全的审查态度。例如《厦门市中级人民法院财产保全案件办理流程指引（试行）》第 9 条[2]规定了一般形式要件的审查，第 10 条规定了特殊形式要件的审查，其中针对诉前财产保全，要求审查当事人是否提交符合“因情况紧急，不立即申请保全将会使其合法权益受到难以弥补的损害”要件的相关证明资料。

经审查是否符合适用诉前财产保全的实质条件和程序条件后，法院作出驳回保全申请或者同意保全申请的裁定文书。诉前财产保全本就专门针对紧急事件而设立，需迅速执行以保护债权人利益。我国《民事诉讼法》第 104 条第 2 款规定，人民法院接受申请后必须在 48 小时内作出裁定，裁定采取保全措施的，应当立即开始执行。

2. 诉讼财产保全

诉讼财产保全，是指法院在案件审理过程中，为防止因为一方当事人的行为或者其他原因，使生效的判决不能执行或者难以执行，根据当事人的申请或者由法院依职权，对当事人的财产或者诉讼标的物所采取的强制性保护

---

〔1〕 参见《民事诉讼法》第 104 条第 3 款规定：“申请人在人民法院采取保全措施后三十日内不依法提起诉讼或者申请仲裁的，人民法院应当解除保全。”

〔2〕 参见《厦门市中级人民法院财产保全案件办理流程指引（试行）》第 9 条规定，受理财产保全申请材料后，应当审查以下内容，“（一）申请保全人与被保全人的身份、送达地址、联系方式等信息。（二）请求事项和所依据的事实与理由。（三）请求保全金额或者争议标的。（四）明确的被保全财产信息或者被保全财产线索。（五）为财产保全提供担保的财产信息或资信证明，或者不需要提供担保的理由。（六）其他因案情需要应当载明的事项”。

措施。[1]我国《民事诉讼法》第 103 条对诉讼财产保全规定了应当具备的条件。

(1) 实质条件。

即必须有因当事人一方的行为或其他原因使判决难以执行或者造成当事人其他损害的情况，这是根本前提。通常情况下表现为，一方当事人，存在恶意处置公司资产（例如，无偿或低价转让公司资产）、毁损财物等使公司资产价值明显贬损的行为；或因当事人行为之外的其他原因使得债务人公司资产价值显著减少有无法足额清偿债务，例如，债务人公司的土地等主要财产因逾期开发被国土资源主管部门收回，债务人公司的股东涉嫌刑事犯罪致使公司无法继续正常经营，债务人的财产属于季节性商品，鲜活、易腐烂以及其他不宜长期保存的特殊物品等。

(2) 程序条件。

①必须由案件受理法院裁定。鉴于诉讼财产保全一般在案件起诉之后发起，此时争议纠纷案件的受理管辖法院已经确定，故应由案件审理法院实施保全。

②启动诉讼财产保全的时间在诉讼开始后至诉讼终结前。通常来说，一审过程中可以进行财产保全；一审判决后债务人上诉而进入二审程序中，亦可以采取；[2]判决生效后当事人尚未申请强制执行前，仍然可以采取；[3]至于案件再审期间能否申请财产保全，根据最高人民法院司法解释，在原生效法律文书中止执行时申请财产保全的，人民法院应予以受理。[4]

---

〔1〕 参见张卫平：《民事诉讼法》，法律出版社 2016 年版，第 298 页。

〔2〕 参见 2022 年《民事诉讼法解释》第 161 条规定："对当事人不服一审判决提起上诉的案件，在第二审人民法院接到报送的案件之前，当事人有转移、隐匿、出卖或者毁损财产等行为，必须采取保全措施的，由第一审人民法院依当事人申请或者依职权采取。第一审人民法院的保全裁定，应当及时报送第二审人民法院。"

〔3〕 参见 2022 年《民事诉讼法解释》第 163 条规定："法律文书生效后，进入执行程序前，债权人因对方当事人转移财产等紧急情况，不申请保全将可能导致生效法律文书不能执行或者难以执行的，可以向执行法院申请采取保全措施。债权人在法律文书指定的履行期间届满后五日内不申请执行的，人民法院应当解除保全。"

〔4〕 参见《最高人民法院关于人民法院办理财产保全案件若干问题的规定》第 19 条规定："再审审查期间，债务人申请保全生效法律文书确定给付的财产的，人民法院不予受理。再审审理期间，原生效法律文书中止执行，当事人申请财产保全的，人民法院应当受理。"

③原则上应依当事人申请发起本程序的适用，人民法院也可以在必要时依职权裁定保全财产。但是实务中，人民法院一般较少依职权裁定保全财产。

④人民法院可以责令当事人提供担保。诉讼中的财产保全不是必须提供担保，为了减轻当事人压力，我国法律允许在特定的几种情形下可以免于提供担保，我们在后文的财产保全担保一节会详细陈述。司法实践中，为了防止保全错误，除法定免于担保的情形外，司法机关一般会要求当事人提供担保。

（3）对诉讼财产保全申请的处理。

保全制度属于应急制度，针对诉讼财产保全，我国《民事诉讼法》第103条要求法院在接受申请后，对情况紧急的，必须在48小时内作出裁定，裁定采取保全措施的，应当立即开始执行；同时，如果人民法院责令申请人提供担保而申请人拒绝的，应裁定驳回申请。一般的财产保全申请，根据最高人民法院司法解释〔1〕，应当在接受申请、提供担保后5日内裁定，并在裁定后5日内开始执行保全措施。

总体来说，提起诉前财产保全申请，缘由在于情况紧急，司法实践中对其适用更为谨慎、严格，不仅需当事人证明情况紧急，还需提供与保全数额相当的担保；而诉讼财产保全的适用门槛相对较低，在司法实践中运用得更为广泛。

（二）申请财产保全提交的手续资料

申请财产保全，一般应当准备以下文书资料：（1）财产保全申请书。申请书应当载明申请保全人与被保全人的身份、送达地址、联系方式；请求事项的事实依据与理由；请求保全数额或争议标的；被保全财产信息或被保全财产的线索；担保情况说明并附相关担保资料。（2）主体资格证明材料及委托代理材料，例如企业法人营业执照、法人身份证明书、授权委托书、法人和授权代表的身份证复印件等。（3）其他当地法院要求提供的文书资料。司

〔1〕参见《最高人民法院关于人民法院办理财产保全案件若干问题的规定》第4条："人民法院接受财产保全申请后，应当在五日内作出裁定；需要提供担保的，应当在提供担保后五日内作出裁定；裁定采取保全措施的，应当在五日内开始执行……"

法实践中，不同法院对保全申请的材料要求不尽一致，对保全担保应当提交的材料、保函保单的形式要求不一，建议申请人尽量事先通过查询当地法院官网发布的财产保全案件办理指引等文件或者电话联系等方式与保全法院进行确认，避免因提交的申请材料不符合要求而被驳回申请。譬如《厦门市中级人民法院财产保全案件办理流程指引（试行）》第10条针对处于不同司法程序阶段提起的财产保全要求提供不同的书面资料：申请诉前财产保全的，提交具备“因情况紧急，不立即申请保全将会使其合法权益受到难以弥补的损害”要件的相关证明材料；申请仲裁财产保全的，提交仲裁案件受理通知书、仲裁申请书及基础证据；申请执行前财产保全的，提交生效法律文书副本及生效证明。

司法实践中，如果申请人没有提供明确的财产信息或财产线索的，可能会被驳回申请。[1]何谓财产信息或财产线索？《民事诉讼法》及其配套司法解释没有说明。或可参考《深圳市中级人民法院办理诉前财产保全案件的指引》中对“保全财产信息”“财产线索”加以理解。根据该指引第12条的规定，被保全财产信息或线索是指：（1）被保全财产为不动产的，应当提供产权证明资料（房产证复印件、产权查询单等）或不动产具体信息（所有权人名称、产权证号或预售网签号、不动产所在行政区域、道路、楼盘名称、具体房号等）。（2）被保全财产为银行存款的，应当提供储户姓名、开户银行名称、账号、币种和账户类型。（3）被保全财产为机动车辆的，应当提供机动车的车牌号、车辆登记管理机关等信息；如请求扣押的，还应当提供该机动车现具体的停放位置。（4）被保全财产为有限责任公司或非上市股份有限公司股权的，应当提供具体公司名称、组织机构代码及注册（或托管）机构、出资额度和股权份额等信息。被保全财产为上市公司股票或其他可供保全的有价证券的，应当提供相应账户信息及交易场所或证券公司名称及地址。（5）被保全财产为到期债权的，应当提供债权人名称、债务人名称及住所、债权数额、债权到期时间等。（6）被保全财产为其他财产的，应当提供财产的名称、种类、规

〔1〕参见天津市某建筑劳务服务有限公司向天津仲裁委员会申请财产保全案［案号：（2020）津0104财保6号］。

格、数量、价值、所有权人、现具体存放位置等详细情况以及相关证据资料。

如确无被保全财产信息或财产线索的，仍可尝试申请人民法院通过网络执行查控系统查询被保全人的财产，具体还需依靠各地办理财产保全案件的司法实践做法。

二、民事财产保全案件的管辖

（一）诉前财产保全案件的管辖

《民事诉讼法》规定的诉前财产保全管辖法院有被保全财产所在地、被申请人住所地或者对案件有管辖权的人民法院。即选择“财产所在地、被申请人住所地或者对案件有管辖权”等作为连接点确定地域管辖，除此之外，还应当按照诉前财产保全标的金额参照级别管辖和专属管辖的规定，决定向哪一个法院申请诉前财产保全。实务中，建议提前了解可受理诉前财产保全案件法院的办理流程、效率等，以选择合适的法院办理诉前财产保全。

同时，2022 年《民事诉讼法解释》第 160 条规定，“当事人向采取诉前保全措施以外的其他有管辖权的人民法院起诉的，采取诉前保全措施的人民法院应当将保全手续移送受理案件的人民法院。诉前保全的裁定视为受移送人民法院作出的裁定”，即对诉前财产保全法院与案件受理法院的衔接作出了明确的规定。

（二）诉讼财产保全案件的管辖

诉讼中的案件直接向受理案件的法院申请财产保全即可，我们不再过多赘述。需留意的是，已经采取财产保全措施的案件移送至其他法院后，财产保全该如何处理？债权人起诉后，债务人作为被告提起管辖权异议，导致案件在不同法院之间流转是比较常见的情形，如最终被移送至其他法院，则面临上述问题。

我国《民事诉讼法》及其司法解释对管辖异议案件移送后原财产保全如何处理尚无明确规定。部分地方法院对本区域内案件管辖权变更过程中的财产保全衔接作出了特定的规定，例如《厦门市中级人民法院财产保全案件办理流程指引（试行）》第 15 条要求：“作出财产保全裁定并采取财产保全措施的法院在案件审理过程中不再具有管辖权的，由具有管辖权的法院办理与财产保全有关的后续事项，但应当在裁定中载明管辖权变更的相关过程。”司法实践中，一般有以下两种处理方式：（1）参照诉前财产保全案件中保全法院与审理法院不一致时的处理方法，原财产保全不予解除，原审法院在移送案件时随案移交相关保全措施，由移送受理法院接收。例如某国际租赁有限公司诉某酒业有限公司、某碧水实业发展有限公司、于某借款合同纠纷一案执行裁定书［案号为（2018）京01执194号之一］中，北京市第一中级人民法院认为，“后因管辖权异议，北京市第三中级人民法院于2016年10月8日依法裁定某酒业有限公司、某碧水实业发展有限公司、于某异议成立，案件移送本院审理。……北京市第三中级人民法院在诉讼期间保全查封、冻结的财产，因管辖权变更及进入执行程序，应自动转为本院执行中的查封、冻结财产”；又如某财产保险股份有限公司洛阳中心支公司、某财产保险股份有限公司河南分公司侵权责任纠纷一案的民事裁定书［案号为（2020）豫03民辖终219号］中，河南省洛阳市中级人民法院认为，“原审法院在受理另案后依照当事人申请作出财产保全裁定，之后原审法院根据级别管辖规定依法将案件移送本院审理。参照《最高人民法院关于适用〈中华人民共和国民事诉讼法〉的解释》第一百六十条‘当事人向采取诉前保全措施以外的其他有管辖权的人民法院起诉的，采取诉前保全措施的人民法院应当将保全手续移送受理案件的人民法院。诉前保全的裁定视为受移送人民法院作出的裁定’的规定，认定原审法院所作出的诉中保全裁定及解除保全措施应视为本院作出”。（2）原法院在移送案件时解除财产保全，受移送法院受理案件后，根据原告的申请重新裁定财产保全。在第二种处理方式之下，在移送法院保全解除后、受移送法院采取保全前，被申请人可能利用时间差转移被保全财产，直接损害了申请人的财产利益，给其债权保护带来现实障碍。

（三）法律文书生效后执行前财产保全案件的管辖

2022年《民事诉讼法解释》第163条规定法律文书生效后进入执行程序前的财产保全可以向执行法院申请采取保全措施，即依据执行案件管辖的一般规定确定。对此，司法实践中鲜有争议，我们不再赘述。

（四）仲裁中财产保全案件的管辖

根据《最高人民法院关于人民法院执行工作若干问题的规定（试行）》，仲裁财产保全案件的管辖区分不同情形：（1）在国内仲裁过程中，当事人申请财产保全，经仲裁机构提交人民法院的，由被申请人住所地或被申请保全的财产所在地的基层人民法院裁定并执行；（2）在涉外仲裁过程中，当事人申请财产保全，经仲裁机构提交人民法院的，由被申请人住所地或被申请保全的财产所在地的中级人民法院裁定并执行。即仲裁中的财产保全案件，地域管辖上以被申请人住所地或者被保全财产所在地为连接点；级别管辖上，国内仲裁中的财产保全由基层人民法院执行，但是实务中有部分地区法院根据当地实际情况将仲裁中财产保全法院级别管辖统一调整为当地中级人民法院。[1]另外除前述一般规定之外，最高人民法院设立的一些专门法院，级别上属于中级人民法院，专门管辖当地应由中级人民法院受理的特定案件类型，实务中还需遵守此类特殊规定。例如，被申请人住所地和被申请保全财产所在地在北京市辖区内的金融仲裁案件，应按照《最高人民法院关于北京金融法院案件管辖的规定》，向北京金融法院申请财产保全。

需关注的是，根据《最高人民法院关于适用〈中华人民共和国仲裁法〉若干问题的解释》，仲裁裁决案件的执行由被执行人住所地或者被执行的财产所在地的中级人民法院管辖。即国内仲裁的财产保全与执行的级别管辖法院不一致，导致出现采取保全措施的法院与最终负责执行的法院不一致的情况，容易给当事人带来不便。从实务角度考虑，建议当事人在申请保全时，即由仲裁委员会或当事人自行联系被申请人住所地或被申请保全的财产所在地的基层人民法院、中级人民法院询问确认当地对此差别问题有无专门规定，以免对日后执行造成影响。

三、民事财产保全的担保

要求提供担保，是为了赔偿因可能保全错误对被保全一方造成的损失，

---

〔1〕 参见《北京市高级人民法院关于仲裁执行案件统一由中级人民法院管辖的通知》。

避免申请人滥用财产保全制度，过度查封、冻结财产。《民事诉讼法》对财产保全担保作出了原则性规定。2022 年《民事诉讼法解释》和 2020 年《最高人民法院关于人民法院办理财产保全案件若干问题的规定》等司法解释文件继续对保全担保数额、免于担保情形、担保种类和形式等作出了细化规定。

（一）担保数额

诉前财产保全应当提供担保，而诉讼财产保全是根据人民法院的要求提供担保，不是必须提供担保。但是实务中，除法律明确规定免于担保的特定情形外，法院一般会要求申请人提供担保。那么应当提供多少数额的担保呢？根据司法解释规定，诉前财产保全担保应当提供相当于请求保全数额的担保；诉讼中、仲裁中财产保全的，不低于请求保全数额的 30%。[1]对诉前保全和诉讼保全区别对待，规定了不同的担保数额，诉前保全担保数额更高。同时，为避免担保数额过低，不足以赔偿因保全期间过长、市场发生巨变等可能增加的损失，司法解释规定法院有权责令当事人追加担保，对担保数额予以调整，以平衡保护各方当事人的合法权益。

（二）免于担保情形

《最高人民法院关于人民法院办理财产保全案件若干问题的规定》第 9 条规定了诉讼中申请财产保全时，可以不要求申请人提供担保的情形。其中第 9 条第 1 款第 1 项至第 5 项主要指涉及弱势群体、公益诉讼、案件事实清楚且保全错误可能性小等案件，可以由法院自由裁量免除提供担保以减轻当事人担保负担、解决保全难的问题；而对于法律文书生效后、执行前申请的财产保全，此时由于双方当事人的债权债务关系已经确定，通常情况下不会

---

〔1〕 参见《最高人民法院关于人民法院办理财产保全案件若干问题的规定》第 5 条规定，人民法院依照《民事诉讼法》第 100 条规定责令申请保全人提供财产保全担保的，担保数额不超过请求保全数额的 30%；申请保全的财产系争议标的的，担保数额不超过争议标的的价值的 30%。利害关系人申请诉前财产保全的，应当提供相当于请求保全数额的担保；情况特殊的，人民法院可以酌情处理。财产保全期间，申请保全人提供的担保不足以赔偿可能给被保全人造成的损失的，人民法院可以责令其追加相应的担保；拒不追加的，可以裁定解除或者部分解除保全。

出现保全错误，所以司法解释亦规定人民法院可以不要求提供担保；根据第9条第1款第6项，即“申请保全人为商业银行、保险公司等由金融监管部门批准设立的具有独立偿付债务能力的金融机构及其分支机构的”，人民法院可以不要求提供担保，这是因为这些机构自有资金雄厚、偿付能力较强。

需要关注的是，免于担保情形仅限于诉讼中或法律文书生效后进入执行程序前的财产保全，且具体由人民法院结合个案自由裁量。免于担保情形不适用于诉前财产保全，诉前财产保全仍应当提供全额担保。然而实务中，有地方法院会将可免于担保情形进行了扩大解释。例如《厦门市中级人民法院财产保全案件办理流程指引（试行）》第35条将可以免于担保的主体增加了，即“大型国有企业、金融控股公司、证券公司或经厦门市金融监管部门批准设立的融资性担保机构”，《天津法院财产保全案件审查指南（试行）》第7条规定，“商业银行、保险公司等由金融监管部门批准设立的具有独立偿付债务能力的金融机构及其分支机构申请诉前保全，书面承诺负担因申请财产保全错误而产生的财产损失赔偿责任的，可视为提供有效担保”，不仅将该类主体免于担保的情形扩大到诉前保全程序，还允许金融机构以书面承诺代替担保。这些规定对于金融机构而言，无疑带来了更多便利，省去了提供担保这一环节。

（三）担保形式

担保形式一般包括现金担保、银行或保险公司提供的独立保函、担保公司出具的保函、物的担保甚至保证担保等。实务中，每个地区法院对担保形式要求不一。以笔者曾经代理过的某一诉中财产保全案件为例，北京市某区法院接受的担保形式有：（1）相当于保全标的金额30%的保证金（现金存入法院案款账户）；（2）与保全标的金额等额的市高级人民法院公布的八家名单内的担保公司出具的保函；（3）与保全标的金额等额的保险公司出具的担保函及保单等文件。因此建议申请人事先与保全法院沟通确认其对担保公司、保险公司范围、担保函或保单保函条款内容、担保人资质等有无特殊的注意事项，以确保符合保全法院的要求，避免返工产生时间成本。

四、民事财产保全对象、范围以及保全措施和保全期限

在财产保全工作中，执行查控的财产主要包括银行存款、动产、不动

产、债务人的到期应得收益等。实务中，信托贷款领域还会出现以具有一定经济价值的其他财产性权益作为标的设立担保物权的情形，是突破了传统担保范围的新类型担保方式，例如景区门票收费权质押等，此种新类型财产是否可纳入保全工作，虽已有部分地区法院有成功的实践案例，但是就个案而言，仍需申请人向保全法院事先做好确认。

《民事诉讼法》第105条规定，保全限于请求的范围，或者与本案有关的财物。"'限于请求的范围'，是指被请求保全财产的价值，应当与诉讼请求的金额大体相当。'与本案有关的财物'是指利害关系人之间争议的即将起诉的标的物，或者当事人之间争议的标的物，但也可以是与本案标的物有关的其他财物，例如抵押物、质押物、留置物。"〔1〕我国法律规定明确要求不得超标查封，要求在能够实现保全目的的情况下，人民法院应当选择对当事人生产经营活动影响较小的财产进行保全，〔2〕体现了财产保全工作中的善意理念。而对于申请人来说，出于故意或者重大过失，造成财产保全结果与案件最终处理结果产生不合理偏差，由此给被申请人造成损害的，应当依法给予赔偿。〔3〕

2022年《民事诉讼法解释》规定，保全措施主要包括查封、扣押、冻结、法律规定的其他方法（例如，不易长期保存的物品，法院可责令当事人及时处理，由法院保存价款，必要时可变卖）等。至于保全期限，根据被执行财产的不同，实行不同的查封、扣押、冻结期限：银行存款的冻结期限不得超过1年；动产的保全期限不得超过2年；查封不动产、冻结股权等其他

〔1〕参见张卫平：《民事诉讼法》，法律出版社2016年版，第298页。

〔2〕参见《最高人民法院关于人民法院办理财产保全案件若干问题的规定》第13条规定："被保全人有多项财产可供保全的，在能够实现保全目的的情况下，人民法院应当选择对其生产经营活动影响较小的财产进行保全。人民法院对厂房、机器设备等生产经营性财产进行保全时，指定被保全人保管的，应当允许其继续使用。"同时第15条第2款至第3款明确规定："可供保全的土地、房屋等不动产的整体价值明显高于保全裁定载明金额的，人民法院应当对该不动产的相应价值部分采取查封、扣押、冻结措施，但该不动产在使用上不可分或者分割会严重减损其价值的除外。对银行账户内资金采取冻结措施的，人民法院应当明确具体的冻结数额。"

〔3〕参见某建筑工程有限公司、某财产保险股份有限公司内蒙古分公司因申请诉中财产保全损害责任纠纷二审民事判决书［案号：（2020）最高法民终502号］。

财产权的期限不得超过 3 年。[1]因此在法院采取保全措施后，申请人应当及时关注到期时间。《最高人民法院关于人民法院办理财产保全案件若干问题的规定》要求在保全期限届满 7 日前向人民法院提出续行财产保全的申请。实践中，建议提前向法院提出书面申请续行财产保全并事先向保全法院表达续行的需求。

五、民事财产保全的解除

解除保全是被申请人的一项救济手段，意在平衡当事人之间的利益。其启动方式有二：法院（包括作出保全裁定的法院及其上级法院）依职权解除或者当事人申请解除保全。司法实践中，一般由保全执行机构负责审查解除保全申请。《民事诉讼法》第 104 条第 3 款、第 107 条，2022 年《民事诉讼法解释》第 163 条，《最高人民法院关于人民法院办理财产保全案件若干问题的规定》第 22 条、第 23 条等条款对解除保全事由作出了明确规定，如表 2-2 所示。

表 2-2　相关法律或司法解释对解除保全事由的规定

事项	《民事诉讼法》	2022 年《最高人民法院关于适用〈中华人民共和国民事诉讼法〉的解释》	《最高人民法院关于人民法院办理财产保全案件若干问题的规定》
解除保全	第 104 第 3 款： 申请人在人民法院采取保全措施后三十日内不依法提起诉讼或者申请仲裁的，人民法院应当解除保全。 第 107 条： 财产纠纷案件，	第 163 条： …… 债权人在法律文书指定的履行期间届满后五日内不申请执行的，人民法院应当解除保全。 第 166 条： 裁定采取保全措施后，有下列情形之一的，人民法院应当作出解除保全裁定： （一）保全错误的； （二）申请人撤回保全申请的；	第 22 条： 财产纠纷案件，被保全人或第三人提供充分有效担保请求解除保全，人民法院应当裁定准许。被保全人请求为作为争议标的的财产解除保全的，须经申请保全人同意。 第 23 条： 人民法院采取财产保全措施后，有下列情形之一

[1] 参见 2022 年《民事诉讼法解释》第 485 条第 1 款规定："人民法院冻结被执行人的银行存款的期限不得超过一年，查封、扣押动产的期限不得超过两年，查封不动产、冻结其他财产权的期限不得超过三年。"

续表

事项	《民事诉讼法》	2022 年《最高人民法院关于适用〈中华人民共和国民事诉讼法〉的解释》	《最高人民法院关于人民法院办理财产保全案件若干问题的规定》
	被申请人提供担保的，人民法院应当裁定解除保全。	（三）申请人的起诉或者诉讼请求被生效裁判驳回的； （四）人民法院认为应当解除保全的其他情形。 解除以登记方式实施的保全措施的，应当向登记机关发出协助执行通知书。	的，申请保全人应当及时申请解除保全： （一）采取诉前财产保全措施后三十日内不依法提起诉讼或者申请仲裁的； （二）仲裁机构不予受理仲裁申请、准许撤回仲裁申请或者按撤回仲裁申请处理的； （三）仲裁申请或者请求被仲裁裁决驳回的； （四）其他人民法院对起诉不予受理、准许撤诉或者按撤诉处理的； （五）起诉或者诉讼请求被其他人民法院生效裁判驳回的； （六）申请保全人应当申请解除保全的其他情形。 ……

从表 2-2 中可以看出，财产保全的解除事项与财产保全制度的特征、目的有关。首先，财产保全程序依赖于诉讼程序，具有附属性，如果出现没有起诉、没有申请执行、撤诉、不予受理或者驳回诉讼请求等使得诉讼程序终止的事由，则对应财产保全程序不再存在，应解除保全措施。其次，财产保全是一项诉讼保障制度，在于保证将来的判决（裁决）能够得到执行。被保全人提供足额担保等情形下，判决不能执行的风险降低，故允许审查后解除保全措施。最后，我国立法也规定了兜底条款，允许法院自由裁量是否属于应当解除的其他情形。如新冠肺炎疫情期间，一些被保全人为重点防疫物资生产企业的，遵循特事特办原则，法院会促成申请人主动申请解除保全措施，并及时裁定解除查封等保全措施。

第五节　公证债权文书执行制度

公证债权文书执行制度的设立是为了满足当事人快速解决争议纠纷、高效简便清收债权的需求。公证债权文书是一种特殊的公证书，除一般的证明作用外，还具有强制执行的法律效力，同法院作出的生效判决、裁定、司法调解书或者仲裁机关作出的生效仲裁裁决一样，是法院执行的依据。当事人合意对债权文书予以公证，债务人等不履行到期债务时，债权人向公证机构申请执行证书，经公证机构赋予强制执行效力后即可径行向人民法院申请强制执行。本制度实质上是公证制度与强制执行制度的结合，是公证权和司法权共同作用、紧密衔接的安排。但是，公证债权文书又不像生效民事判决、司法调解书、仲裁裁决等具有确定力和既判力，为确保公正，我国法律亦为债权人、债务人、利害关系人等提供了诉讼、异议、复议等救济渠道。在信托贷款领域，将信托产品所涉合同办理强制执行公证，对于持有公证债权文书的信托公司来说，跳过传统民事诉讼程序、仲裁程序而直接进入强制执行程序，是收回债权的一种较为经济、快捷和妥善的实现路径，因而在实践中越来越受到信托公司的重视。

一、公证债权文书执行制度概述

我国现行作为执行根据的法律文书有三类：(1) 人民法院制作的生效判决书、裁定书、调解书和支付令；(2) 仲裁机构制作的生效仲裁裁决书和仲裁调解书；(3) 公证机关赋予强制执行效力的债权文书。其中公证债权文书是在合作伊始、纠纷发生之前，即由当事人协商至公证机构对债权文书进行公证，赋予该公证债权文书强制执行力，是带有法律风险预防功能的执行根据。

(一) 公证债权文书执行制度的概念及立法规制

“公证债权文书是指公证机关对债款、物品的债权文书，认为无疑义的，在该文书上证明有强制力的效力的公证文书。债务人如果不履行该债务，债权人可以向执行机构申请执行”,[1]即公正债权文书执行制度是指公证机关依据债权人、债务人、担保人等主体的共同申请，对其签署的债权文书进行公证并赋予其强制执行力，当债务人、担保人不履行债务时，债权人可向公证机关申请执行证书，并向有管辖权的法院申请强制执行的制度。一般来说，本制度包含申请对债权文书进行公证、申请执行证书、申请强制执行三个环节。

本制度的依据主要有《民事诉讼法》《公证法》等。《民事诉讼法》明确规定，公证机关依法赋予强制执行效力的债权文书，当一方当事人不履行时，对方当事人可以直接向人民法院申请执行。[2]《公证法》亦指出，经公证的、载明当事人自愿接受强制执行承诺的债权文书，债权人可以向人民法院申请执行。[3]除此之外，诸如公证债权文书执行制度中的办理流程、适用债权文书范围、公证机关和司法机关各自在公证阶段及执行阶段的审查事项与标准、异议救济渠道等具体规定，散见于部门规章、部门规范性文件或者司法解释、通知文件中，例如现行有效的《公证程序规则》《关于公证机关赋予强制执行效力的债权文书执行有关问题的联合通知》《最高人民法院关于含担保的公证债权文书强制执行的批复》《最高人民法院关于人民法院办理执行异议和复议案件若干问题的规定》等。2018 年 6 月 25 日，最高人民法院审判委员会第 1743 次会议通过了《最高人民法院关于公证债权文书执行若干问题的规定》，可见我国通过专门性的司法解释进一步完善了公证债权文书执行程序制度。

(二) 公证债权文书执行制度的特点

1. 本制度是一项前置性纠纷预防的法律制度

赋予公证债权文书强制执行效力的是作为证明机构的公证机关。公证机

〔1〕 参见刘家兴、潘剑锋主编:《民事诉讼法学教程》，北京大学出版社 2013 年版，第 309 页。

〔2〕 参见《民事诉讼法》第 245 条第 1 款:“对公证机关依法赋予强制执行效力的债权文书，一方当事人不履行的，对方当事人可以向有管辖权的人民法院申请执行，受申请的人民法院应当执行。”

〔3〕 参见《公证法》第 37 条第 1 款:“对经公证的以给付为内容并载明债务人愿意接受强制执行承诺的债权文书，债务人不履行或者履行不适当的，债权人可以依法向有管辖权的人民法院申请执行。”

关在受理当事人对债权文书进行公证的申请时，往往还处于合同缔约阶段，履约事实尚未发生。公证处在提供公证服务过程中，可以了解当事人的合作背景与目的，根据法律规定对当事人、财产证明/婚姻证明/身份证明、合同文件等方面进行审查，可以通过询问、向有关单位了解、现场勘验、委托鉴定/检验检测、翻译等多种方式核实公证事项所涉证明材料，指导当事人签署合同，使得合同内容充分体现各方的真实意思，不违反法律法规或部门规章等规定。同时公证机关会根据当事人的自愿承诺在公证书中载明被公证的债权文书具有强制执行效力，并向当事人释明法律风险。一方面，上述举措在很大程度上会规避债权文书签署方面的瑕疵，降低合同无效或被撤销等法律风险；另一方面，债务人在不履约时会面临被强制执行的司法压力，一定程度上使其会主动避免出现违约行为，上述举措具有防止纠纷发生的威慑力。

2. 跳过诉讼或仲裁等程序，快速实现债权

根据我国法律规定，对债权文书进行公证，自公证机构受理申请之日至公证书出具之日一般不超过 15 个工作日。[1]债务人等一旦未按照合同约定偿还债务，债权人即可向原公证机构申请执行证书，经公证机构按照此前公证书中载明的核实方式向当事人调查完毕履约事实后，即可依法出具执行证书。我国法律法规目前暂未对出具执行证书的时限作出明确规定，仅在中国公证协会发布的《办理具有强制执行效力债权文书公证及出具执行证书的指导意见》中规定，公证机构无法在法律规定的执行期限内完成核实的，不予出具执行证书。[2]公证机构出于拓展业务的目的，在提供公证服务过程中，一般会较为迅速地核实履约事实，及时签发或者不予签发执行证书。相比经历当事人对抗激烈的一审、二审等诉讼程序以及仲裁程序等，本制度进入执行程序明显更为快捷。

〔1〕《公证法》第 30 条规定：“公证机构经审查，认为申请提供的证明材料真实、合法、充分，申请公证的事项真实、合法的，应当自受理公证申请之日起十五个工作日内向当事人出具公证书。但是，因不可抗力、补充证明材料或者需要核实有关情况的，所需时间不计算在期限内。”

〔2〕《办理具有强制执行效力债权文书公证及出具执行证书的指导意见》第 14 条规定：“有下列情形之一的，公证机构不予出具执行证书：……（三）公证机构无法在法律规定的执行期限内完成核实。”

3. 公证费用相对较低，可降低纠纷解决成本，减少诉累

本制度收取的费用包括债权文书公证费用以及申请执行证书费用。公证服务价格实行属地管理，收费标准由各省、自治区、直辖市人民政府价格主管部门制定，各地区之间会有差异。我们对部分省市赋予债权文书具有强制执行效力的公证服务收费标准检索如表2-3所示。

表2-3　部分省市赋予债权文书具有强制执行效力的公证服务收费标准

地区	收费标准	依据
北京	五、赋予债权文书具有强制执行效力 14. 不出具执行证书的，按债务总额的0.078%收取；出具执行证书的，可加收至债务总额的0.2%（按比例收费不到200元的按200元收取）。 注：1. 各公证机构可按不高于政府规定的标准，自行制定目录内公证服务项目的具体收费标准 ……	《北京市实行政府指导价的公证服务项目目录和收费标准》
河北	(二) 赋予债权文书强制执行效力 按标的额的0.21%收取，不足200元的，按200元收取；申请出具执行证书的，按执行证书载明执行金额的0.21%收取，不足200元的，按200元收取 ……	《河北省公证服务收费标准》
广东	具有强制执行效力债权文书公证及执行证书：按债务总额的0.25%收取	《广东省公证服务收费项目和收费标准表》
贵州	五、赋予债权文书具有强制执行效力，按债务总额的0.3%收取	《贵州省关于调整制定公证服务收费标准的通知》

注：以上公证费用仅供参考，公证费用会因翻译费、副本、各地市场监督管理机构定价文件不定期变更甚至各公证机构在政府定价范围内自行制定价格等情况而有所差异，具体请以实际情况及公证机构的答复为准。

信托业务领域涉及的金额动辄数亿元至数十亿元不等，相较于诉讼、仲

裁等纠纷解决机制，适用公证债权文书执行制度所需负担的经济成本相对较低。

同时，本制度也存在一些劣势，比如无法与财产保全程序对接，不能对债务人的财产预先采取强制措施，相反公证机关在签发执行证书之前依法需联系债务人核实履约事实，不可避免会使债务人提前知晓将被申请强制执行，导致一些债务人事先转移财产而不利于债权清收；又如债权人提起强制执行申请后，赋强公证文书还需面临司法机关的审查，在特定情形下会被裁定不予受理、驳回执行申请、不予执行，仍需通过诉讼或者执行异议等方式救济，给债权人带来额外的时间与金钱成本，有违对债权文书进行公证的初衷。因此，我们也应结合项目实际情况，参考各项制度利弊，择优适用。

（三）公证债权文书执行制度与诉讼程序的衔接

当事人缔约时已经对债权文书进行了赋强公证，但是在进入强制执行程序之前又希望提起民事诉讼时，还可以去法院起诉吗？即公证债权文书执行制度是否排斥当事人的诉权？早期，最高人民法院在司法解释和相关批复文件中[1]均规定依法赋予强制执行效力的公证债权文书不具有可诉性，司法部办公厅还曾因山西省某市中级人民法院既受理债权人的执行申请又受理债务人的起诉请求问题向最高人民法院办公厅发函建议予以研究、纠正。[2]事实上使得只有公证债权文书被公证机关作出不予出具执行证书的决定或者法院裁定不予执行后，当事人才可以就实体争议提起诉讼。

2018年发布实施的《最高人民法院关于公证债权文书执行若干问题的规定》有条件地承认当事人的诉权。具体体现在该规定的第24条第1款："有下列情形之一的，债权人、利害关系人可以就公证债权文书涉及的民事权利义务争议直接向有管辖权的人民法院提起诉讼：（一）公证债权文书载明的民事权利义务关系与事实不符；（二）经公证的债权文书具有法律规定

〔1〕 参见《最高人民法院关于当事人对具有强制执行效力的公证债权文书的内容有争议提起诉讼人民法院是否受理问题的批复》规定："……经公证的以给付为内容并载明债务人愿意接受强制执行承诺的债权文书依法具有强制执行效力。债权人或者债务人对该债权文书的内容有争议直接向人民法院提起民事诉讼的，人民法院不予受理。"该批复文件于2019年7月20日被废止。

〔2〕 参见《司法部办公厅关于被公证机关依法赋予强制执行效力的债权文书可诉性问题的函》。

的无效、可撤销等情形。”考虑到在申请执行阶段，法院依然会对案件进行实质性审查，如届时发现存在上述情形，易被裁定不予受理、驳回申请或不予执行等。因此不如债权人放弃申请强制执行，径行提起诉讼实现债权，还可避免时间成本的增加。同时，该规定第 24 条第 2 款对赋强公证程序与诉讼程序的衔接作出了规定：“债权人提起诉讼，诉讼案件受理后又申请执行公证债权文书的，人民法院不予受理。进入执行程序后债权人又提起诉讼的，诉讼案件受理后，人民法院可以裁定终结公证债权文书的执行；债权人请求继续执行其未提出争议部分的，人民法院可以准许。”即对债权人的选择适当限制，不可既受理债权人的起诉请求又受理债权人的执行请求，以避免司法资源的浪费和一事重复审理可能造成的不同结果。

另外在司法实践中，如果公证债权文书一方起诉而另一方应诉的，也应尊重当事人的合意，即通过诉讼解决纠纷的选择，不排除法院的管辖权。例如最高人民法院在广某、何某民间借贷纠纷一案[1]中认为，“该项规定为当事人之间纠纷的解决以及权利救济提供了一条便捷的司法救济途径。但并不等于当事人之间有关具有强制执行效力的公证债权文书产生的纠纷，排除了人民法院的受理以及裁判。在一方当事人向人民法院提起诉讼，另一方当事人应诉答辩的情况下，参照《中华人民共和国民事诉讼法》第 127 条第 2 款‘当事人未提出管辖异议，并应诉答辩的，视为受诉人民法院有管辖权，但违反级别管辖和专属管辖规定的除外’之规定，当事人在一审答辩期间内未对人民法院受理相关案件提出异议并且应诉答辩的，人民法院当然获得案件管辖权”。

二、公证阶段主要操作程序及实务注意事项

（一）公证债权文书

公证债权文书所涉案件，不经司法对抗式审理即可取得强制执行效力。为确保实质公正，我国法律法规对公证债权文书的适用条件和范围作出了严格限定，对公证机关受理当事人申请后的审查要点、工作流程都有严谨而细

---

〔1〕 参见案号：（2018）最高法民申 3723 号。

致的规定，以尽量避免赋强公证债权文书在执行阶段被法院裁定不予执行的不利结果。

1. 可赋强公证债权文书的适用条件

关于适用条件的判断，实践中一般依据我国现行有效的《关于公证机关赋予强制执行效力的债权文书执行有关问题的联合通知》《公证程序规则》《关于充分发挥公证书的强制执行效力服务银行金融债权风险防控的通知》等部门规章、规范性文件执行。[1]概括来看，公证机关赋予强制执行效力的债权文书应当具备以下条件：（1）债权文书具有给付货币、物品、有价证券的内容；（2）债权债务关系明确，债权人和债务人对债权文书有关给付内容无疑义；（3）债权文书中载明债务人不履行义务或不完全履行义务时，债务人愿意接受强制执行的承诺，该项承诺也可以通过承诺书或补充协议等方式在债权文书的附件中载明；（4）债务履行方式、内容、时限明确；（5）债权人和债务人愿意接受公证机构对债务履行情况进行核实。公证机关在签发具有强制执行效力的公证债权文书时，会以上述标准对当事人之间的债权债务关系、债权数额、适用利率、还款期限等审查确认。

司法实践中，易引发争议的是如何界定“债权债务关系明确”，中国公证协会发布的《办理具有强制执行效力债权文书公证及出具执行证书的指导意见》第5条第2款对此作出了专门回应，“当事人互为给付、债权文书附条件或者附期限，以及债权债务的数额（包括违约金、利息、滞纳金）、期限不固定的情形不属于债权债务关系不明确”。从法院审理被执行人以债权债务关系不明确为由申请不予执行赋强公证债权文书案件的情况来看，如果公证的债权文书中约定了债务数额的计算方法、履行期限等，一般认为不存在异议人主张情形，多会驳回被执行人的异议申请。[2]

信托业务类合同，交易架构模式一般较为复杂，以房地产领域的信托贷款融资应用为例，信托机构在向项目公司发放信托贷款时，除常见的房地产

〔1〕参见《关于公证机关赋予强制执行效力的债权文书执行有关问题的联合通知》第1条、《公证程序规则》第39条、《关于充分发挥公证书的强制执行效力服务银行金融债权风险防控的通知》第2条。

〔2〕案号：（2018）京执复142号。

抵押、应收账款质押等增信措施外，实践中也会有股权让与担保等非典型担保手段。一般情况下，可赋予强制执行效力的多为债权债务关系清晰的债权文书，客观上要求信托公司要对其中的信托贷款发放、借款期限、利率、本息偿还等事宜签署信托贷款合同，以便于办理赋强公证债权文书。

同时，也应当注意拟公证的债权文书条款涉及利息、违约金、赔偿金等需债务人承担的费用项目时，应当在表述上明确计算方法或统计方式，避免笼统约定“以相关国家标准或行业标准进行计算”等情形的出现，否则将给后续确定债务金额带来争议。

2. 可赋强公证债权文书的范围

根据《关于公证机关赋予强制执行效力的债权文书执行有关问题的联合通知》第 2 条规定，公证机关赋予强制执行效力的债权文书的范围包括：(1) 借款合同、借用合同、无财产担保的租赁合同；(2) 赊欠货物的债权文书；(3) 各种借据、欠单；(4) 还款（物）协议；(5) 以给付赡养费、扶养费、抚育费、学费、赔（补）偿金为内容的协议；(6) 符合赋予强制执行效力条件的其他债权文书。公证机构能否对包括抵押合同、质押合同、连带责任保证合同等在内的担保合同赋予强制执行效力曾经存在过争议，但是如今，担保合同可以被赋予强制执行效力已经是业内共识。《办理具有强制执行效力债权文书公证及出具执行证书的指导意见》〔1〕和《最高人民法院关于人民法院办理执行异议和复议案件若干问题的规定》〔2〕中允许担保人向公证机构提出赋强公证申请，人民法院应依法受理被赋予强制执行效力的担保文书的执行申请。

《关于充分发挥公证书的强制执行效力服务银行金融债权风险防控的通

〔1〕 参见《办理具有强制执行效力债权文书公证及出具执行证书的指导意见》第 2 条第 1 款：“……涉及第三人担保的债权文书，担保人（包括保证人、抵押人、出质人、反担保人，下同）承诺愿意接受强制执行的，担保人应当向公证机构提出申请。”

〔2〕 参见《最高人民法院关于人民法院办理执行异议和复议案件若干问题的规定》第 22 条：“公证债权文书对主债务和担保债务同时赋予强制执行效力的，人民法院应予执行；仅对主债务赋予强制执行效力未涉及担保债务的，对担保债务的执行申请不予受理；仅对担保债务赋予强制执行效力未涉及主债务的，对主债务的执行申请不予受理。人民法院受理担保债务的执行申请后，被执行人仅以担保合同不属于赋予强制执行效力的公证债权文书范围为由申请不予执行的，不予支持。”

知》进一步细化了金融机构运营中所签署的可赋予强制执行效力的债权文书：(1) 各类融资合同，包括各类授信合同，借款合同、委托贷款合同、信托贷款合同等各类贷款合同，票据承兑协议等各类票据融资合同，融资租赁合同，保理合同，开立信用证合同，信用卡融资合同（包括信用卡合约及各类分期付款合同）等；(2) 债务重组合同、还款合同、还款承诺等；(3) 各类担保合同、保函；(4) 符合条件的其他债权文书。

实务中，信托贷款金额一般较大，到期后不能全额清偿的情形时有发生，且诸如房地产领域的融资，从立项获批拿地、建设工程施工至验收完毕、取得《商品房预售许可证》进而销售回款等房地产开发全流程一般需耗时数年，借款期限届满之后，不少贷款方、融资方、担保方等当事人通过补充协议、债务重组等方式对原借款利率、期限、利息支付等事宜补充约定。未被赋予强制执行效力的债权文书无法取得执行证书，因此在对原合同进行了赋强公证之后，仍需对补充协议进行公证，以免公证机构拒绝签发执行证书。

同时，伴随着信托贷款的往往还有担保人提供的各担保财产，包括但不限于房地产抵押、应收账款质押、连带责任保证、股权质押等增信措施，需关注的是：(1) 我国法律禁止"流抵""流质"等，即禁止当事人约定在债务履行期届满未获清偿时，抵押物、质押物等归权利人所有。如果《抵押合同》《质押合同》中含有此类条款，则不易被公证处接受办理赋强公证，即使办理了赋强公证并成功提起强制执行申请时，也易被法院认定为违反法律强制性规定而裁定不予执行。[1]因此需避免在相关担保合同中约定"流抵""流质"等条款。(2) 使用房屋、土地使用权、在建工程等房地产抵押时，抵押权的设立，除签署《抵押合同》之外，当事人还需到不动产所在地的不动产登记中心办理抵押登记；而应收账款质押或股权质押则需当事人到中国人民银行征信中心或市场监督管理局办理质押登记。抵押权和部分质权自登记公示后生效。因此实践中，公证的债权文书含有抵押合同或质押合同

〔1〕参见申请执行人李某与被执行人黑龙江某房地产开发有限公司黑绥棱证执字第 8 号具有强制执行效力的债权文书公证书申请执行案［案号：(2014) 绥中法执字第 55 号］。

时，应当注意及时办理公示登记手续取得他项权证或登记通知书等权利凭证。

3. 申请主体及应提交的手续、资料

赋予债权文书强制执行效力是当事人意思自治、自愿选择的结果，公证债权文书的申请主体应当适格。《办理具有强制执行效力债权文书公证及出具执行证书的指导意见》第2条规定，当事人申请办理具有强制执行效力的债权文书公证，应当由债权人和债务人共同向公证机构提出；如涉及第三人担保的债权文书，担保人（包括保证人、抵押人、出质人、反担保人）应当向公证机构提出申请。至于公证机构的选择，除涉及不动产的公证事项需要由不动产所在地的公证机构受理外，可以由当事人协商在住所地、经常居住地、行为地或事实发生地的公证机构受理。[1]同时应注意到公证债权文书的执行案件依法由被执行人住所地或者被执行的财产所在地人民法院管辖，出于后期执行上的便利，亦可以在申请公证阶段即选择同一地区的公证机构。

根据《公证程序规则》第18条的规定，在申请公证债权书时，应当提交如下资料：（1）自然人的身份证明，法人的资格证明及其法定代表人的身份证明；（2）委托他人代为申请的，代理人须提交当事人的授权委托书；（3）申请公证的文书；（4）申请公证的事项的证明材料，涉及财产关系的须提交有关财产权利证明；（5）与申请公证的事项有关的其他材料。对前述第（4）（5）项所规定的申请人应当提交的证明材料，公证机构能够通过政务信息资源共享方式获取的，当事人可以不提交，但应当作出有关信息真实合法的书面承诺。

4. 公证机构的审查并出具公证书

在办理赋强公证阶段，除审查当事人身份、资格、文书内容和含义完备清晰与否、签名印鉴是否齐全、证明材料是否真实等一般事项之外，由于本

---

〔1〕《公证程序规则》第14条规定，公证事项由当事人住所地、经常居住地、行为地或者事实发生地的公证机构受理。涉及不动产的公证事项，由不动产所在地的公证机构受理。第15条规定，二个以上当事人共同申办同一公证事项的，可以共同到行为地、事实发生地或者其中一名当事人住所地、经常居住地的公证机构申办。

制度对债权文书种类和内容的特殊要求，一般还会审查以下方面：(1) 文书类型是否在可赋予强制执行效力的债权文书范围之内；(2) 文书内容是否具备可赋予强制执行效力的条件，例如，有无载明债务人或担保人等不履行义务时愿意接受强制执行的承诺条款、是否接受公证机构对债务履行情况进行核实、债权债务关系是否明确等。[1]除此之外，公证机构亦可以指导当事人就出具执行证书过程中双方当事人的举证责任和对债务人、担保人等不履行债务的核实方式作出约定，记载在债权文书或其附件中。

如果审查通过，则应在受理之日起15个工作日内向当事人出具公证书；但是因不可抗力、补充证明资料或者需要核实有关情况的，所需时间不计算在前述期限内。

（二）执行证书

首先，公证债权文书一般在缔约阶段出具，其上所载债权金额随着债务人、担保人等的履约清偿而变化，导致需申请执行的金额与公证债权文书所载金额不符。因此，需要公证机关在当事人申请执行前先对公证债权文书的履行情况进行核实，[2]并在签发的执行证书上注明被执行人、执行标的和申请执行的期限。[3]公证机关使用当事人约定的核实方式，或者在当事人未约

---

〔1〕参见《办理具有强制执行效力债权文书公证及出具执行证书的指导意见》第8条："公证机构办理具有强制执行效力的债权文书公证，除需要按照《公证程序规则》规定的事项进行审查时，还应当重点审查下列事项：（一）债务人（包括担保人）愿意接受强制执行的承诺是否明确，债务人（包括担保人）对做出愿意接受强制执行承诺的法律意义和后果是否清楚；（二）债权债务关系是否明确，债权人和债务人（包括担保人）对债权文书的下列给付内容是否无疑义：1. 债权债务的标的、数额（包括违约金、利息、滞纳金）及计算方法、履行期限、地点和方式；2. 债务为分期履行的，对分期履行债务的强制执行的条件和范围的约定；（三）对核实债务履行或者不适当履行的方式所作的约定是否明确。"

〔2〕参见《办理具有强制执行效力债权文书公证及出具执行证书的指导意见》第12条："公证机构出具执行证书，除需要按照《联合通知》第五条规定的内容进行审查外，还应当重点审查下列内容：（一）债权人提交的已按债权文书约定履行了义务的证明材料是否充分、属实；（二）向债务人（包括担保人）核实其对债权文书载明的履行义务有无疑义，以及债权人提出的债务人（包括担保人）不履行或者不适当履行债务的主张是否属实。"

〔3〕参见最高人民法院、司法部《关于公证机关赋予强制执行效力的债权文书执行有关问题的联合通知》第六条规定："公证机关签发执行证书应当注明被执行人、执行标的和申请执行的期限。债务人已经履行的部分，在执行证书中予以扣除。因债务人不履行或不完全履行而发生的违约金、利息、滞纳金等，可以列入执行标的。"

定时自行决定采用“公证处信函核实”“公证处电话（传真）核实”等方式核实公证债权文书的履约状况。因此，建议当事人各方在公证债权文书中预先规制设计好核实方式条款。

执行证书是在长期实践中探索形成的经验，它虽然不是执行的依据，但是在核实债务履行情况方面起到了积极作用，可以通过不签发执行证书的方式避免有疑义的公证债权文书进入强制执行程序。《最高人民法院关于公证债权文书执行若干问题的规定》规定，债权人申请执行公证债权文书，除应当提交作为执行依据的公证债权文书等申请执行所需的材料外，还应当提交证明履行情况等内容的执行证书，债权人申请执行公证债权文书，但是未提交执行证书的，人民法院应当裁定不予受理；已经受理的，裁定驳回执行申请。司法实践中，确有案例〔1〕表明因申请人递交的申请执行材料中缺少执行证书，且在法庭指定的期限内未补充提交而被驳回执行申请，法院认为，“执行证书系申请执行人执行标的以及申请执行的期限、债务履行情况的具体体现，系申请执行人必须提供的申请材料，申请执行人未提交执行证书系申请执行给付内容不明确”。

其次，我国法律规定申请执行的期间为 2 年，申请公证机构签发执行证书的，亦应当在前述期间内提出。申请执行公证债权文书的期间自公证债权文书确定的履行期间的最后一日起计算，自债权人提起出具执行证书申请之日起，申请执行时效中断。〔2〕实践中，有债权人超过申请执行期间向公证机构申请出具执行证书，根据司法部批复文件〔3〕，逾期申请的，公证机构不予受理。实践中，一些公证机构会在受理债权人的申请后以“超过申请执行期间”为由作出《不予出具执行证书决定》。

---

〔1〕 参见申请执行人镇安某投资有限公司申请执行陕西省镇安县公证处制发的准予强制执行力的镇证字第 00024 号公证债权文书执行裁定书［案号：（2016）陕 1025 执 77-2 号］。

〔2〕《最高人民法院关于公证债权文书执行若干问题的规定》第 9 条规定：“申请执行公证债权文书的期间自公证债权文书确定的履行期间的最后一日起计算；分期履行的，自公证债权文书确定的每次履行期间的最后一日起计算。债权人向公证机构申请出具执行证书的，申请执行时效自债权人提出申请之日起中断。”

〔3〕《司法部关于如何适用〈公证程序规则〉第三十五条第二款规定的批复》规定：“债权人根据《公证程序规则》第三十五条第二款申请公证机构签发执行证书的，应当在《中华人民共和国民事诉讼法》第二百一十九条规定的期限内提出；逾期的，公证机构不予受理。”

最后，公证机构经审查发现有下列情形之一的，不予出具执行证书：(1) 债权人未能对其已经履行义务的主张提出充分的证明材料；(2) 债务人(包括担保人) 对其已经履行义务的主张提出了充分的证明材料；(3) 公证机构无法在法律规定的执行期限内完成核实；(4) 人民法院已经受理了当事人就具有强制执行效力的债权文书提起的诉讼。[1]也就是说，公证机关无法对债权债务履行情况予以判断或者通过诉讼渠道实现债权时，公证机构不再签发执行证书。针对前述情形，当事人可以就公证债权文书涉及的民事权利义务争议直接向人民法院提起诉讼，这是我国《最高人民法院关于公证债权文书执行若干问题的规定》提供的救济渠道。

三、强制执行阶段操作程序及实务注意事项

2018 年 10 月 1 日起施行的《最高人民法院关于公证债权文书执行若干问题的规定》对赋强公证债权文书在执行环节涉及的管辖、应当提交的材料、受理条件、司法机关对公证债权文书的审查及裁定类型、申请执行人的救济方式、被执行人的争议救济途径等进行了明确规定，对本制度与诉讼程序的衔接作了完善的规定。下文简要梳理向法院申请强制执行的注意事项。

（一）管辖法院

《最高人民法院关于公证债权文书执行若干问题的规定》第 2 条规定："公证债权文书执行案件，由被执行人住所地或者被执行的财产所在地人民法院管辖；前款规定案件的级别管辖，参照人民法院受理第一审民商事案件级别管辖的规定确定。"即同时对赋强公证债权文书的强制执行案件作了地域管辖与级别管辖的强制性规定，当事人不能通过协商选择来排除法定管辖。

司法实践中，曾有当事人因违反级别管辖规定而被基层受理法院裁定移送上一级中级人民法院处理的案例。[2]结合现行有效的《最高人民法院关

[1] 参见《办理具有强制执行效力债权文书公证及出具执行证书的指导意见》第 14 条。

[2] 参见上海某建筑工程有限公司、某都市港湾房地产开发有限公司具有强制执行力的公证债权文书裁定书［案号：(2019) 闽 0723 执 388 号之一］。

于调整高级人民法院和中级人民法院管辖第一审民事案件标准的通知》（法发〔2019〕14号）以及《最高人民法院关于调整中级人民法院管辖第一审民事案件标准的通知》（法发〔2021〕27号）规定，一般情况下，高级人民法院管辖诉讼标的额50亿元（含本数）以上的第一审民事案件；中级人民法院管辖诉讼标的额5亿元以上的第一审民事案件（如果当事人住所地均在或者均不在受理法院所处省级行政辖区的），或者诉讼标的额1亿元以上的第一审民事案件（如果当事人一方住所地不在受理法院所处省级行政辖区的）。信托贷款领域所涉债权金额动辄数亿，因此在提起执行申请时，务必要结合前述司法解释选择正确的管辖法院，避免耗费不必要的时间成本。

至于地域管辖，由被执行人住所地或被执行财产所在地法院管辖，这两个连接点都有利于查明被执行人的财产线索，申请人可以从中选择。

（二）申请材料的提交与受理

债权人申请执行公证债权文书，应当提交作为执行依据的公证债权文书、证明履行情况的执行证书，除此之外，还应当提交执行申请书、营业执照以及法定代表人身份证等主体资格文件、授权书、财产线索、法院要求的其他材料等。《最高人民法院关于公证债权文书执行若干问题的规定》第5条规定，裁定不予受理或者裁定驳回执行申请的情形包括：（1）债权文书属于不得经公证赋予强制执行效力的文书；（2）公证债权文书未载明债务人接受强制执行的承诺；（3）公证证词载明的权利义务主体或者给付内容不明确；（4）债权人未提交执行证书；（5）其他不符合受理条件的情形。

实践当中，因前述（2）（3）（4）项原因被驳回执行申请的案例较多。例如，申请执行人厦门某银行龙岩分行与被执行人某融资租赁有限公司、某创业集团有限公司申请执行公证债权文书一案，福建省龙岩市中级人民法院审理发现，“在公证证词中仅证明申请人与被申请人签订合同的事实，未列明权利义务的主体及权利义务具体内容，属执行内容不明确，不符合受理条件”，〔1〕被驳回执行申请后，债权人厦门某银行龙岩分行又转而向济南市中

〔1〕 参见厦门某银行股份有限公司龙岩分行、某融资租赁有限公司、某创业集团有限公司合同纠纷执行实施类执行裁定书［案号：（2019）闽08执503号］。

级人民法院申请执行，再次被驳回。[1]后向山东省高级人民法院提起复议，第三次被驳回。[2]整个过程颇为曲折，也耗费了较多时间。这提醒我们注意，在公证阶段应加强与公证机构的沟通，避免因公证细节上的瑕疵给案件后期的强制执行带来不必要的阻碍。

被裁定不予受理或者驳回执行申请后，债权人已无法通过强制执行实现债权，《最高人民法院关于公证债权文书执行若干问题的规定》为申请人提供了两种救济路径：（1）向上一级人民法院申请复议；（2）向人民法院提起诉讼。[3]

（三）法院对被执行人不予执行请求的处理

不予执行请求是被执行人的一项权利，即异议被执行人向人民法院请求不予执行公证债权文书，以期阻碍强制执行程序的继续。《最高人民法院关于公证债权文书执行若干问题的规定》细化了不予执行请求的提出程序，分别对程序方面的异议和实体方面的异议设置了不同的救济路径。该规定第12条是针对程序方面的异议所作的规定，允许被执行人依照《民事诉讼法》第245条第2款[4]规定申请不予执行公证债权文书。程序方面的异议包括：（1）被执行人未到场且未委托代理人到场办理公证的；（2）无民事行为能力人或者限制民事行为能力人没有监护人代为办理公证的；（3）公证员为本人、近亲属办理公证，或者办理与本人、近亲属有利害关系的公证的；（4）公证员办理该项公证有贪污受贿、徇私舞弊行为，已经由生效刑事法律文书等确认的；（5）其他严重违反法定公证程序的情形。

---

〔1〕参见厦门某银行股份有限公司龙岩分行、某融资租赁有限公司其他案由执行审查类执行裁定书［案号：（2019）鲁01执1732号之四］。

〔2〕参见厦门某银行股份有限公司龙岩分行、某融资租赁有限公司其他案由执行审查类执行裁定书［案号：（2020）鲁执复425号］。

〔3〕参见《最高人民法院关于公证债权文书执行若干问题的规定》第7条："债权人对不予受理、驳回执行申请裁定不服的，可以自裁定送达之日起十日内向上一级人民法院申请复议。申请复议期满未申请复议，或者复议申请被驳回的，当事人可以就公证债权文书涉及的民事权利义务争议向人民法院提起诉讼"。

〔4〕参见《民事诉讼法》第245条第2款："公证债权文书确有错误的，人民法院裁定不予执行，并将裁定书送达双方当事人和公证机关。"

《最高人民法院关于公证债权文书执行若干问题的规定》第 22 条是针对实体方面的异议所作的规定，允许当事人在执行程序终结前，以债权人为被告，向执行法院提起诉讼，请求不予执行公证债权文书。实体方面的异议包括：（1）公证债权文书载明的民事权利义务关系与事实不符；（2）经公证的债权文书具有法律规定的无效、可撤销等情形；（3）公证债权文书载明的债权因清偿、提存、抵消、免除等原因全部或部分消灭。

《最高人民法院关于公证债权文书执行若干问题的规定》第 12 条规定的“申请”与第 22 条规定的“提起诉讼”存在着显著区别，救济方法不同，司法审查程度不一。针对程序方面的异议，由法院执行部门审查，如确有程序违法则裁定不予执行；针对实体错误，由法院审判部门适用审判程序审查，如确有实体错误则判决不予执行，体现了“审执分离”的理念。司法实践中，常有被执行人以公证债权文书实体方面存在瑕疵为由向法院申请不予执行公证债权文书，而未获法院支持，要求被执行人通过提起诉讼解决。例如广西某置业发展有限公司、某企业集团有限公司、钦州市某投资集团有限公司等公证债权文书执行审查类裁定书中，法院认为，“被执行人在执行阶段提出不予执行，该不予执行的事由必须是程序事由，而不应当是实体事由。……实体事由被执行人不能直接提出执行异议复议，而应当另行提起诉讼”，[1]最终不支持被执行人的请求。

为避免被执行人滥用程序权利阻止执行程序进展，《最高人民法院关于公证债权文书执行若干问题的规定》第 13 条原则上要求被执行人在执行通知书送达之日起 15 日内提出，并提交证据资料。同时，人民法院审查不予执行公证债权文书案件期间不停止执行，但是被执行人提供担保时可以准许停止相应处分，如果申请执行人亦提供担保，则应继续执行，此举意在防止债务人恶意诉讼。公证债权文书被裁定（全部或部分）不予执行或被判决（全部或部分）不予执行的，债权人可以就公证债权文书中涉及的民事权利义务争议提起诉讼，继续实现债权。

---

〔1〕 参见广西某置业发展有限公司、某企业集团有限公司、钦州市某投资集团有限公司等公证债权文书执行审查类裁定书［案号：（2021）桂执复 54 号］。

（四）法院依职权裁定不予执行的处理

《最高人民法院关于公证债权文书执行若干问题的规定》第 19 条规定“人民法院认定执行公证债权文书违背公序良俗的，裁定不予执行”，即人民法院可以依职权主动启动审查，而不必依被执行人申请或起诉为审查启动条件，进而予以认定。

总而言之，案件进入执行阶段，无论是立案受理还是对不予执行请求的处理，都需要法院进行司法审查，“具体是指法院对公证债权文书有无强制执行效力，及其程序合法性与实体正当性进行审查和监督的活动”。[1]公证机构是证明机构而非专门的裁判机关，其签发执行证书前的核实程序与当事人对抗审理的裁判程序区别较大，为确保公正而要求法院在执行环节进行二次核实。根据《最高人民法院关于公证债权文书执行若干问题的规定》第 15 条，如果案情复杂、争议较大的，应当进行听证，必要时可调阅公证案卷、要求公证机构说明或通知公证员到庭说明情况。

第六节　再审程序

一、再审程序概述

再审程序是指人民法院对已生效的裁判、调解书，认为当事人申请再审符合条件的，按照第一审或第二审程序，对案件进行再次审理所适用的程序。[2]

信托纠纷案件一般标的额较大，传统类型包括信托贷款合同纠纷、股权转让纠纷等，新类型案件交易结构较为复杂，如涉及资产证券化类、银信合作类、股权投资类等创新类产品，相关裁判规则并不统一，实务中争议较大，同时，信托公司也希望更高层级的法院对业内争议问题的法律适用提出更权威的意见，从而方便对后续信托业务的开展形成预判以进行调整。总的

〔1〕 参见段明：“论公证债权文书的司法审查——基于公证权与司法权的关系视角”，载《湘潭大学学报（哲学社会科学版）》2021 年第 2 期。

〔2〕 江必新主编：《中华人民共和国行政诉讼法理解适用与实务指南》，中国法制出版社 2015 年版，第 396 页。

来说，信托纠纷案件的再审率较高。

实务中，为明确救济路线，有必要区分申请再审与针对生效裁判的申诉，因从当事人的指向与重新审理的诉求看，二者存在一定重合，但随着近些年《民事诉讼法》《行政诉讼法》若干次修改以及配套司法解释的细化规定，现行诉讼制度对申请再审进行了诉讼化改造，使再审与申诉的关系日渐厘清。申请再审与申诉已具有显著区别，主要体现在以下几个方面。

（1）权利基础不同。申请再审权是基于诉权而产生的，是民事诉讼或行政诉讼制度所规范和保障的诉讼行为；而申诉权则是宪法所规定的公民一项基本民主权利。

（2）提请机关范围不同。申请再审必须向有管辖权的法院提出；而申诉则不限于此，可以向法院、检察院等国家机关提起。

（3）行使条件不同。申请再审需符合诉讼法规定；而申诉则没有明确的法定条件。

（4）法律效力不同。符合法定条件的再审申请能够启动再审审查程序，符合法定再审事由的，则进入再审审理阶段。而在现实中，申诉更多是作为线索使有权机关发现生效裁判可能存在的错误，从而通过检察机关抗诉、法院依职权主动再审等方式启动再审程序，即决定再审的原因不是当事人的申诉，而是有权机关的职权。

我们以一个金融借款纠纷案件为例，该案经过了“申请再审—再审—申诉后上级法院提审—申诉后检察院抗诉—上级法院再审”的救济路径，呈现了现行诉讼制度所赋予当事人的完整的、正式的法律救济机制，以期对信托纠纷案件的再审产生一定的借鉴意义。

【典型案例】万都房地产公司、万都中心与东方公司借款合同纠纷案〔1〕

东方公司于2006年5月10日向上海市第一中级人民法院起诉，请求判令万都房地产公司、万都中心偿还贷款本金，支付利息、违约金等。上海市第一中级人民法院作出（2006）沪一中民三（商）初字第112号民事判决，

〔1〕 案号：（2018）最高法民再56号。

驳回东方公司的诉讼请求。东方公司提起上诉，二审法院上海市高级人民法院作出（2006）沪高民二（商）终字第199号民事判决，驳回上诉，维持原判。东方公司不服二审判决，向最高人民法院申请再审，最高人民法院作出（2009）民监字第542号裁定，指令上海市高级人民法院再审。上海市高级人民法院经审判委员会讨论决定，于2011年3月2日作出（2010）沪高民二（商）再终字第3号民事判决：维持上海市高级人民法院（2006）沪高民二（商）终字第199号民事判决。东方公司仍不服，向最高人民法院申诉。最高人民法院作出（2009）民监字第542-1号民事裁定，提审本案。最高人民法院提审认为，原审判决认定事实不清，适用法律错误，于2012年9月25日作出（2012）民提字第71号民事判决（提审判决）："一、撤销上海市高级人民法院（2010）沪高民二（商）再终字第3号、（2006）沪高民二（商）终字第199号、上海第一中级人民法院（2006）沪一中民三（商）初字第112号民事判决；二、万都房地产公司偿还东方公司53 170 000元并支付利息（具体内容略）；三、万都中心就上述给付承担连带责任；四、驳回东方公司的其他诉讼请求。"万都房地产公司、万都中心均不服上述提审判决，向检察机关申请检察监督。最高人民检察院作出高检民抗（2017）2号民事抗诉书，向最高人民法院提出抗诉。最高人民法院作出（2017）最高法民抗43号民事裁定，提审本案。最高人民法院审理认为，提审判决认定事实清楚，裁判结果正确，应予维持。最高人民法院审判委员会经讨论决定，作出（2018）最高法民再56号民事判决：维持本院（2012）民提字第71号民事判决。

二、申请再审的主体、客体与管辖法院

（一）申请再审的主体

我们通过对各类涉信托公司商事纠纷的案件进行梳理后发现，总体而言，信托公司作为专业化的金融机构，在既往诉讼中完全败诉的情况较少，当然，随着近年来基础产业类信托业务和房地产信托业务的拓展，涉信托公司纠纷类型日益多样化，诉讼风险系数上升，部分诉求败诉对信托公司的影

响也较大。因而再审中，信托公司的地位，无论是作为再审申请人还是被申请人的情形，首先都需要对申请再审的适格主体予以关注，从而在再审申请的诉辩阶段作出恰当的选择和回应。

申请主体适格，是再审申请的条件之一。申请再审的适格主体主要是当事人，通常情况下是一审原告、被告，或二审上诉人、被上诉人。当事人是法院作出的生效裁判的承担者，裁判是否合法，与其有直接的法律上的利害关系，因此，法律赋予当事人再审申请权。实践中，法院在立案审查时也首先通过审查生效裁判文书中列明的当事人来初步判断申请人是否具有申请再审的资格。

最高人民法院先后颁布了关于民事和行政案件申请再审的司法解释，对申请再审进行了具体规定。《最高人民法院关于受理审查民事申请再审案件的若干意见》第 6 条规定："申请再审人提出的再审申请符合以下条件的，人民法院应当在 5 日内受理并向申请再审人发送受理通知书，同时向被申请人及原审其他当事人发送受理通知书、再审申请书副本及送达地址确认书：（一）申请再审人是生效裁判文书列明的当事人，或者符合法律和司法解释规定的案外人……"《最高人民法院关于行政申请再审案件立案程序的规定》第 1 条规定："再审申请应当符合以下条件：（一）再审申请人是生效裁判文书列明的当事人，或者其他因不能归责于本人的事由未被裁判文书列为当事人，但与行政行为有利害关系的公民、法人或者其他组织……"

信托行业商事纠纷分布在募投管退各个阶段，相互影响，涉及交易主体较多，包括信托公司与交易对手之间的纠纷、委托人或受益人与受托人（信托公司）之间的纠纷等，在同一诉讼中，往往出现多元主体。

又如在一些行政案件中，市政府向信托公司颁发了国有土地使用权证，原集体土地上的集体经济组织不服市政府的颁证行为而提起行政诉讼，程序上经常将现国有土地使用权人列为第三人。

对此，是否不同诉讼地位当事人在任何情况下都可以申请再审？结合最高人民法院关于再审申请人资格的相关规定，我们对实践中一些常见且需要注意的情况逐一分析。

1. 第三人是否有权申请再审

根据《民事诉讼法》第 59 条第 2 款的规定，人民法院判决承担民事责任的第三人，有当事人的诉讼权利与义务。根据《行政诉讼法》第 29 条第 2 款的规定，人民法院判决第三人承担义务或者减损第三人权益的，第三人有权依法提起上诉。

上述规定体现了“无利益即无诉权”的原理，同样地，一般而言，有权申请再审的第三人仅指一审、二审法院判决其承担责任（或行政判决减损其权益）的第三人。而生效裁判没有涉及其利益的第三人，因不具有诉的利益，提起再审则一般不予受理。

并且，审判实践中一些法院对列第三人掌握得比较宽松，如信托纠纷案件中，并非系争信托法律关系当事人，仅为了便于查明相关事实而将其列为第三人参与诉讼，如果对第三人的再审利益不加审查而一概准许，则无疑是对司法资源及其他当事人成本的消耗。

2. 原审胜诉当事人是否可以申请

由于再审将可能动摇生效裁判的既判力，且司法资源较为有限，因此，关于再审申请人的资格要求，除与原审对当事人的要求一致外，还要求申请人对再审程序本身具有诉的利益，不能因为当事人承受生效裁判的效力就一定享有再审申请权。从这个意义来看，诉求已经得到满足的当事人不得提起再审。

3. 案外人是否有权申请再审

《民事诉讼法》第 234 条为执行程序内案外人申请再审提供了制度支持。该条规定，执行过程中，案外人对执行标的提出书面异议的，人民法院应当自收到书面异议之日起 15 日内审查，理由成立的，裁定中止对该标的的执行；理由不成立的，裁定驳回。案外人、当事人对裁定不服，认为原判决、裁定错误的，依照审判监督程序办理；与原判决、裁定无关的，可以自裁定送达之日起 15 日内向人民法院提起诉讼。

此种类型在实务中较为常见。如在一借款合同纠纷中，案外人王某认为生效判决确认信托公司对案涉房产享有优先受偿权而使其合法权益受损，提出了执行异议，在执行法院裁定驳回后，案外人王某以《信托增信合同》

《三方协议》《抵押合同》等意思表示不真实，恶意串通损害第三人利益为由对生效判决申请再审。[1]

但值得注意的是，不同于当事人申请再审，案外人申请再审的条件相当严格，否则将造成诉讼秩序的混乱和对生效裁判既判力的严重动摇。民事申请再审的案外人资格，主要有以下几点。

（1）符合法律和司法解释规定的案外人。根据《最高人民法院关于受理审查民事申请再审案件的若干意见》第6条第1款第1项规定，提出再审申请的案外人应是“符合法律和司法解释规定的案外人”。

（2）以其提出执行异议并被驳回为前置条件。案外人根据《民事诉讼法》第234条的规定申请再审，以其提出执行异议并被驳回为前置条件。如在上海市第二中级人民法院（2021）沪02民申50号民事裁定中，上海市第二中级人民法院认为再审申请人系生效民事判决的案外人，其对案涉房屋提出的执行异议目前由上海市高级人民法院审查，尚无最终定论，在此阶段提出再审申请缺乏法律依据，不予支持。

（3）案外人申请再审与提起第三人撤销之诉择一行使。案外人提出第三人撤销之诉在先的情形下，案外人有权再行提出执行异议，但在不服异议裁定且认为执行依据错误的情况下，不能根据《民事诉讼法》第234条的规定申请再审。原因在于，案外人申请再审与提起第三人撤销之诉均属于法律赋予案外人的救济权利，二者审查的内容均为执行依据的内容是否错误以及该内容错误是否损害了案外人的合法权益。因以上两种救济权利的功能近似，案外人只能选择其一行使。对此，2022年《民事诉讼法解释》第301条已作出明确规定。

近年来，随着信托公司在基础产业类信托业务和房地产信托业务的迅速发展，其受到行政行为（如行政审批、征收、行政处罚）现实影响的情况频发，是否能够作为案外人申请再审，则取决于其是否符合行政再审申请人的特殊要求。

---

〔1〕 参见（2019）吉民申3417号民事裁定书。

【典型案例】某公司不服某规划局规划验收行政行为案

某信托公司投资某房地产投资项目，系项目公司或平台公司的股东，某规划局在建设项目规划综合验收阶段，暂缓了规划综合验收，致项目迟迟无法办理权证，建设单位提起行政诉讼。对此，某信托公司作为投资人，其利益虽然间接受到规划综合验收行政行为的影响，但一般情况下，其不能作为案外人对该案申请再审。实务中对案外人有无利害关系的把握与原告相似。行政再审申请人是与行政行为有利害关系的第三人或与案件处理结果有利害关系的第三人，且因不能归责于本人的事由未参加诉讼。

通过以上对民事和行政再审申请人资格的分析，信托纠纷的案外人如申请再审，不仅应当提交司法解释规定的一般性材料，还应提交证明其作为案外人符合申请再审主体适格要求的相应法律文书及其他证据，否则，会达不到再审申请立案的门槛而被拒之门外。

（二）申请再审的客体

申请再审的客体，是指法律允许适格主体申请再审的对象。当事人申请再审的客体需要符合以下要求。

（1）必须是已经发生法律效力的判决、裁定。

（2）允许通过再审救济的生效裁判应当是以通常的诉讼审判程序作出的裁判，即为解决双方或多方当事人民事、行政争议而依据第一审、第二审程序和审判监督程序作出的生效裁判，而不包括执行程序中的裁判。

（3）法律和司法解释特别规定不得申请再审的裁判，也不允许申请再审。

实践中容易引起困惑的是，哪些类型的裁定可以申请再审？

我们认为，可以提出再审申请的裁定应当是对诉讼程序具有终结效力的裁定类型，如不予受理或驳回起诉的裁定。对于信托公司关心的案件管辖问题，虽然信托交易端的合同往往都约定了管辖，但其他类型的商事纠纷，如公司解散纠纷、公司减资纠纷或损害公司、股东利益纠纷等，司法解释规定了特殊管辖，或存在共同管辖的情形，经常会遇到管辖权异议问题。对于管辖权异议的裁定，可以提起上诉，但能否申请再审，当事人可能存在理解误区。实务中，法院一般不受理对管辖权异议裁定提起的再审申请，原因在于管辖权异议裁定是在诉讼程序中解决审理法院的确定或分工问题，不具有终结审理程序的效力，亦不阻却当事人诉权本身，且诉讼法已经赋予了当事人对管辖权异议裁定上诉的权利，故司法实践中对管辖权异议裁定不能提起再审。

【典型案例】中合担保与山西建投、山西一建追偿权纠纷案〔1〕

本案一审法院北京市第二中级人民法院作出（2017）京02民初247号之一民事裁定，驳回了山西建投对本案管辖权提出的异议。二审法院北京市高级人民法院则认为，鉴于太原市公安局已对案外人李某以涉嫌伪造公司印章犯罪立案侦查，且该局聘请太原市公安司法鉴定中心对案涉《贷款合同》和《反担保保证合同》上加盖的山西一建和山西建筑工程（集团）总公司的印章进行了技术鉴定，确认两份合同上加盖的印章与备案的印模不符，涉嫌伪造。因上述涉嫌伪造印章被用于签订《贷款合同》《反担保保证合同》等案涉合同，以办理中粮信托所发放贷款及相关反担保事宜，故根据现有证据尚无法确认本案存在真实的借款法律关系和反担保法律关系，本案存在刑事犯罪嫌疑，依照上述规定应当移送太原市公安局。据此，二审法院北京市高级人民法院撤销一审裁定，驳回中合担保对山西一建、山西建投的起诉。

中合担保向最高人民法院申请再审，最高人民法院经审查作出（2019）最高法民申2557号民事裁定，提审本案。最高人民法院再审认为，案外人李某涉嫌伪造公司印章罪，公安机关已经对其进行立案侦查。但因该刑事案件尚未侦查终结，现有材料不能证明本案一审原告中合担保参与犯罪，且案涉合同印章是否伪造，只关乎民事案件实体审理和判决结果，不影响中合担保依法行使提起民事诉讼的权利。故中合担保提起的诉讼符合《民事诉讼法》第119条〔2〕规定的起诉条件，人民法院应当依法受理并审理。二审法院以本案涉嫌经济犯罪为由，裁定驳回中合担保的起诉，适用法律错误。据

〔1〕 案号：（2019）最高法民申2557号、（2019）最高法民再416号。

〔2〕 本条对应2021年修正的《民事诉讼法》第122条。

此，最高人民法院作出（2019）最高法民再416号民事裁定，撤销北京市高级人民法院（2018）京民辖终502号民事裁定，指令北京市第二中级人民法院对本案进行审理。

本案一审裁定为解决管辖权异议的裁定，但二审裁定认为本案不属于人民法院受理民事诉讼的范围，直接裁定驳回起诉，终结了诉讼程序，否定了当事人诉权，在此情形下，对于二审驳回起诉的裁定，当事人可以申请再审。

（三）申请再审的法院

1. “上提一级”管辖制度

现行法律对民事、行政申请再审案件确定了“上提一级”的级别管辖制度，即原则上应向作出生效民事、行政裁判的上一级法院申请再审。这一制度适用于四级法院，未有区分。

2. 再审程序改革

2021年9月27日，最高人民法院印发《关于完善四级法院审级职能定位改革试点的实施办法》[1]，自2021年10月1日起施行。该试点实施办法第四部分（第11条至第16条）对现行民事、行政案件申请再审程序进行了重大改革。

其中，涉及申请再审管辖的内容，着重区分了高级人民法院和最高人民法院的职能定位，明确了对于高级人民法院作出的生效民事、行政裁判，以向原审高级人民法院申请再审为原则；只有在“认为法律适用有错误”和“高级人民法院审判委员会讨论决定”两种例外情况下，才可以向最高人民法院申请再审。可见，向最高人民法院申请再审的条件更为严格了，限缩了适用案件的范围。

［1］根据第十三届全国人民代表大会常务委员会第三十次会议作出的《关于授权最高人民法院组织开展四级法院审级职能定位改革试点工作的决定》，试点包括最高人民法院本院和北京、天津、辽宁、上海、江苏、浙江、山东、河南、广东、四川、重庆、陕西12个省、直辖市的人民法院。

表 2-4　我国现行法律关于申请再审的规定

《民事诉讼法》第 206 条	《行政诉讼法》第 90 条	《关于完善四级法院审级职能定位改革试点的实施办法》第 11 条
当事人对已经发生法律效力的判决、裁定，认为有错误的，可以向上一级人民法院申请再审；当事人一方人数众多或者当事人双方为公民的案件，也可以向原审人民法院申请再审。当事人申请再审的，不停止判决、裁定的执行	当事人对已经发生法律效力的判决、裁定，认为确有错误的，可以向上一级人民法院申请再审，但判决、裁定不停止执行	当事人对高级人民法院作出的已经发生法律效力的民事、行政判决、裁定，认为有错误的，应当向原审高级人民法院申请再审；符合下列情形之一的，可以向最高人民法院申请再审： (1) 再审申请人对原判决、裁定认定的基本事实、主要证据和诉讼程序无异议，但认为适用法律有错误的； (2) 原判决、裁定经高级人民法院审判委员会讨论决定的。 ……

该试点实施办法对再审管辖的改革，对信托案件影响较为显著。因信托纠纷多为金融类案件，向最高人民法院申请再审的案件数量较多，而自 2021 年 10 月 1 日以后，如申请再审，除符合最高人民法院审查的特殊情形外，原则上向原审高级人民法院提出。

三、申请再审的期限与事由

（一）申请再审的期限

1. 期间的设定

对申请再审规定一定的期间，一方面在于促使当事人积极行使权利，另一方面在于维护生效裁判的既判力，尽快稳定相应的社会管辖。在《民事诉讼法》《行政诉讼法》修改前，申请再审的期限为两年，经过实践，立法机关和审判机关认为，过长的申请期间不仅难以督促当事人及时行使申请再审的权利，而且在较长时间内当事人住址变更、损失进一步扩大、事实和法律关系出现新的变化等因素可能导致再审难度增大，甚至无法通过正常法律渠道解决纠纷。鉴于此，现行《民事诉讼法》《行政诉讼法》将再审申请期限统一设定为六个月。

2. 期间的起算点

现行诉讼法采取主客观相结合的标准，即一般情况下，六个月的起算点自生效裁判生效时起算；对于一些可能在裁判六个月后才会发现或者知道再审申请事由的，且不能归责于当事人时，自知道或应当知道再审事由时起算。[1]

此类“知道或应当知道”的情形，主要包括：有新的证据，足以推翻原判决、裁定的；原判决、裁定认定事实的主要证据是伪造的；据以作出原判决、裁定的法律文书被撤销或者变更的；审判人员审理该案件时有贪污受贿、徇私舞弊、枉法裁判行为的。

3. 超过期间的再审申请的处理

需要注意的是，申请再审期间为除斥期间，不适用中止、中断、延长的规定。由于是否超过再审期限的问题，一般较为明显、易于判断，在立案环节即可解决，实践中，法院负责接收申请材料的部门（诉讼服务中心）经审查，如认为再审申请不符合法定申请期间要求的，则直接告知再审申请人，不予再审申请立案，无需再移交审判团队后续审查。如申请人认为未超过法定期间的，则应当提交生效裁判文书的送达回证复印件或其他能够证明裁判文书实际生效日期的证据材料。

（二）申请再审的事由

在法律上，申请再审的事由，是指能够启动再审程序的事由。由于再审事由是从反面划定了既判力的边界，直接确定了动摇生效裁判既判力的程序和实体事项，因而在审判监督程序中具有核心地位，决定了当事人能否成功启动再审。根据《民事诉讼法》《行政诉讼法》的规定，申请再审的事由包括事实证据方面、适用法律方面、程序方面以及审判人员方面。本书择取实践中较普遍的情形做简要论述。

---

〔1〕《民事诉讼法》第 212 条；《最高人民法院关于适用〈中华人民共和国行政诉讼法〉的解释》第 110 条。

1. 有新的证据，足以推翻原判决、裁定

在民事诉讼和行政诉讼中，新证据均是再审程序启动的重要事由。当事人依据该事由申请再审，首先，应符合民事或行政证据规定对“新证据”的认定标准。其次，审查法院还会综合考虑，当事人未在举证期限内提供是否存在故意或重大过失。最后，启动再审的新证据还必须达到“足以推翻原判决、裁定”的程度，即新证据所能证明的情况，足以形成一个充分的理由推翻原审裁判，而并非只要提供了新证据就可以启动再审。

本书以一个涉信托公司案件为例。信托公司在通过执行程序实现抵押权期间，经常会发生案外人执行异议之诉。本案即是在生效裁判认定买受人具有排除执行的权利后，信托公司又发现和取得了证明买受人可能不符合法定条件的新证据，从而启动了再审程序。

【典型案例】西藏信托与严某某及盘锦公司案外人执行异议之诉案〔1〕

西藏信托不服山西省高级人民法院（2018）晋民初43号民事判决，向最高人民法院申请再审。该案的争议焦点为严某某在人民法院查封涉案房屋之前是否已合法占有了涉案房屋。《最高人民法院关于人民法院办理执行异议和复议案件若干问题的规定》第28条规定：“金钱债权执行中，买受人对登记在被执行人名下的不动产提出异议，符合下列情形且其权利能够排除执行的，人民法院应予支持：（一）在人民法院查封之前已签订合法有效的书面买卖合同；（二）在人民法院查封之前已合法占有该不动产；（三）已支付全部价款，或者已按照合同约定支付部分价款且将剩余价款按照人民法院的要求交付执行；（四）非因买受人自身原因未办理过户登记。”根据上述规定，在人民法院查封之前已合法占有涉案房屋是排除执行的必要条件之一。

西藏信托申请再审的理由为，原审认定严某某在人民法院查封涉案房屋之前已合法占有该房屋的事实错误，并提供了一份“新证据”，即盘锦物业出具的《说明》，旨在推翻原审认定的主要事实。最高人民法院再审审查认

〔1〕 案号：（2019）最高法民申4737号。

为，《说明》记载涉案房屋未办理入住手续，该情形与原审认定严某某已合法占有涉案房屋的事实存在矛盾，故认为西藏信托提交的新证据存在可能推翻原判决的情形，据此，最高人民法院依据《民事诉讼法》第 204 条、第 206 条〔1〕作出裁定，指令山西省高级人民法院再审本案。

本案再审申请启动了审判监督程序，一是再审审查首先认可了《说明》构成新证据，该说明出具在原审判决之后，系西藏信托在申请执行涉案小区其他不动产时发现，涉案房屋并未办理入住手续，并处于空置状态，遂立即申请原审法院向涉案小区物业公司调取相关证据。二是《说明》所证明的内容指向案件主要事实。三是《说明》系通过原审法院调取，而原审采信的仅是《入住通知单》，就证明力而言，新证据存在可能推翻原判决的情形。

此处需注意的是，再审申请审查与再审审理的标准存在区别。再审申请审查，以能够确认事由成立为必要限度，如本案“新证据可能推翻原判决”，则可以裁定再审，但并不意味着原审确有错误必然改判。

2. 原判决、裁定适用法律确有错误

在民事诉讼领域，适用法律错误的情形包括：（1）适用的法律与案件性质明显不符的；（2）确定民事责任明显违背当事人约定或者法律规定的；（3）适用已经失效或者尚未施行的法律的；（4）违反法律溯及力规定的；（5）违反法律适用规则的；（6）明显违背立法原意的。在行政诉讼领域，适用法律错误的情形主要包括：适用部门法有误；适用具体法律规范有误；认定当事人责任的有无、责任大小、责任承担方式有无；裁量明显不合理等。〔2〕

信托纠纷案件中，关于法律适用的争议非常突出。如信托交易结构是否构成“刚兑”，增信措施的性质是保证还是无名合同，信托投资是否构成名股实债，上市公司担保适用新法还是旧法等，均属于司法实践中争议较大的法律适用问题。

---

〔1〕 分别对应 2021 年修正的《民事诉讼法》第 211 条、第 213 条。

〔2〕 参见江必新主编：《中华人民共和国行政诉讼法理解适用与实务指南》，中国法制出版社 2015 年版，第 407-408 页。

【典型案例】昆明二建公司与北京信托公司、金冠源公司第三人撤销之诉纠纷案[1]

本案争议焦点问题是，昆明二建公司主张建设工程价款优先受偿权是否超过法定期限，即属于法律适用问题。再审申请人昆明二建公司认为其已在期间内行使了优先受偿权，原审认为其已丧失对涉案工程享有的优先受偿权，无视案涉工程结算过程中的特殊情况，与立法目的相悖。最高人民法院经审查，认为再审申请符合《民事诉讼法》第200条第6项[2]规定（原判决、裁定适用法律确有错误），作出（2017）最高法民申2981号民事裁定，提审本案。

3. 诉讼程序违法方面的事由

程序是否合法，也是审判监督的重要内容，但违反法定程序并非必然引起再审，没有对实体权益产生影响的程序瑕疵，一般不能启动再审；只有程序违法达到一定程度，对当事人实体权利可能造成影响的，才能以此启动再审。如审判组织不合法或未依法回避；违法剥夺当事人辩论权利；应当开庭而未开庭审理的；违法缺席判决等。

4. 原判决、裁定遗漏或超出诉讼请求

原判定、裁定遗漏或超出诉讼请求是审判监督的重要内容之一。

5. 据以作出原判决、裁定的法律文书被撤销或变更

据以作出原判决、裁定的法律文书被撤销或变更是审判监督的重要内容之一。

6. 审判人员在审理该案时存在贪污受贿、徇私舞弊、枉法裁判等情形

需要注意的是，主张该再审事由，必须有证据证实，如已有相关刑事法律文书或纪律处分决定确认的。

四、申请再审的诉答程序

诉答程序是指当事人通过起诉状、答辩状、申请书等书状的交换而明确

---

〔1〕 案号：（2017）最高法民申2981号、（2018）最高法民再84号。

〔2〕 对应2021年修正的《民事诉讼法》第207条第6项。

各自主张的程序。对于信托纠纷当事人来说，一个运行良好的诉答程序，能够让当事人的诉辩主张尽早固定，促进事实与证据的自主开示，便于争议焦点尽快呈现，为法院高效审查、审理案件创造条件。

再审审查虽不是严格意义上的诉讼程序，但也具备了一定的诉讼属性，因此，再审申请人提交材料，尤其是提交再审申请书、被申请人的答辩等行为都应当规范化。

（一）申请再审提交的材料

由于申请再审的时间是以提交完整、齐备、符合规定的材料的时间为准，随着法定申请期限的缩短，信托纠纷当事人在生效判决作出后，如希望通过再审程序寻求法律救济，应及时拟定再审方案，确定再审申请事由，并准备符合要求的申请材料，如表 2-5 所示。

表 2-5　我国有关申请再审提交的材料的规定

《最高人民法院关于适用〈中华人民共和国民事诉讼法〉的解释》第 375 条	《最高人民法院关于行政申请再审案件立案程序的规定》第 4 条、第 5 条
当事人申请再审，应当提交下列材料：(1) 再审申请书，并按照被申请人和原审其他当事人的人数提交副本。(2) 再审申请人是自然人的，应当提交身份证明；再审申请人是法人或者其他组织的，应当提交营业执照、组织机构代码证书、法定代表人或者主要负责人身份证明书。委托他人代为申请的，应当提交授权委托书和代理人身份证明。(3) 原审判决书、裁定书、调解书。(4) 反映案件基本事实的主要证据及其他材料	除与申请民事诉讼再审共同的材料以外，当事人申请再审，一般还应提交下列材料：(1) 一审起诉状复印件、二审上诉状复印件；(2) 在原审诉讼过程中提交的主要证据材料；(3) 支持再审申请事由和再审请求的证据材料；(4) 行政机关作出相关行政行为的证据材料；(5) 其向行政机关提出申请，但行政机关不作为的相关证据材料；(6) 认为需要提交的其他材料

（二）再审申请书载明事项

对此，相关司法解释进行了指引性规定，如表 2-6 所示。

表 2-6　我国相关司法解释对再审申请书载明事项的规定

《最高人民法院关于适用〈中华人民共和国民事诉讼法〉的解释》第 376 条	《最高人民法院关于行政申请再审案件立案程序的规定》第 7 条	《关于完善四级法院审级职能定位改革试点的实施办法》第 12 条
再审申请书应当记明下列事项：（1）再审申请人与被申请人及原审其他当事人的基本信息；（2）原审人民法院的名称，原审裁判文书案号；（3）具体的再审请求；（4）申请再审的法定事由及具体事实、理由	再审申请书应当载明下列事项：（1）再审申请人、被申请人及原审其他当事人的基本情况。当事人是自然人的，应列明姓名、性别、出生日期、民族、住址及有效联系电话、通讯地址；当事人是法人或者其他组织的，应列明名称、住所地和法定代表人或者主要负责人的姓名、职务及有效联系电话、通讯地址；（2）原审人民法院的名称，原审判决、裁定或者调解书的案号；（3）具体的再审请求；（4）申请再审的具体法定事由及事实、理由；（5）受理再审申请的人民法院名称；（6）再审申请人的签名、捺印或者盖章；（7）递交再审申请书的日期	当事人根据本办法第 11 条第 1 款第 1 项向最高人民法院申请再审的，除依法必须载明的事项外，应当在再审申请书中声明对原判决、裁定认定的基本事实、认定事实的主要证据、适用的诉讼程序没有异议，同时载明案件所涉法律适用问题的争议焦点、生效裁判适用法律存在错误的论证理由和依据

鉴于近些年来，全国法院再审申请案件一直呈上升态势，案多人少的矛盾突出，而信托纠纷法律关系较为复杂，对再审申请人而言，为使诉求主张、争议焦点尽快为审判人员所清晰了解，启动再审程序，建议信托公司注重再审申请书的技术化，尤其是事实理由部分应围绕法定的再审事由逻辑化地展开，确保再审理由精准地归结到法定事由的类别中，提高启动再审的概率。

值得注意的是，《关于完善四级法院审级职能定位改革试点的实施办法》在现有司法解释的基础上，针对向最高人民法院申请再审的特定情况，增加规定了申请书应当载明的两方面的内容：一是声明对原判决、裁定认定的基本事实、认定事实的主要证据、适用的诉讼程序没有异议；二是载明案件所涉法律适用问题的争议焦点、生效裁判适用法律存在错误的论证理由和依据。这一改变是根据向最高人民法院申请再审条件的变化作出的相应调整，突出了最高人民法院适法统一的重要职能。

对信托纠纷当事人而言，上述规定提高了向最高人民法院申请再审的门槛，提出了较高的法律专业性要求。今后，试点地区向最高人民法院申请再审时，仅仅形式上合规的材料是不充分的，并不能轻易启动再审审查，还必须在适用法律方面进行充分地论证及提供依据。我们认为，此种论证依据不限于指导案例、公报案例、地方高级人民法院司法文件及具有影响力的判决，还包括监管部门较为权威的政策解读、理论界最新研究成果等。

（三）法院是否向对方发送再审申请书副本

在民事诉讼中，法院对符合条件的再审申请立案的，应当自收到再审申请书之日起 5 日内向被申请人及原审其他当事人发送再审申请书副本。而在行政诉讼中，法院对此拥有自由裁量权，如认为有必要则可向对方当事人发送，如认为无必要亦可不发送。

五、再审申请案件的审查

（一）审查期限

再审审查期限，是指人民法院受理当事人的再审申请后，依法进行审查并最终作出裁定的时间要求。设定一定的审查期限，旨在保障审查效率，防止案件久拖不决。

在民事诉讼中，再审申请的审查期限为 3 个月；在行政诉讼中，再审申请的审查期限为 6 个月。

实践中，考虑到一些案件存在特殊情况，难以在上述期限内审查完毕，故司法解释规定了审查期限可以延长。

（二）询问程序

再审审查程序与一审、二审程序存在较大差别。从形式上，再审审查采取书面审查方式，并不以庭审方式进行。法院在此过程中的主导性较一审、二审程序更强，当事人参与程度相对较低。

为消除当事人对再审审查不公开的质疑，保障当事人在申请再审过程中的程序性权利，民事诉讼、行政诉讼对再审审查均引入了“询问”程序。

1. 裁量启动情形

人民法院根据审查案件的需要决定是否询问当事人。

2. 应当启动情形

再审申请人提供了可能推翻原判决、裁定的新证据时应当询问。

3. 信托公司如何应对询问程序

虽然再审审查中的询问并非正式的庭审程序，但从司法实践看，最高人民法院和一些地方高级人民法院的询问流程与庭审程序差别不大，比较直观的不同在于，询问主体不要求合议庭整体参加，承办法官和法官助理共同组织，或承办法官单独组织均可，亦不排除法官助理单独组织。法院根据审查案件需要，交叉询问双方当事人的情况较多。

信托纠纷当事人参加询问程序，建议参照庭审程序进行准备。(1) 提前向法院确认各方面参加人（如是否有第三人、证人参加等），拟定相应方案。(2) 询问中，注意围绕与申请再审事由相关的证据采信、事实认定、法律适用、裁判结果以及原审诉讼程序等问题陈述申请理由（再审申请人）、陈述相应意见（再审被申请人）。(3) 在有新证据的情形，重点围绕证据材料是否构成新证据、证据的“三性”以及其对原审裁判的影响等阐述意见。(4) 对于依法可调解的案件，法院可在询问过程中进行调解，故当事人可根据案件需要提前拟定策略方案。

（三）再审审查期间当事人申请鉴定或勘验的处理

申请再审时提出鉴定或勘验请求的，法院一般不予准许。理由在于：(1) 申请鉴定或勘验，以及重新申请鉴定或勘验，是当事人在一审、二审程序中的重要权利，再审申请人在原审中放弃了该项权利，则应自行承担证明不能的不利后果。(2) 再审申请人承担证明再审事由成立的责任，不应由审查再审申请的法院委托鉴定或勘验以证明生效裁判存在再审事由。对于再审申请人以新证据为由申请再审，但未提交新证据，而是申请法院委托鉴定或勘验的，法院不予支持。

但如果当事人在原审中依法申请鉴定或勘验，原审法院应当准许而未予准许，且可能影响案件基本事实认定的，则可以依据诉讼法有关规定处理。

因此，对于信托纠纷当事人而言，如欲通过鉴定或勘验推翻原审事实认定，一是可以申请再审前自行委托或者向作出原鉴定意见、勘验结论者申请重新鉴定、勘验，由受理再审申请的法院判断是否符合法定再审事由；二是原审已经提出过鉴定或勘验申请而未予准许的情况下，则需要证明未经鉴定或勘验可能影响案件基本事实的认定。

（四）再审申请案件审查后如何处理

首先，有必要区分再审审查的标准和再审审理的标准。按照现行诉讼法的规定，再审审查与再审审理是审判监督程序中两个相对独立的阶段。再审审查的目的是决定是否启动再审审理，其审查标准以能够确认再审事由是否成立为必要限度，不同于"确有错误"标准。

1. 裁定驳回再审申请

当事人主张的再审事由不成立，或者超出法定再审事由范围，或者再审申请立案后发现超过法定申请再审期限等不符合再审条件的，法院裁定驳回再审申请。

就信托纠纷而言，在强监管背景下，信托公司等各类资产管理机构的通道业务将逐渐萎缩，信托公司等各类资产管理机构进入精耕细作时代，出于商誉及其他方面考虑，将更加注重通过诉讼包括再审等方式解决纠纷。近些年，再审申请案件高位运行的情况将会是未来的常态，而相对于庞大的数量，能够启动再审的比例相当低。在裁判结果正确的情况下，再审审查裁定往往针对再审理由予以回应，或对原审裁判的理由予以更充分的解释、补充或矫正。

【典型案例】桂阳农商行与财信证券及广州银行营业信托纠纷案〔1〕

桂阳农商行不服湖南省高级人民法院（2020）湘民终1852号民事判决，向最高人民法院申请再审。桂阳农商行认为，一审、二审判决将桂阳农商行诉请撤销财信证券违法处分信托事项认定为诉请撤销具体的债券交易行为，并适用《证券法》作出裁判，适用法律错误。二审判决以本案所涉债券损失尚未确定为由，不支持桂阳农商行的撤销之诉，没有事实和法律依据。

最高人民法院围绕当事人的申请事由能否成立、二审判决处理结果是否妥当进行审查，认为审查的重点问题是：二审判决未支持桂阳农商行关于撤销案涉债券交易及赔偿损失的请求是否有误。

最高人民法院经审查认为，财信证券在处理信托事务时确有不当之处，但资产管理业务本身是一种有市场风险的投资方式，现有的证据并不足以证明财信证券系因其预知案涉债券会出现兑付风险、出于转嫁风险的目的而采取的行为。而且，在资产管理计划尚未终止、未办理清算的情况下，案涉债券是否存在损失以及实际的损失数额尚无法确定。因此，二审判决对桂阳农商行的赔偿损失请求未予支持，并无不当。桂阳农商行在确定损失之后，可另行主张权利。据此驳回了桂阳农商行的再审申请。

2. 裁定再审：指令再审或提审

当事人主张的再审事由成立，且符合诉讼法和司法解释规定的申请再审条件的，法院可以裁定指令再审或提审以启动再审程序。司法实践中，具体采取指令再审还是提审，法院有权根据个案情况进行裁量。以下通过举例说明再审申请审查中不同的处理方式。

【典型案例】西藏信托与严某某及盘锦公司案外人执行异议之诉案〔2〕

最高人民法院认为再审申请人西藏信托提交的新证据存在可能推翻原判决的情形，指令山西省高级人民法院再审。本案属于事实证据方面的再审事由，法院裁定进行了指令再审。

---

〔1〕 案号：（2021）最高法民申5262号。

〔2〕 案号：（2019）最高法民申4737号。

【典型案例】前石畔公司与地电公司、华秦公司公司设立纠纷案[1]

最高人民法院认为再审申请人前石畔公司的再审申请符合“有新的证据，足以推翻原判决、裁定”，裁定提审本案。本案也属于事实证据方面的再审事由，法院裁定进行了提审（提审后，裁定撤销原审并发回重审）。

【典型案例】吉林国际信托申请再审案[2]

最高人民法院认为吉林国际信托的再审申请符合《民事诉讼法》第200条第2项、第6项[3]规定的情形，即同时存在基本事实缺乏证据证明、适用法律错误的再审事由，法院裁定进行了提审。

值得注意的是，最高人民法院《关于完善四级法院审级职能定位改革试点的实施办法》针对最高人民法院提审的情形进行了明确，规定了“应当裁定提审”和“可以裁定提审”两种情况。

最高人民法院“应当裁定提审”的情形：（1）具有普遍法律适用指导意义的；（2）最高人民法院或者不同高级人民法院之间近三年裁判生效的同类案件存在重大法律适用分歧，截至案件审理时仍未解决的；（3）最高人民法院认为应当提审的其他情形。

最高人民法院“可以裁定提审”的情形主要针对当事人未申请再审而最高人民法院依职权提起再审的情况。

对于现行法律中规定的“指令再审”，《关于完善四级法院审级职能定位改革试点的实施办法》虽未予涉及，但仍可适用。

六、再审审理的程序

（一）裁定再审应同时中止原判决执行

一般情况下，按照审判监督程序决定再审的案件，意味着原审裁判可能

[1] 案号：（2018）最高法民申5783号。

[2] 案号：（2020）最高法民申374号。

[3] 对应2021年修正的《民事诉讼法》第207条第2项、第6项。

存在错误，因此，再审裁定中同时应写明中止原判决、裁定的执行，以防止发生执行回转等情况。提审或指令再审的裁定与中止原判决、裁定执行的裁定系同一个裁定，无需再另行作出一个裁定。

（二）再审审理适用程序

在目前我国诉讼法上，再审并不是一个单独的审级，没有单独的程序规定，再审审理程序准用原一审、二审程序。

根据原审审理情况，再审审理可以分为按照一审程序审理和按照二审程序审理两种情形。具体而言：

（1）按照一审程序的情形：第一审人民法院作出的生效裁判，其自行再审，或上一级法院指令其再审。适用第一审程序作出的裁判，当事人可以提出上诉。

（2）按照二审程序的情形：第一审人民法院作出的生效裁判，由上一级法院提审；第二审人民法院作出的生效裁判，其自行再审，或上一级法院指令第二审人民法院再审，或上一级法院提审。适用第二审程序作出的裁判，是发生法律效力的裁判，当事人不得上诉。

（三）对原生效裁判确有错误的处理方式

（1）"确有错误"的理解。"确有错误"是指经再审审理，原审裁判的错误已经被查实，是客观存在的，而不是一种待证明的可能性。

（2）处理方式。对原生效判决、裁定确有错误的，在撤销原判决、裁定的同时，可以发回作出生效判决、裁定的法院重审，也可以直接对生效判决、裁定的内容作出相应裁判。

具体采取何种处理方式，法律及司法解释未做硬性规定，而是赋予提审的法院自由裁量的权利。因为对于一个需要纠正错误的案件而言，是发回重审有利，还是直接裁判更好，不同方式各有利弊，提审的法院有权酌情处理。

实务中一般遵循：（1）原审裁判认定事实清楚，证据充分，但适用法律错误的，可以不发回重审，在撤销原审裁判后直接改判；（2）原审裁判认定基本事实不清、证据不足的，既可以发回重审，也可以在查清事实后依法改判。（3）原审存在严重程序性违法，应裁定发回重审。

【典型案例】前石畔公司与地电公司、华秦公司公司设立纠纷案〔1〕

本案属于因基本事实不清，撤销原审并发回重审的情况。

再审申请人前石畔公司不服陕西省高级人民法院（2018）陕民终574号民事判决，向最高人民法院申请再审。最高人民法院经审查，作出（2018）最高法民申5783号民事裁定，提审本案。经再审，最高人民法院认为，一审、二审判决认定基本事实不清，裁定：（1）撤销陕西省高级人民法院（2018）陕民终574号民事判决及陕西省榆林市中级人民法院（2016）陕08民初484号民事判决；（2）本案发回陕西省榆林市中级人民法院重审。

【典型案例】汇达公司与广州银行金融不良债权追偿纠纷案〔2〕

本案属于因适用法律错误，在撤销原审后直接判决的情况。

再审申请人汇达公司不服广东省高级人民法院（2018）粤民终635号民事判决，向最高人民法院申请再审。最高人民法院经审查，作出（2018）最高法民申6168号民事裁定，提审本案。最高人民法院再审认为，一审、二审判决适用法律错误，应予纠正，判决：（1）撤销广东省高级人民法院（2018）粤民终635号民事判决、广东省广州市中级人民法院（2017）粤01民初165号民事判决；（2）广州银行于本判决生效之日起10日内返还汇达公司借款7000万元及利息（具体内容略）。即本案再审在撤销一审、二审判决的同时，直接进行了裁判。

七、申请检察监督

对于再审申请被驳回，或对再审判决、裁定仍不服的，当事人不能再向人民法院提出再审，而可以向人民检察院申请检察建议或抗诉。此处需注意：（1）驳回再审申请的裁定本身不能成为抗诉的对象，抗诉的对象应是原

〔1〕 案号：（2019）最高法民再186号。

〔2〕 案号：（2019）最高法民再54号。

审生效裁判。(2) 人民法院因人民检察院抗诉而裁定再审的，不受此前已经作出驳回再审申请的限制。

最高人民检察院于2021年公布《人民检察院民事诉讼监督规则》，对民事诉讼、行政诉讼检察监督进行了细化规定，将当事人申请检察监督、检察机关立案审查及处理等活动纳入制度轨道。

随着新规的颁布，建议信托公司重视检察监督这一重要救济途径，尤其是近年来检察监督力度的加强，通过申请检察院抗诉从而启动再审的案件日益增多。因此，信托公司应充分了解检察监督的运作规则、熟悉检察机关监督手段以及与再审的衔接，跟进监督结果，从而充分运用法律赋予的救济权利，有效保护自身合法权益。

结合申请检察监督案件的实践操作，提示以下几点供信托公司参考。

(1) 申请检察监督的期限。民事案件向人民检察院申请监督的，应当在人民法院作出驳回再审申请裁定或者再审判决、裁定发生法律效力之日起两年内提出。行政案件向人民检察院申请监督的，应当在人民法院送达驳回再审申请裁定之日或者再审判决、裁定发生法律效力之日起6个月内提出。因此，建议信托公司：①对再审判决应在两年或6个月的期限内申请检察监督；②对因各种原因未能申请再审的，可探讨是否符合依职权监督的条件，以线索提供的方式进入程序；③对下级检察院作出不支持监督申请的决定，一年内向上级检察院要求复查，增加一级机关的审查机会。

(2) 申请材料的提交。当事人向人民检察院申请监督，应当提交监督申请书、身份证明、相关法律文书及证据材料。提交证据材料的，应当附证据清单。

(3) 积极推动检察院行使调查权。新规扩大了检察监督的范围，确定了案件全流程和全类型监督，并规定，如检察院认为确有必要，可以调阅人民法院的诉讼卷宗副卷，同时强化了监督手段。尤其值得信托公司关注的是，新规明确检察院对当事人通过虚假诉讼获得的民事调解书可以监督，而长期以来，信托公司对于虚假诉讼等情形取证能力有限，故今后可积极推动检察院行使调查核实权，如申请检察院向金融机构调取双方转账流水等。此外，对于专门性问题，信托公司也可以申请检察院咨询有关专业人员、相关部门或者行业协会的意见。

（4）积极推动与应对听证程序。依据新规，人民检察院审查民事、行政诉讼监督案件，认为确有必要的（或认为行政案件在事实认定、法律适用、案件处理等方面存在较大争议，或者有重大社会影响，需要当面听取当事人和其他相关人员意见的），可以组织有关当事人听证，也可以邀请与案件没有利害关系的人大代表、政协委员、人民监督员、特约检察员、专家咨询委员、人民调解员或者当事人所在单位、居住地的居民委员会、村民委员会成员以及专家、学者等其他社会人士参加公开听证（但案件涉及国家秘密、个人隐私或者法律另有规定不得公开的除外）。

可以预见的是，新规实施后，检察机关将由书面审理逐渐转向公开审理，给予当事人较充分的诉辩，在各方人士的参与下，保障检察监督的程序公开。因此，信托公司如作为申请人，要积极申请谈话和听证，将有助于案件事实的查明；如作为被申请人，也要在了解听证流程的基础上，充分准备，以期围绕检察官设定的听证问题进行充分细致地回应。

第三章
信托业务非诉层面实操

第一节 信托业务中的尽职调查

"尽职调查"（Due Diligence，也译作审慎调查），这个概念最早出现在1993年《美国证券法》中，原意是"适当的或应有的勤勉"。根据该法案第11条"虚假注册的民事法律责任"的规定，如果证券经纪和交易商没有进行尽职调查，则有可能要对第三人（投资者）承担民事损害赔偿责任。在我国，"尽职调查"这个概念最早出现在2001年中国证监会发布的《公开发行证券公司信息披露的编报规则第12号——公开发行证券的法律意见书和律师工作报告》第5条中，即律师在律师工作报告中应详尽、完整地阐述所履行尽职调查的情况。

时至今日，"尽职调查"概念的外延逐渐宽泛。对中介机构而言，"尽职调查"一般是指采取查询、审核、面谈、询证、现场考察、访谈、网络查询等多种方式，对企业的历史和现实的数据、资料、信息、文件和档案等，涉及企业经营情况、资金状况、股权结构、管理架构、实际控制人及控股股东情况、财务状况、知识产权、劳动人事等方面，进行全面深入的了解。[1]对信托公司而言，"尽职调查"除了涉及项目及交易对手的合法性，往往还包括项目的合规性、交易架构的可行性、风控措施等，事实上，尽职调查的

〔1〕 参见李俭编著:《法律尽职调查完全手册》，法律出版社2019年版，第3页。

边界问题正是实务中的难点。因中介机构进行尽职调查有较为完整的规范体系和操作流程，本章以此为论述起点，并在总结目前实务中涉及尽职调查的案件的基础上，结合理论通说试图划定信托公司尽职调查的范围。

一、尽职调查概述

（一）尽职调查的分类

受交易对手所处的行业领域、不同项目组对交易架构的理解、信托公司中后台对风险控制的要求、专业中介机构的意见以及监管规则等因素的影响，尽职调查存在不同形态。例如，按照调查内容的专业划分，可分为法律尽职调查、税务尽职调查、商业尽职调查、行业尽职调查、环境尽职调查等；按照项目所处行业划分，可分为合资合作尽职调查、项目融资尽职调查、国际贸易合作尽职调查、跨境投资并购尽职调查、国际工程承包尽职调查等；按照交易架构划分，又可分为 IPO 尽职调查、股权转让尽职调查、资产重组尽职调查、关联交易尽职调查等。

总体而言，项目具体采用何种尽职调查方式一方面是出于项目本身商业安排的需要，另一方面也源于监管规则的要求，由此不同尽职调查类别采用的方法、适用的法律法规、制作的尽职调查报告等均会产生明显差异，最终均反映在不同的尽职调查结论上。本书将尽可能地总结不同类别尽职调查的共性，以飨读者。

（二）尽职调查的目的与原则

在信托业务中，尽职调查是信托公司增强受托管理能力、搭建风险管理体系中极为重要的组成部分，其目的简单来说就是发现价值、发现问题。一方面，尽职调查是解决信息不对称的一个重要手段；另一方面，尽职调查也是风险识别的主要方式，作为信托项目事前风险管理的一个重要环节，交易结构设计、合同文本制定、信托项目操作方案执行、后期司法处置等后续环节在很大程度上均依赖于尽职调查。

但需要特别强调的是，没有一种尽职调查能揭示所有的潜在风险，也不可能完全解决信息不对称的问题，确定尽职调查原则的前提应当是“合理的”，而不是“绝对的”。普遍认为，信托业务中的尽职调查应当遵循以下四项原则。

一是全面原则。尽职调查的范围，业务组希望越少越好，以促进交易尽快达成，中后台希望越详尽越好，尽可能防止风险，如何进行一个博弈和平衡？就律师而言，应尽可能兼顾不同部门的要求，前期按照项目组发出的委托单确定的尽职调查范围，中后期在与中后台沟通中再逐步优化范围。

二是透彻原则。透彻原则指针对原始材料进行穿透核查分析，往往需要采取书面与实际核查相结合的方式。以应收账款为例，对应收账款的尽职调查不仅需要了解应收账款的数额，还要调查应收账款的性质、产生原因、账龄、债务人资产负债情况以及债权人已经采取的措施等。同时，此原则也要求对业务相关的文件资料进行详尽地审核，并与相关当事人、政府机构和中介机构等进行调查和沟通。

三是差异原则。所谓差异原则，就是针对不同的企业，尽职调查应该有所侧重。比如高新技术企业，知识产权是决定企业发展的核心问题，若知识产权归属不清或者存在权属争议，则可能导致整个企业的核心竞争力缺失，甚至连企业存在的基础也将丧失。再如化工企业，必须重视可能导致的环境污染，如是否进行过环评、环保措施是否到位和是否因污染被提起民事诉讼或者受过行政处罚等。

四是独立原则。调查者必须保持调查的独立性，不受他人意志的左右，并在尊重客观事实和法律法规规定的基础上独立作出判断。例如，交易架构如存在担保安排，在确定尽职调查对象范围时存在不同处理方式，部分信托公司出于多种因素的考量并不要求对担保人尽职调查，但如果还款来源主要为担保人，那么调查者须对此进行风险提示。

（三）尽职调查的逻辑

通说认为，尽职调查的概念来源于法律，法律中尽职调查的过程本质上是推演三段论的过程，即根据大前提（法律规范）和小前提（法律事实）推演结论（法律关系）。例如，大前提，《公司法》规定设立公司应满足法定人数、住所、制定章程等条件，小前提，就须调查对应的事实，尽职调查的过程也就是得出是否合法、合规结论的过程，法律上称之为法律关系是否成立、有效。

就尽职调查本身而言，尽职调查来源于企业内生识别风险的现实需要。只不过在我国传统熟人社会中，风险识别成本极低，在很长时期内，我国商业交易并未对“尽职调查”予以重视。伴随市场经济概念的引入，熟人社会为基础的商业环境逐渐被瓦解，风险识别成本陡然增加，加之金融市场的开放，在金融机构守住不发生系统性风险要求下，尽职调查的重要性逐渐获得企业和监管部门的双重认可。

鉴于企业商业活动的复杂性和多样性，尽职调查不同的分类，本质上是要专业的人站在专业的角度，对本专业领域内可能发生的风险进行防范。理论上为了防范风险自然是邀请不同专业领域的人员，针对不同项目进行尽职调查，但在目前行业整体盈利较为吃力的环境中，面对成本压力，信托公司自然优先选择自行尽职调查，但尽职调查应当承担的责任并没有因为经济因素而降低。所以，如何理解不同项目中信托公司尽职调查责任的合理范围也成为实务的热点。

二、有关尽职调查的现行规范

（一）《信托公司受托责任尽职指引》（以下简称《尽职指引》）

尽职调查丰富的类型决定了有关尽职调查的规范性文件极为庞杂，值得注意的是，在所有现行规范中，2018 年 9 月中国信托业协会发布的《尽职指引》占据极其重要的地位。

1. 地位与作用

《尽职指引》由中国信托业协会会员大会审议通过，性质上属于信托行业自律公约，用以规范信托公司履行受托人职责系列行为。尽管《尽职指引》在效力位阶上并不高，但不论是在信托业务的开展过程中，还是在司法审判的过程中，该指引均被认为是判断信托公司是否履行受托职责的重要标准。

《尽职指引》之所以被广泛认可并遵守适用，一是因为其对信托公司如何履行相应义务提供了较为明确的行为指引；二是因为《尽职指引》的制定依据以现有规则为主，具有普遍适用性，同时辅以个别创新规则，具备可操作性。具体而言，制定依据涉及"一法两规"[1]、银行业监管政策，并参考其他资产管理业务的监管规定，同时也借鉴了国际上与信托相关的法律法规。可以说，《尽职指引》对整个信托行业的健康发展起到了重要作用。

2. 条文解析

《尽职指引》有关尽职调查的规定主要涉及5个条文，其中第5条明确规定，所有信托产品都需要尽职调查，其他4个条文对此进行了补充。

第一，《尽职指引》第6条[2]要求信托公司根据委托人意愿及信托财产运用的不同特点自行制定相应的规范，这条规定赋予信托公司在制定操作规程上的自由度，是一条原则性的规定。这是因为尽职调查实际上是以信托目的为导向、以交易结构为基础的，不同的信托产品的信托目的和受托责任各不相同，每个信托项目涉及的交易结构和调查内容也存在诸多差异，每个信托产品的尽职调查必须具有较强的针对性，无法予以统一规定。所以《尽职指引》赋予信托公司在制定操作规程上的自由度，但同时要求信托公司严格按规程开展尽职调查。

第二，《尽职指引》第7条[3]规定了信托公司可以自行进行尽职调查，也可以委托第三方机构进行尽职调查，但信托公司需承担第三方机构尽职调查的风险及责任。此处的风险和责任指的是信托公司对委托人或受益人的责任。这就要求信托公司对于第三方机构出具的尽职调查报告同样要加强审核，在作出决策时应更加谨慎地思考分析决策，不能照单全收。比如轰动一

---

[1] 一法指《信托法》，两规指《信托公司管理办法》《信托公司集合资金信托计划管理办法》。

[2] 《尽职指引》第6条规定，信托公司应当结合业务开展情况，根据委托人意愿以及信托财产运用的不同特点，严格按照公司信托业务操作规程开展尽职调查。

[3] 《尽职指引》第7条规定，尽职调查过程中，信托公司可以委托会计师事务所、律师事务所、资产评估机构等第三方机构出具专业意见并在项目审议时予以参考。信托公司无论是自行尽职调查还是委托第三方尽职调查，都应承担与尽职调查相关的风险及责任。

时的金凰珠宝假黄金事件[1]，在该事件“暴雷”前，曾经也有其他信托公司想参与该项目，但因为风控部门尽职调查较为规范，避免了损失。该信托公司委托第三方中介机构进行尽职调查，中介机构尽职调查报告的附件材料中显示，被尽职调查对象曾进行过股权质押，尽管担保的主债权存在异常却仍办理了解押手续，报告中并没有对此过程进行说明。同时风控部门根据掌握的工商档案发现，偿还该笔债务的还款人，其主体资格亦存在异常，报告中同样没有披露。据此，风控部门认为尽职调查不符合公司要求，存在不确定性风险，故否决了此项目。

此外，尽管《尽职指引》第 7 条允许信托公司委托第三方开展尽职调查，但如因第三方机构调查导致信托公司承担与尽职调查相关的风险和责任的，第 7 条却并未明确信托公司是否可以在对委托人或受益人承担责任后向第三方机构追偿。因此，建议信托公司在与第三方机构签订尽职调查协议时，应明确约定各方责任，以便后续追偿。

第三，《尽职指引》第 8 条[2]要求尽职调查完成后必须出具尽职调查报告，尽职调查报告所采信和确认的资料、文件，均应一并妥善保存。这是一个强制性规定，但是如同前面所述，由于不同的信托产品的信托目的和受托责任各不相同，每个信托项目涉及的交易结构和调查内容也存在诸多差异，《尽职指引》同时赋予信托公司一定的自由度，信托公司可以根据信托财产运用的方式对尽职调查报告的内容适当调整。

第四，《尽职指引》第 9 条[3]要求信托公司原则上应当制作项目的可

---

[1] 根据光明网和新浪财经的报道，武汉金凰珠宝股份有限公司通过质押大量假黄金向多家金融机构进行融资。参见网址：https://guancha. gmw. cn/2020-06/29/content_ 33947686. htm，http://finance. sina. com. cn/stock/relnews/us/2020-06-29/doc-iircuyvk1001442. shtml。

[2] 《尽职指引》第 8 条规定，尽职调查完成后，信托公司应当出具尽职调查报告，真实、准确、完整地反映所实施的尽职调查工作。尽职调查报告包括但不限于以下内容：（1）尽职调查工作简要介绍，包括但不限于调查人员、调查对象、调查时间、调查地点、调查方法等。（2）调查内容。（3）调查结论。尽职调查报告的内容可以由信托公司根据信托财产运用的方式进行适当调整。尽职调查报告、制作尽职调查报告所依据的资料、文件，以及尽职调查报告所采信和确认的资料、文件，均应一并妥善保存。

[3] 《尽职指引》第 9 条规定，信托公司办理信托业务原则上应当制作项目的可行性研究报告，从交易结构、交易对手、风险控制措施等方面评估项目的可行性、合法合规性、关联方交易等事项。

行性研究报告，并由信托经理和合规风控人员确认。笔者在与部分信托公司沟通时了解到，实际业务操作中，信托公司可能并未对尽职调查报告及可行性研究报告进行明确区分，因此，《尽职指引》明确，尽职调查报告已经包含可行性研究报告的要点的，信托公司可以不另行出具可行性报告，但尽职调查报告应由信托经理、合规风控人员等确认并注明报告日期。《尽职指引》颁布前，根据行业实践，部分信托公司可行性研究报告或者尽职调查报告往往只由信托经理签字确认，《尽职指引》要求可行性研究报告亦需合规风控人员等进行确认，这对信托公司内部风控提出了更高要求，也促使信托公司合规风控人员更为审慎地审核项目。不过“确认”的形式多样，不一定是签字，也可以以诸如内部审批单、公司内部系统审批流程、OA 系统审批等方式进行确认。本条规定最主要的目的是要求信托公司对尽职调查的情况和结果进行留痕，在项目出现风险的时候，便于公司风险倒查，明责追责。在起草《尽职指引》的时候，有信托公司提出因为部分信托项目存续时间比较长，项目后期出现风险要倒查的时候，往往找不到项目原来的负责人，进而无法进行责任倒追。基于这一点，起草组在《尽职指引》中增加了这一内容。但本条对于信托经理、合规风控人员的审查要求以及对应的责任及承担方式无明确规定，因而这些都需要信托公司在实际操作中根据自身内控制度加以明确。

（二）其他法律规范

可以说《尽职指引》是对《信托公司集合资金信托计划管理办法》第 9 条“信托公司设立信托计划，事前应进行尽职调查，就可行性分析、合法性、风险评估、有无关联方交易等事项出具尽职调查报告”的具体细化，也是对《中国银监会关于规范银信类业务的通知》中对信托公司应加强尽职调查要求的回应。[1]

（接上页）可行性报告由信托经理、合规风控人员等确认并注明报告日期。尽职调查报告已经包含前述内容的，信托公司可以不另行出具可行性报告，但尽职调查报告应由信托经理、合规风控人员等确认并注明报告日期。可行性报告的内容可以由信托公司根据信托财产运用的方式进行适当调整。可行性报告、制作可行性报告所依据的资料、文件，以及可行性报告所采信和确认的资料、文件，均应存档。

〔1〕《中国银监会关于规范银信类业务的通知》第 6 条规定，信托公司在银信类业务中，应履行勤勉尽责的受托责任，加强尽职调查，确保信托目的合法合规。

此外，在不同项目类型中，还可能涉及相关领域规范，比如私人股权投资信托业务中的《信托公司私人股权投资信托业务操作指引》、银行业务中的《不良金融资产处置尽职指引》、IPO证券发行及公司债券发行中的《保荐人尽职调查工作准则》、并购业务中的《关于外国投资者并购境内企业的规定》等。

三、尽职调查相关纠纷典型案例分析

基于近三年信托公司涉诉案件，关于尽职调查的主要争议总结如下。

（一）被动管理类信托案件中，信托公司是否负有尽职调查义务[1]

尽管所有信托产品设立之前均须进行尽职调查，但尽职调查义务的具体承担主体并未规定必须为信托公司。2017年中国银监会下发的《信托业务监管分类说明（试行）》指出，被动管理类信托尽职调查的主要特征之一是“信托设立之前的尽职调查由委托人或其指定的第三方自行负责。信托公司有权利对信托项目的合法合规性进行独立的尽职调查”。[2]该分类说明表明，如果信托被认定为被动管理类，那么受托人不负有尽职调查的义务。在相关案件中，法院也持有相同观点。

2020年北京市东城区人民法院审理的“仇某与某信托公司信托纠纷”被动管理类信托案件[3]中，人民法院认为委托人指定用途和管理方式的事务管理类信托，在案涉信托合同对于信托设立之前的尽职调查义务没有明确约定的情况下，信托公司并不承担尽职调查的义务。同样，2020年在北京市

---

〔1〕被动管理类信托也被称为事务管理类信托或被动管理型信托，对此不论是裁判文书还是监管口径，在表述均无统一标准，因本章论述过程中须引用不同裁判文书内容，故亦不作统一调整。

〔2〕参见中国信托登记有限责任公司官网发布的《信托主动被动管理业务划分标准明确》一文，“《分类说明》指出，被动管理型信托应当具有以下主要特征：(1）信托设立之前的尽职调查由委托人或其指定的第三方自行负责。信托公司有权利对信托项目的合法合规性进行独立的尽职调查。(2）信托的设立、信托财产的运用和处分等事项，均由委托人自主决定或信托文件事先明确约定。(3）信托公司仅依法履行必须由信托公司或必须以信托公司名义履行的管理职责，包括账户管理、清算分配及提供或出具必要文件以配合委托人管理信托财产等事务。(4）信托终止时，以信托财产实际存续状态转移给信托财产权利归属人，或信托公司根据委托人的指令对信托财产进行处置”。

〔3〕案号：(2020）京0101民初12756号。

高级人民法院审理的"陕西某农商行等与某信托公司二审民事案"[1]中，人民法院明确表示对于信托财产进行管理、运用和处分、不承担积极管理职责的被动管理类信托，信托设立之前的尽职调查应由委托人或其指定的第三方负责。另外，因两起案件均属于银信通道业务，法院均以《中国银监会关于规范银信类业务的通知》作为裁判依据："本通知所指银信通道业务，是指在银信类业务中，商业银行作为委托人设立资金信托或财产权信托，信托公司仅作为通道，信托资金或信托资产的管理、运用和处分均由委托人决定，风险管理责任和因管理不当导致的风险损失全部由委托人承担的行为。"

上述分类说明同时表明被动管理类信托业务中，信托公司仍有权自行尽职调查，那么如果信托公司出具了尽职调查报告，且报告存在瑕疵，信托公司是否仍可能承担相应的责任？在 2020 年上海金融法院审理的"某信托公司与吴某财产损害赔偿纠纷案"[2]中，信托存续期间信托公司出具了未经调查的没有任何事实依据的《项目风险排查报告》，法院认为虽然信托公司系依据委托人指令履行后续管理义务，只提供事务管理服务，但"根据《信托法》的相关规定，在信托设立后，受托人对信托财产所投项目的尽职调查、信托存续期间的事务管理等负有全面管理的责任"。所以，案涉信托公司仍须承担相应责任。

但是要强调的是，本案有其特殊性，本章所称的"尽职调查"指信托公司对信托财产进行管理、运用之前，本案中法院所称"尽职调查"发生于信托存续期间。鉴于信托存续期间信托公司本就没有"尽职调查"的义务，笔者认为，根据"举轻以明重"原则，以及《信托法》对受托人全面管理的要求，被动管理类信托中，信托公司须对其出具的尽职调查报告负责。

（二）尽职调查的范围如何识别

此问题可以进一步演化为，哪些尽职调查内容是法院认为必须涵盖的？囿于民事诉讼不告不理原则，显然无法依靠总结现有法律纠纷案件而穷尽尽

[1] 案号：（2020）京民终 155 号。

[2] 案号：（2020）沪 74 民终 29 号。

职调查范围，但在总结相关案件的过程中，笔者认为，判断争议事项是否属于尽职调查范围的一般规则是：该事项是否影响当事人作出客观、合理的投资决策判断。

1. 尽职调查报告列明的尽职调查内容一般认为属于尽职调查范围

例如，在 2021 年北京市第二中级人民法院审理的“广东某银行与某信托公司营业信托纠纷案”[1]中，广东某银行作为委托人申购信托份额，信托公司作为受托人通过资产管理计划参与上市公司股票定向增发。信托公司投资过程中，股票价格下跌出现亏损，各方争议较大。2020 年广东某银行提起诉讼，其主张：信托公司投资前尽职调查存在瑕疵、管理人未尽勤勉职责、制订退出方案存在滞后性等问题，导致银行亏损投资本金加资金占用费近 3 亿元，因此要求信托公司赔偿。广东某银行提出尽职调查报告中涉及的信息瑕疵主要包括：未披露目标公司涉诉信息以及未披露目标公司大股东股份质押信息。

首先，对于尽职调查报告中的涉诉信息内容，银行主张，信托公司在尽职调查报告中仅有“涉诉情况查询”的标题而没有内容。而广东某银行在诉讼中提交的网络查询结果显示，尽职调查报告列明的调查期间内，以上市公司为当事人的多起诉讼还处于开庭审理阶段；同时当地银保监局的《信访答复意见书》认定，信托公司未在《尽职调查报告》中体现被投企业及保证人涉诉情况，尽职调查工作存在不足，要求信托公司进行整改。可见，“涉诉情况查询”通常是尽职调查工作的重要事项之一，对于网络查询等公开渠道可以查询到的信息，应当在尽职调查报告中载明。当然并不是应当涵盖所有诉讼，也没有相关法规对此进行约束，对涉诉情况的尽职调查还须依赖专业判断。

其次，对于尽职调查报告中未披露质押信息内容，银行主张，尽职调查报告中“实际控制人持有本公司股权及质押情况”项下载明“截至 6 月 30 日，公司实际控制人持有公司股份两亿七千多万股，占公司总股数的 28.42%，截至 6 月 30 日，公司实际控制人股权质押数为 0 股”；而通过银行提交的经证

---

〔1〕案号：（2020）京 02 民初 302 号。

券交易所官网查询的股票质押情况则显示，“待购回有限售条件证券余量”为两亿六千多万股。法院经审理认为，由于实际控制人系信托计划的差额补足义务人，实际控制人的财产状况对于弥补信托投资损失至关重要，其所持有的上市公司股票是财产的重要组成部分，故该股票是否被质押给他人对信托公司和银行的投资决策均具有重要影响。对此重要事项，信托公司的调查方法应当达到使其有充分理由确信目标公司信息披露真实、准确、完整的程度。信托公司仅依据《上市公司半年度报告》记载实际控制人的股票质押或冻结情况为空白，即在《尽职调查报告》中记载“公司实际控制人股权质押数为0股”，依据不足，属信息披露不完整。

2. 信托成立后的事项不属于尽职调查范围

从时间上看，尽职调查内容仅需根据被尽职调查对象在尽职调查之前的经营状况得出尽职调查结论。例如，在2020年北京市东城区人民法院审理的“陈某与某信托公司营业信托纠纷案”[1]中，2015年9月18日，原告（委托人）与被告（信托公司）签订了信托文件，案涉信托计划于2015年9月25日成立，信托公司于2015年7月进行了尽职调查，并出具了调查日期为2015年7月1日至2015年7月27日的《尽职调查报告》。原告提出标的公司2015年9月以前至少有5笔大额动产质押登记，另外法院强制执行过程中没有可供执行的财产，所以标的公司经营困难，信托公司应当预见信托计划可能无法兑现，未尽审慎义务。对此，法院认为受托人只能依据标的公司过去的经营状况进行预计和评估，而根据《尽职调查报告》依据的审计报告等材料可知，在信托计划成立时并未有明显的财务困境。故对原告的这一主张法院不予采信。

3. 尽职调查报告的轻微瑕疵可豁免承担责任

尽职调查报告中若存在轻微瑕疵，并不能认为信托公司就违反了勤勉义务。例如，在2020年最高人民法院审理的“某信托公司、内蒙古某控股集团保证合同纠纷案”[2]中，原告提出“首先，标的公司向信托公司提交的

---

〔1〕 案号：（2020）京0101民初11844号。

〔2〕 案号：（2020）最高法民终25号。

银行承兑汇票复印件中过半数编号前三位为‘317’，与尽职调查报告记载的‘310’不符；其次，票据编号第八位均为‘1’代表该批银行承兑汇票均是由上海证券印制有限公司印制，但部分票据侧面显示‘西安西正印制有限公司’字样；最后，信托公司编制《可行性研究报告》的时间为2012年9月3日，而1.4亿元应收账款债权凭证材料出具时间均晚于此时间”。对此，最高人民法院认为虽然案涉银行承兑汇票及《可行性研究报告》的编制存在以上异常情况，但不违反《信托公司集合资金信托计划管理办法》第9条和《尽职指引》第9条的规定，不足以导致保证人违背真实意思表示而提供担保。故法院对原告的该主张不予支持。

（三）尽职调查报告披露的合理范围

根据《信托法》第20条第2款的规定，委托人有权查阅、抄录或者复制与其信托财产有关的信托账目以及处理信托事务的其他文件。但是对于信托账目及其他文件的具体指向并没有明确解释。在监管审查日趋严格的背景下，信托公司普遍关心应当如何向委托人履行适当性义务？尽管尽职调查报告可能涉及部分商业秘密，但是否应当兼顾委托人的知情权，以达到风险揭示的目的？目前法院普遍认为，尽职调查报告及其工作底稿不属于信托公司推介或销售信托产品时的披露范围。

例如，在2021年北京市高级人民法院审理的“王某与某信托公司营业信托纠纷案”[1]中，委托人要求信托公司披露尽职调查报告及工作底稿，对此法院认为，委托人知情权的目的在于了解其信托财产的管理运用、处分及收支情况，具体到信托项目上主要体现为信托资金管理报告或处理信托事务的完整记录；且委托人只能行使与其信托财产有关的知情权，不能扩大至对全体投资人的所有信托财产的所有信息要求知情，尽职调查报告及其工作底稿均属于信托计划成立前形成的文件，不属于《信托法》第20条规定的“处理信托事务的其他文件”范围，即不属于购买产品时需查阅的内容。故法院对委托人的上述请求不予支持。

---

〔1〕 案号：(2019) 京民终1600号。

当然，如果信托文件已经约定委托人可以查阅尽职调查报告，那么信托公司应当予以配合，不过对于尽职调查报告的底稿，如果没有明确约定属于查阅范围，根据2021年北京市第二中级人民法院在“某财务公司与某信托公司营业信托纠纷案”[1]中的观点，底稿系信托公司开展项目调研论证过程中所形成的内部文件，信托公司无须披露。

（四）尽职调查是信托公司履行勤勉义务的外在表现

尽职调查是否存在过错，是判断信托公司是否履行勤勉义务的重要因素之一。《尽职指引》第8条赋予信托公司在制定尽职调查操作规程上一定的自由度，但并没有因此减轻信托公司应当承担的勤勉义务。当然，信托公司尽职调查的目的不是消除风险，而是满足“了解产品”的要求，贯彻“卖者尽责，买者自负”的原则，切实履行受托管理职责。正如2019年重庆市第五中级人民法院审理的“汤某与深圳某资产管理公司、某信托公司合同纠纷案”[2]中，法院以“信托公司对信托计划可行性以及可能出现的风险和风控措施进行了论证并形成了结论”为裁判理由之一，认为信托公司尽到了《信托法》规定的勤勉义务。

法院判断信托公司尽职调查是否存在过错，除关注尽职调查报告披露的范围和内容外，尽职调查的步骤和方法也成为重要的参考标准。例如，2020年最高人民法院在“曹某、某信托公司合同纠纷再审案”[3]中，再审申请人提出信托公司尽职调查存在重大过错，最高人民法院专门提到“信托公司多次前往融资人所在地山西调查案涉项目”以出具尽职调查报告，另外结合尽职调查报告内容对再审申请人的主张不予支持。又如2020年北京市东城区人民法院在“陈某与某信托公司营业信托纠纷案”的判决书中提到，“信托公司多次前往融资方处调查并出具《尽职调查报告》《法律意见书》，对信托项目的真实性、风险等履行了审慎、合理审查义务，较为客观地反映了

---

〔1〕 案号：（2020）京02民终10989号。

〔2〕 案号：（2018）渝05民初3943号。

〔3〕 案号：（2020）最高法民申4151号。

信托计划的实际情况”。[1]可见，判断信托公司尽职调查是否履行了勤勉义务，需要结合多种因素综合判断，法院甚至会参考第三方中介机构出具的《法律意见书》的相关意见进行判断。例如，上述两个案件中，法院认为，“《法律意见书》认定该《尽职调查报告》内容不存在重大法律障碍，符合我国现行法律法规的规定要求”。

综上所述，本章在总结尽职调查理论通说、现行相关规范和典型案例的基础上，对信托公司尽职调查通用流程与如何进行风险防范进行说明。需说明的是，因中介机构进行尽职调查不限于信托行业，其规范体系更为完整，针对中介机构因尽职调查不规范被监管处罚的案例可通过公开渠道查询，而信托公司与中介机构在尽职调查内容上存在重合，在尽职调查程序上可相互借鉴，所以下文论述过程中力求求同存异，不对二者进行刻意区分。

四、尽职调查通用流程与风险防范应对

（一）通用流程

1. 尽职调查步骤

信托行业在“压降与收缩”，即要求信托公司压降信托通道业务规模、压缩违规融资类业务规模、加大对表内外风险资产的处置的背景下，信托业务继续由通道类、融资类向主动管理类（包括证券投资信托、股权投资信托、资产证券化、财富管理业务等）进行转变。因此，信托尽职调查也随之发生转变，更趋向于精细化、复杂化、专业化。

一般而言，中介机构在开展尽职调查前的步骤主要有以下几个方面：了解项目背景签署意向书或保密协议；组建尽职调查团队；签署尽职调查协议或保密协议；根据法律法规及项目情况汇编起草调查清单；与被调查方进行沟通，确定尽职调查工作的安排并发送调查清单。并在具体尽职调查的过程中，随着调查的不断深入而进一步明确尽职调查方法、确定尽职调查内容。

〔1〕 案号：(2020) 京 0101 民初 11844 号。

2. 尽职调查方法

尽职调查的方法主要包括书面核查、实地走访、现场访谈和公开渠道查询四大类。

（1）书面核查。书面核查的重点在于，一是核查资料的来源、形成时间、资料之间的内在联系、资料之间是否存在冲突以及资料之间与待证明事实之间的关系等；二是对于某些重要的资料需要核对原件，如证件类资料（营业执照、业务资质许可证等）、权证类资料（不动产权证、著作权证等）、合同类资料（借款合同、担保合同等）等核心类文件。

（2）实地走访。实地走访的重点在于，一是确定资产的真实状态，明确资产的真实性质；二是根据项目或信托公司内部风控管理要求前往项目现场政府部门调取与资产相关材料和证据，了解相关情况。在实地走访过程中，应做留痕处理，并将调查事项拍照留存，把走访经过形成文字记录，一同存入工作底稿之中。

（3）现场访谈。现场访谈的重点在于，一是访谈前需根据不同的访谈对象及尽职调查目的，制定访谈提纲，并在实际访谈过程中进行书面记录，待访谈结束后由访谈人和被访谈人在访谈记录上签字确认，形成工作底稿的组成部分；二是在访谈高管、部门负责人、基层员工的基础上，多渠道、多角度、多方面地核实被尽职调查主体提供的材料是否真实、完整、准确。

（4）公开渠道查询。公开渠道查询的重点在于，一是向公共机构查询相关信息。如向工商行政管理机关调取工商档案资料；向不动产登记中心调取不动产权属信息、抵押情况；向中国人民银行征信中心调取公司信用信息等。向公共机构查询的内容，需经查询机构盖章（查询章）确认（征信报告除外）。二是通过查询网站、App 等方式查询相关信息。如在“企查查”“天眼查”“国家企业信用信息公示系统”等网站上查询企业的基本情况、行政处罚等信息；在上海证券交易所、深圳证券交易所、北京证券交易所等网站上查询上市公司公告、年报等信息；在“中国商标网”上查询注册、申请商标信息；在中国人民银行征信中心网站上查询个人信用信息等。三是对于公开网站无法获得而又必须查询的信息，可委托专业机构查询，如境外专利、商标等信息可委托境外公司进行查询，以便补充丰富尽职调查报告的内容。

3. 尽职调查报告常见框架

尽职调查报告是尽职调查过程的集中体现，也是商业决策的重要参考，并在很大程度上决定了交易架构的设计以及信托文件、交易文件的出具。尽职调查报告的内容分为交易对手和拟投资项目两个方面，因拟投资项目的尽职调查内容依赖于具体交易结构，在此无法一概而论。就交易对手而言，报告内容包括：交易对手的基本情况、合规运营、重大资产状况、重大债权债务、诉讼仲裁及行政处罚、业务情况、职工安排、税务及财政补贴、关联交易及同业竞争九个方面。具体内容将在下文"防范措施"中展开说明。

（二）风险防范应对

1. 常见风险（行政处罚、法律责任承担）

除因尽职调查造成相关当事人损失引发的纠纷外，为了进一步细化尽职调查的范围，本部分着重阐述因尽职调查不尽责而被监管处罚的情况，因实践中以证监会处罚情况最为典型，下面通过典型处罚案例进行说明。

（1）某律所在A公司通过发行股份及支付现金的方式收购B公司项目中，因未履行勤勉尽责义务，被证监会作出"没收其业务收入30万元，并对其处以90万元罚款"的行政处罚。〔1〕

证监会认为该律所尽职调查工作出现纰漏主要有两方面，一是关于"重大合同"，一是关于"担保事项"。

第一，证监会认为该律所未对B公司"重大业务合同"进行审慎核查验证。根据《法律意见书》的记载，该律所将"重大业务合同"定义为截至2013年6月30日，B公司已经签署或正在履行的标的额在100万以上的业务合同及该律所认为重要的其他合同。根据上述"重大业务合同"的定义标准，仅经司法鉴定确认为虚假的合同中，涉及2013年6月30日之前已经签署并开始或已经履行的合同便有73份。但该律所在其出具的《法律意

〔1〕参见中国证监会行政处罚决定书〔2019〕62号。

见书》中，只列明了B公司与6家客户签订的重大业务合同。由此，证监会认为该律所上述行为不符合《律师事务所证券法律业务执业规则（试行）》（以下简称《律所证券法律业务执业规则》）。

第二，证监会认为该律所未对“重大担保”事项审慎查验。在该律所工作底稿中，关于B公司对外担保事项，该律所执行的查验程序主要为通过向B公司发送资料清单，让其提供所有对外担保合同，并让其作出已提供所有担保事项相关合同的承诺等程序，未见其就B公司对外重大担保事项执行与B公司财务负责人、会计师面谈，以及向第三方查证、确认等其他查验程序。该律所未发现B公司存在2000万元对外重大担保事项，未按照《核查计划》[1]落实相关程序，也未见其对查验计划的落实情况进行评估和总结；对于查验计划未完全落实的，未见其说明原因或者采取其他查验措施。由此，证监会认为该律所上述行为不符合《律所证券法律业务执业规则》。

从以上处罚决定书中可以看出，证监会认为该律所“担保事项”不尽责主要体现在尽职调查方法上，也就是尽职调查程序出现了问题；而关于“重大合同”，该律所遗漏了应当尽职调查的其他相关合同。对此，该律所受到处罚的律师持有不同观点，并就此提起行政诉讼，法院的观点如下。[2]

第一，一审中北京市第一中级人民法院与证监会意见一致，认为对重大业务合同进行审慎查验的目的在于，通过确认相关业务和收入的真实性、合法性，进而确认B公司相关资产权利状况。对应收账款的真实性、合法性进行审慎查验是确认B公司资产权利状况的重要途径。退一步讲，查验相关业务合同是否真实履行，亦需对应收账款的真实性进行查验。根据当事人询问笔录，其在“已经关注到B公司应收账款的异常现象”的情况下，采取的措施只是“要求B公司实际控制人出具承诺函”，“没有关注B公司内部合同签订审批流程的规范性问题，所以没有对业务合同的真实性产生怀疑”。

---

〔1〕《律所证券法律业务执业规则》第9条规定，律师事务所及其指派的律师应当按照管理办法编制查验计划。查验计划应当列明需要查验的具体事项、查验工作程序、查验方法等。查验工作结束后，律师事务所及其指派的律师应当对查验计划的落实情况进行评估和总结；查验计划未完全落实的，应当说明原因或者采取其他查验措施。

〔2〕参见涉案案号：（2020）京01行初33号、（2020）京行终7520号。

第二，二审中北京市高级人民法院同样认可证监会的处罚，认为上诉人所称《法律意见书》中记载的“截至2013年6月30日，B公司已经签署或正在履行的标的额在100万元以上的业务合同及该律所认为重要的其他合同）”不包括已签署但履行完毕的合同。但如一审法院所言，B公司财务状况的真实性是涉案收购项目的基础，本案也系因A公司在收购B公司过程中相关披露文件存在虚假记载引发的纠纷，该虚假记载又可直接归因于B公司制作虚假合同、虚增利润。故上诉人勤勉尽责的义务范围，应当包括截至2013年6月30日B公司已经签署但履行完毕的重大合同。上诉人之主张，不当限缩了依法应履行的勤勉尽责的义务范围，本院不予支持。

该律所如何才算履行了尽职调查的义务？笔者认为至少应当包括以下两点。

①严格采取恰当的尽职调查方法。

实务中尽职调查前会先制作尽职调查清单，先要求交易对手针对清单问题进行解答，但切忌单凭尽职调查清单代替其他尽职调查方法。就上述案例中所述的“担保事项”常常是尽职调查的重要内容，对该等事项应当采取书面核查、现场访谈等多种尽职调查方法，而不能单纯依赖交易对手的承诺。

②谨慎确定具体尽职调查内容。

具体尽职调查内容不能一概而论，也不可能事前穷尽罗列，但从以上法院和证监会的态度仍可以总结其基本观点，就实务中常常面对的“重大合同”而言。

第一，如何定义“重大合同”，尽职调查主体有一定的选择权。

深圳证券交易所发布的《上市公司信息披露工作指引第6号——重大合同》，对“重大合同”提出判断标准，有一定参考作用。但具体如何界定“重大合同”仍须结合具体交易判断，例如，对于上述案例中《法律意见书》的内容通过公开渠道无法得知，并且证监会与法院也未对涉案“重大合同”进行文义解释，但可以确定的是，如果将“重大合同”定义为“截至2013年6月30日，B公司已经签署或正在履行的标的额在100万以上的业务合同及该律所认为重要的其他合同”，证监会和法院均表示认可。

第二，对于根据《法律意见书》确定的“重大合同”，都应当进行查验。

除证监会和人民法院的前述意见外，根据《公开发行证券公司信息披露的编报规则第 12 号——公开发行证券的法律意见书和律师工作报告》第 40 条第 1 项的规定，对于发行人的重大债权债务，律师应当核查发行人将要履行、正在履行以及虽已履行完毕但可能存在潜在纠纷的重大合同的合法性、有效性，是否存在潜在风险，如有风险和纠纷，应说明对本次发行上市的影响。该项规定并没有例外情形，也没有说明对重大合同可以采取抽查的方法。同时，根据《律所证券法律业务执业规则》第 39 条和第 40 条的规定，尽职调查的工作底稿应包括“与查验相关的重大合同、协议及其他重要文件和会议记录的摘要或者副本”，在此之外也并没有表明有例外情形，或者可以对重大合同采取抽查的方法。

第三，尽职调查内容应当采取实质大于形式的原则。

对重大合同进行尽职调查的目的是，通过判断相关业务和收入的真实性、合法性，进而确认相关资产权利状况。尽管对于如何确定重大合同的范围，尽职调查主体有一定的自主选择权，但是如果不恰当地减少尽职调查范围，可能影响交易目的，仍然不免除尽职调查主体的责任，例如上述案例中收购项目的纠纷也是因尽职调查报告虚假记载而引起的。

（2）其他案例。2015 年，为借壳上市，某集团通过虚增服务费收入、虚增贸易收入、虚构银行存款等手段，与某公司联手进行虚假重组。证监会认定，该案的中介机构，未按规定对某集团银行存款进行查验，未按规定将实地调查情况作出笔录，未按规定对查验计划的落实情况进行评估和总结，出具的《法律意见书》存在虚假记载及重大遗漏。[1]

2017 年，某律所在尽职调查过程中未发现某企业潜在的重大债权债务法律风险，虽然取得了企业不存在法律风险和纠纷的承诺，但该承诺函并无第三方印证，也未涵盖报告期其他时段；另外，没有关注重大销售合同中的“三包索赔”可能带来的风险，在不同来源获取的证据材料所证明的结论不一致时，未追加必要的程序进一步查证。[2]

---

〔1〕 参见中国证监会行政处罚决定书〔2017〕56 号。

〔2〕 参见中国证监会行政处罚决定书〔2017〕62 号。

2020年，在某证券虚假陈述责任纠纷案中，某律所对不动产权属尽职调查不到位，未能发现占比较高的重大资产减少情况对债券发行人偿债能力带来的法律风险，被判处在债券发行人应负民事责任的5%范围内（总计约3700万）承担连带赔偿责任。[1]

2. 防范措施

结合司法实践，开展信托尽职调查时，除信托项目须符合监管政策外，对交易对手进行尽职调查时，须着重关注以下九个方面。

（1）交易对手的基本情况。

核查交易对手的基本情况主要通过对交易对手设立、变更等情况进行调查，确定交易对手是否依法成立并合法存续，是否具有进行交易的行为能力。

①基本信息，调查要点主要包括，一是取得并核查交易对手的全套工商登记文件，二是于全国企业信用信息公示系统查询交易对手存续情况。

②设立程序，主要关注股东出资，股东以实物、知识产权、土地使用权等非货币财产出资的，应当关注其是否履行了相应的法定程序，财产权转移手续是否已经办理完毕（主要核实登记的权利人是否已经变更）；公司注册资本是否缴足，是否存在出资不实或抽逃出资的情形。

③历史沿革，调查要点主要为：一是公司股权转让、法定代表人变更等需进行变更登记的事项是否进行了工商变更，例如，历次股权转让是否形成完整的链条，股权转让对价是否支付完毕，股权是否存在不稳定因素；二是核查各项文件所载内容是否存在矛盾或不一致之处；三是公司章程的规定是否与《公司法》《民法典》存在冲突，公司章程是否载有特殊条款，如限制表决权、不按出资比例分红、一票否决权等。

④股东及持股情况，如果股东为法人的，查阅其营业执照、公司章程等；股东为自然人的，查阅其身份证明文件；股东为合伙企业的，需查阅其营业执照、合伙协议等资料。同时核查股东的持股比例、股权是否存在质押、冻结、其他被限制权利等情形，是否存在代持、一致行动等情况，股东

〔1〕 案号：（2020）浙01民初1691号。

的涉诉情况。

（2）合规运营。

合规运营情况关注的要点包括，一是调查交易对手内部组织机构是否健全；二是调查内部运作制度是否符合法律和公司章程的规定，包括三会议事规则、董事会专门委员会实施细则、总经理工作制度等；三是调取三会会议记录、决议，核查交易对手是否严格履行相关程序等。

（3）重大资产状况。

交易对手的重大资产状态是尽职调查中最需要核查的内容之一，重大资产状况与公司业务直接相关，比如房地产开发公司，其重大资产主要是重资产，即一般是房地产项目，不涉及知识产权等轻资产，而高科技企业，重大资产则主要是知识产权。

以股权投资为例，尽职调查须取得并核查交易对手参股公司的全部工商登记资料，核实股权是否合法持有、是否会导致交易对手承担或有负债。具体尽职调查过程包括以下几个步骤。

第一，入场前，通过“企查查”等网络公开渠道，查询交易对手对外股权投资情况，如果股权投资企业较多，一般情况下仅列举一级股权投资情况；

第二，总结被投资企业的注册资本、成立日期、股权比例、实缴或认缴出资情况；

第三，将网络等公开渠道查询的情况与交易对手的说明进行比对，并通过交易对手提供的科目余额表，进一步核实股权投资情况。

重大资产，除核实资产权属、来源外，还需核实是否存在抵押、质押或其他权利负担，调查方式为书面核查+公开渠道查询。一是取得并核查与交易对手重大资产抵押、质押或其他权利负担相关的抵质押合同、出质证明文件等相关文件；二是必要时向有关资产抵质押登记部门进行查证，这里需要注意核查手段的有效性，避免因核查手段存在问题而导致核查结果不准确。

（4）重大债权债务。

根据交易对手提供的清单进行核查，一是核查重大合同（主要指与主营业务相关），包括正在履行和履行完毕的合同，主要核查合同形式及内容的有效性、判断是否违反法律强制性规定，如果合同较多，可以抽查的方式进行，并通过与交易对手的财务负责人或相关人员谈话、搜集银行回单等手段，核查合同的履行情况；二是就融资情况（包括金融借款、民间借贷等），查阅企业最新征信报告、融资合同，并核实其是否放款及履行情况，判断是否存在潜在纠纷或其他法律风险；三是关于对外担保，除核查担保合同及核实主合同履行情况外，如存在重大对外担保事项，需与交易对手财务负责人等相关人员进行访谈，并根据需要向主管部门进行查证、确认，判断是否存在潜在纠纷或其他法律风险；〔1〕四是核查重大其他应收应付款，主要查阅交易对手最近一期财务会计报告，了解金额较大的其他应收应付款，了解其发生原因、履行情况，判断是否存在潜在纠纷或其他法律风险；五是核查交易对手的潜在债权债务，如环境保护、知识产权等方面，可关注并收集相关媒体、网络报道信息，就涉及的相关问题进行核查。

（5）诉讼、仲裁及行政处罚。

①诉讼、仲裁。

信托项目中涉及的交易对手一般诉讼不会太多，一般会核查全部涉诉、仲裁及行政处罚的情况。但也有些机构仅调查交易对手所涉的重大诉讼情况，并根据实际情况确定重大诉讼的范围，比如重大诉讼，是指涉诉金额较大，所涉及的损害或赔偿金额超过公司流动资产的一定比例，或公司董事、监事、高级管理人员受到刑事起诉的案件，或公司本部、子公司、公司董事、监事、高级管理人员以及持有5%以上公司股份的主要股东作为当事方的涉诉案件。目前并无明文规定信托业务中尽职调查的尺度，有些诉讼虽然金额不大，但可能会影响正常经营，建议尽职调查过程中，核查全部涉及的诉讼、仲裁及行政处罚的情况。

调查交易对手涉及的诉讼、仲裁情况（包括已结案的、未结案的及潜在纠纷），需判断该诉讼、仲裁当前的状态（包括是否立案开庭、是否审结、是否执行完毕等），诉讼结果是否会对交易对手不利，涉诉案件是否会影响

---

〔1〕 鉴于上市公司担保的特殊规则，结合国资委2021年发布的《关于加强中央企业融资担保管理工作的通知》，本书对此项内容将在其他章节详细论述。

交易进程等。具体的调查方式，可以先取得交易对手统计清单，再与交易对手法务部门（或相关职能部门）访谈了解相关情况，然后核查起诉状、申请书、答辩状、裁判文书、法律意见。实务中常用到的查询网站包括：中国裁判文书网、中国执行信息公开网、聚法案例网等。具体尽职调查过程包括以下几个步骤。

第一，通过中国裁判文书网和中国执行信息公开网，搜索交易对手涉诉情况，并制作涉诉情况清单，内容包括案号、原被告主体、案由、案情简介、裁判情况、其他说明等。在搜索时要特别注意，交易对手可能存在曾用名，避免遗漏相关涉诉情况。

第二，对涉诉清单进行总结，因某些案件存在调解结案、不宜在网络公开等情况，入场前尽职调查无法获取该类案件的完整情况，所以在入场时要求交易对手进行详细说明，并提供调解书、裁判文书。

第三，要特别关注交易对手承担巨额赔偿责任的执行情况，是否已经支付对价，如果尚未支付会对本次交易产生何种影响等。

第四，另外有些案件可能刚立案、刚开庭，尚未形成裁判文书，在中国裁判文书网和中国执行信息公开网无法查询有关信息，这时需要借助人民法院公告网、中国庭审公开网、当地的审判信息网等获取最新消息。入场后通过访谈等方式，详细询问该类案件情况，由交易对手提供起诉书等现有资料，并在尽职调查结束后签署尽职调查声明，以保证交易对手情况说明的真实性。

②行政处罚。

如果是调查交易对手涉及的行政处罚情况，需通过工商（市监局）、税务、环保等部门官方网站，判断相关部门对目标企业是否有不利举措，例如罚款等行政处罚。具体的调查方式为，在取得所涉行政处罚情况统计清单的基础上，核查行政处罚决定书、罚款缴纳凭证，并查验处罚主管部门出具的关于受处罚行为是否属于重大违法行为的情况说明。

（6）业务情况。

如为项目公司，其业务主要为项目开发建设，故可不再另行核查业务情况，主要核实项目开展情况。例如房地产项目，无论交易模式是融资或收购，房地产项目尽职调查主要围绕“目标地块及其开发信息”内容开展，包括土地基本信息和目标地块的其他证照的取得情况。

（7）职工安排。

调查内容主要包括以下几个方面：第一，用工的基本情况，包括员工人数等；第二，签订劳动合同的基本情况；第三，使用劳务派遣方式用工的基本情况（如有）；第四，社保登记情况，包括适用的社保险种、基数和缴存比例及缴纳情况；第五，公司的住房公积金登记情况，包括适用的住房公积金基数、缴存比例及缴纳情况；第六，工会设立及工会会费拨缴的情况；第七，员工福利待遇；第八，劳动争议情况，职工安置义务等。此外，还需对董事、高管和重要职员的雇用合同逐一审查，以确定是否存在需要支付的个人福利，如补贴、股份期权等。

（8）税务及财政补贴。

①核查报告期内执行的税种、税率情况。具体核查交易对手近三年纳税申报表、主要税种的纳税凭证、近三年原始审计报告、申报会计师出具的原始财务报表与申报财务报表的差异情况专项审核报告、主要税种纳税情况说明的专项审核报告、审计报告。

②核查报告期内享有的税收优惠情况。具体核查申报会计师出具的审计报告、税收优惠的资格证书（如高新技术企业证书等）及税收主管部门的批复情况，判断交易对手及其子公司的税收优惠是否有法律依据，是否合法合规。

③核查税务合规情况，要求交易对手及其控股子公司提供税务方面的处罚决定书、缴款凭证（如有），并通过互联网检索交易对手及控股子公司近三年的税务处罚情况。

④核查报告期内享受的财政补贴及其依据文件，核查交易对手及控股子公司提供的财政补贴之政府批文（如有）、收款凭证，判断财政补贴是否合法合规。

（9）关联交易及同业竞争。

①关联交易方面，需调查交易对手的关联方和交易对手与客户关联关系两个方面。

第一，交易对手的关联方。调查要点：一是查阅交易对手及其控股股东、实际控制人的股权结构图和公司章程；二是与控股股东、实际控制人、董监高进行访谈，通过填写关联关系调查表了解关联方情况；三是获取关联企业的营业执照、企业信用信息公示报告等资料。

第二，交易对手与主要客户的关联关系。调查要点：一是对主要客户与交易对手及其控股股东、实际控制人、董监高及其近亲属是否存在关联关系进行核实；二是核查关联交易是否按照公司章程或其他规定履行了必要的批准程序；三是如关联交易的一方是交易对手股东，核查是否已采取必要措施对其他股东的利益进行保护，如关联股东是否回避表决；四是查阅关联交易合同，核查关联交易定价是否明显不利于交易对手，必要时可以向相关机构咨询调查价格是否公允、合理。

②同业竞争方面。调查要点：一是查阅控股股东、实际控制人及其控制企业的营业执照，核查前述企业的实际业务范围，判断其与交易对手是否构成同业竞争，如果存在同业竞争，需要查询制订解决同业竞争的方案、措施及履行情况；二是结合前述调查结果，核查交易对手是否对解决同业竞争的承诺或措施进行了充分披露，是否存在重大遗漏或重大隐瞒。

3. 尽职调查风险与责任承担

如果信托公司确实没有尽到尽职调查的责任，那是否一定会因此承担责任呢？与合同违约承担无过错责任不同，尽职调查属于先合同义务，也就是承担过错责任，除证明损害行为、损害后果外，最重要的是证明因果关系，也就是要证明当事人的损失是因尽职调查瑕疵影响了委托人作出客观、合理的投资决策判断。只有证明存在前述情况，信托公司才需承担责任，反之，即使信托公司存在尽职调查瑕疵亦无须承担责任。

正如本节之前提到的“广东某银行与某信托公司营业信托纠纷案”，尽管法院明确信托公司在“涉诉情况查询”和“质押信息”两方面均未尽责，但是法院作出了两个截然不同的认定结论：对于“涉诉情况查询”银行未能证明上市公司当时涉诉案件对上市公司构成不利影响，亦未能证明投资决策受此影响，故信托公司对此不承担相应责任；而对于“质押信息”，因为信托公司对股权质押情况调查方法不当，调查结果错误，直接影响银行的投资决策和风险控制措施选择。法院据此判定，尽职调查瑕疵与银行信托资金损失之间存在一定的因果关系，信托公司应向银行承担相应的赔偿责任。

《九民纪要》中关于适当性义务的规定包括，“了解客户、了解产品、适当销售”，也就是说将适当的产品（或者服务）销售（或者提供）给适合的金融消费者。从“了解产品”及“适当销售”的角度出发，告知说明义务是适当性义务的重要组成部分之一。而告知说明义务所强调的就是“信息披露义务”，使投资者“充分了解、自主决定”。因此，信托公司是否应对不当的尽职调查行为承担赔偿责任，最核心的问题在于该瑕疵行为与投资者的损失之间是否存在因果关系，即在先合同履行阶段存在的瑕疵尽职调查行为是否足以对投资决策产生影响。

五、尽职调查的立法动态

近年来，尽职调查的地位和作用在不断提升，也愈发引起监管部门和社会公众的关注，其中与信托行业相关的规范有如下两方面值得关注。

（一）金融机构反洗钱义务

2022 年 1 月 19 日，银保监会、证监会、央行联合发布了《金融机构客户尽职调查和客户身份资料及交易记录保存管理办法》。该管理办法对 2007 年开始实施的《金融机构客户身份识别和客户身份资料及交易记录保存管理办法》进行了细化和完善。单从名称上就可以看出，该管理办法以“客户尽职调查”取代原来的“客户身份识别”，并设专章对金融机构客户尽职调查要求进行了详细地规定，对整个尽职调查工作提出了更高的要求。

首先，该管理办法出台的目的是规范金融机构客户尽职调查、客户身份资料以及交易记录保存行为，更好地履行反洗钱和反恐怖融资义务，维护国家安全和金融秩序。其次，该管理办法贯彻了“风险为本”的反洗钱理念，提出资料要逐步实现电子化、确保重现与追溯每项交易等新的要求。再次，与信托公司直接相关的是第 19 条，“信托公司在设立信托或者为客户办理信托受益权转让时，应当识别并核实委托人身份，了解信托财产的来源，登记委托人、受益人的身份基本信息，并留存委托人有效身份证件或者其他身份证明文件的复印件或者影印件”。对比原规定，该管理办法有两点不同，一是把原来的“核对”委托人相关身份文件的要求，改成了“识别并核对”委托人身份，这对信托公司尽职调查提出了更高要求；二是增加了尽职调查适用的场景，原来仅规定“信托公司在设立信托时”需尽职调查，现该管理办法增加了“为客户办理信托受益权转让时”的情形，使尽职调查覆盖面更加完整。最后，在具体的尽职调查内容上也有变化，比如非自然人客户删除了组织机构代码、税务登记证号码，尽职调查对象由控股股东或者实际控制人被受益所有人取代。

（二）金融消费者个人信息保护

金融消费者，是指购买、使用银行、支付机构提供的金融产品或者服务的自然人。伴随《民法典》收集、使用消费者个人信息原则的确立，以及《中国人民银行金融消费者权益保护实施办法》《常见类型移动互联网应用程序必要个人信息范围规定》《个人信息保护法》等一系列法规的出台，信托业务中对金融消费者个人信息的保护措施也被提到了新的高度。金融信息保护将贯穿于金融机构业务的全流程，笔者认为如果信托计划需要针对公民个人进行尽职调查，也应当遵循合法、正当、必要原则，因个人信息保护涉及内容较庞杂，本书将在其他章节进行阐述。

特别需要提示的是，尽职调查绝不是为了阻碍交易。对信托公司而言，尽职调查绝不应止于发现问题，实际上更是发现价值的过程。这既是履行勤勉义务的内在要求，更是解决信息不对称、确定发行信托产品最终成本与收益的重要途径。

第二节　诉前约定送达地址条款在合同中的应用

诉前送达地址确认实际上是将送达地址确认时间从原来的诉讼发生后由当事人向法院确认，提前到双方当事人在诉讼之前、合同缔约阶段进行确认，即通常所说的“诉前约定送达地址条款”。送达的有效性直接影响案件审理的效率。人民法院只有合法且有效地送达了司法文书才能行使司法审判权，诉讼过程中许多诉讼期间也从有关司法文书的送达开始计算。合同中的送达条款看似不起眼，但是一旦发生纠纷进入诉讼程序时，送达条款的重要性就体现出来了。

实务当中的送达困难，在合同履行阶段常体现为因拒签、联系不上收件人等原因导致债权人邮寄给债务人的催款函、律师函、合同解除通知书等各类文件被原路退回给债权人。在诉讼或仲裁阶段多体现为债权人起诉之后，法院送达司法文书时遭遇家难找、门难进、人难见、字难签等现实窘境，债务人“躲猫猫”式逃避送达、消极应诉，法院无法通过其他方式送达的，将不得不采取公告送达的方式。按照法律规定的每次公告期限为 30 日，那么一起民商事诉讼案件至少需要两次公告（起诉状副本、应诉通知书及传票等文书资料公告送达和裁判文书公告送达），算下来在送达程序上就要至少耗时 60 日，遇有重大疑难复杂案件，其送达耗时恐更长。此举不利于案件的顺利推进、纠纷的及时解决，给债权人带来不小的维权困难。细节决定成败，在合同签订之初，针对合同通知义务、司法文书送达等问题由当事人主动订立送达地址确认条款以防范送达风险就显得至关重要。

本书讨论情形限于中国大陆地区送达，不包括涉我国港澳台地区送达及其他境外送达情形。

一、合同中加入诉前约定送达地址条款在立法上的规制

最高人民法院于 2016 年 9 月 12 日发布并实施生效的《关于进一步推进案件繁简分流优化司法资源配置的若干意见》第 3 条“完善送达程序与送达方式”规定，“当事人在纠纷发生之前约定送达地址的，人民法院可以将该地址作为送达诉讼文书的确认地址。……当事人同意电子送达的，应当提供并确认传真号、电子信箱、微信号等电子送达地址……”。2017 年 7 月 19 日实施的《关于进一步加强民事送达工作的若干意见》第 8 条规定：“当事人拒绝确认送达地址或以拒绝应诉、拒接电话、避而不见送达人员、搬离原住所等躲避、规避送达，人民法院不能或无法要求其确认送达地址的，可以分

别以下情形处理：(一) 当事人在诉讼所涉及的合同、往来函件中对送达地址有明确约定的，以约定的地址为送达地址……”可见，最高人民法院通过司法解释性质文件肯定了合同中约定送达地址条款的有效性，允许当事人提前在合同缔约阶段通过意思自治方式设定送达地址，未来在其中一方当事人联系不上时，就可以避免适用公告程序，解决可能出现的送达难的问题，提高案件审理效率。

除最高人民法院的司法解释性质文件外，有部分地方高级人民法院通过发布审判业务文件对合同约定送达地址问题的效力予以承认并进行更为详细的说明。例如陕西省高级人民法院和中国银行保险监督管理委员会陕西监管局 2020 年 12 月 1 日联合发布并实施生效的《关于在金融借款合同中约定送达地址问题的指导意见》，对合同约定送达条款的性质、效力、适用范围等作出了进一步明确的规范，对案件实务更具有指导意义。例如该指导意见第 1 条规定：“银保监部门应当要求金融机构在与当事人签订合同或其他法律文件时，明确约定送达地址（含电子送达地址)，并约定以该送达地址作为债权催收、仲裁或诉讼时送达法律文书的地址。”第 2 条规定：“金融纠纷当事人在合同或其他书面文件中明确约定送达地址的，人民法院可以将该地址作为送达诉讼文书的确认地址。人民法院送达时可以直接适用邮寄送达。”第 4 条规定：“当事人约定送达地址的，民事诉讼一审、二审、再审和执行程序均可作为送达地址，但是当事人对送达地址适用范围另有约定或当事人向人民法院另行确认送达地址的除外。”第 5 条规定：“当事人可以约定送达地址变更通知程序，当事人变更送达地址未履行变更通知程序的，原送达地址仍然有效。”除此之外，2011 年，上海市高级人民法院出台《关于审理信用卡纠纷案件的若干指导意见》规定，如信用卡领用合约中明确约定诉讼期间送达地址，并约定受诉法院邮寄到该地址即视为送达的，该约定应属有效。2016 年，北京市第四中级人民法院发布《关于有效维护金融债权解决“送达难”在合同中约定送达地址的司法建议》，以司法建议的方式倡导银行等金融机构以合同约定送达地址、明确法律责任的方式解决“送达难”问题，同时该院制作了可供参考的规范化、模板化合同建议条款，并明确该司法建议可以适用于所有合同类型案件。诸如江西、福建等地高级人民法院亦通过发布工作指南、问题解答、指导意见等方式允许当事人达成诉前送达地址条款的约定，引导该制度在司法实践中的适用。[1]

综合来看，目前各个地方的高级人民法院出台的关于解决送达难问题的指导意见不尽相同，有些规定详细、有些简单粗略，多数适用于银行等金融机构的债权债务关系明确的案件类型。各地虽基本上都肯定了当事人诉前约定送达地址的合同条款效力，但是在条款有效的具体判断条件和适用上，各个地方有差异化的规定。我们将在下文中归纳出有效的诉前约定送达地址条款的必备内容和法院范本，以供参考。

二、诉前约定送达地址条款在司法实践中的应用

司法实践中，多数法院都倾向于承认约定送达地址条款的效力，通过确认当事人在合同条款约定送达地址、送达方式、适用范围及法律后果的有效性，使得法院按照当事人约定的地址送达司法文书的行为产生推定送达的效果。有法官就认为，当事人自行处分其诉讼权利，在合同中明确约定诉讼文书送达的，只要该行为不侵害国家、集体以及其他人的利益，不违反法律的强制性与禁止性规定，就应当认定该处分行为有效，法院一旦选择通过该约定地址送达文书，所产生的诉讼程序后果则具有法律效力，当事人应当承担。[2]我们择取一些典型案例进行具体介绍，以分析这一条款的实践应用问题。

【典型案例】福建某房地产开发有限公司与某银行股份有限公司福州分行等借款合同纠纷再审案[3]

再审申请人华浦公司认为《送达地址确认书》中的邮寄地址虽然是公司的工商登记注册地址，但公司从未在该地址办公，一审法院仅以邮寄送达

---

〔1〕 参考江西省高级人民法院下发的《民事送达工作指南》，福建省高级人民法院发布的《关于依法规范金融案件审理和执行的若干意见（试行）》。

〔2〕 参考李遵礼、王睿杰："合同约定诉讼文书送达地址具有法律效力"，载《人民法院报》2016年3月2日，第7版。

〔3〕 案号：(2020) 最高法民申5381号。

方式向公司送达开庭文书，在邮寄送达被退回后，未采取公告或其他送达方式，违反送达程序。最高人民法院于2020年10月29日作出的（2020）最高法民申5381号民事裁定书中认为，“本案《委托贷款合同》第二十四条第二款约定：本合同有效期内，丙方（华浦公司）法人名称、法定代表人、法定住所等发生变化而未书面通知甲方和乙方时，甲方和/或乙方向丙方发送的所有文书，视同送达。《委托贷款合同》中各方对法定住所及送达地址的相关约定是各方的真实意思表示，不违反法律的规定，对各方具有约束力。《委托贷款合同》载明的华浦公司法定住所为×××，与《补充协议》以及《送达地址确认书》载明的华浦公司住所或地址相同，并且该地址是华浦公司的工商注册地址，至今未曾变更。一审法院按照上述地址送达了应诉通知书、传票等相关诉讼文书，均被退回，则诉讼文书退回之日为送达之日。华浦公司关于一审法院未采取公告方式送达程序违法的申请理由，不能成立；华浦公司以送达程序违法为由，主张一审法院剥夺其提出管辖权异议权利的申请理由，亦无事实依据，本院不予支持”。

从此案中可以看出，最高人民法院倾向于认为以协议方式明确送达地址有效，法院按当事人约定的送达地址邮寄诉讼文书被退回的，不必再公告送达。另外在（2019）最高法民申1000号案件民事裁定书中，最高人民法院亦持相同观点肯定了当事人签署的合同中约定的送达地址条款的效力，认定一审、二审法院送达程序合法有效。

【典型案例】张某、浙江某商业银行股份有限公司福州分行金融借款合同纠纷再审案〔1〕

再审申请人张某认为人民法院原审程序违法，其未收到法院送达的法律文书，没有参与开庭审理，丧失了参与诉讼的权利。最高人民法院于2020年6月24日作出的（2020）最高法民申2088号案件民事裁定书中认为，“案涉合同对于送达地址约定‘合同项下的任何通知或各种通讯联系均应以书面形式按本合同封面记载的地址、电传号或其他联系方法送达对方’，该

〔1〕 案号：（2020）最高法民申2088号。

约定不违反法律规定，对张某具有法律约束力。本案进入诉讼程序后，原审法院依据案涉合同约定的送达地址向张某送达诉讼材料被退回，退回之日应视为送达之日。在此基础上，原审法院为慎重起见，仍进一步向张某公告送达诉讼材料，已充分保障了张某的诉讼权利。据此，原审法院送达方式并无不妥，其送达程序不违反法律规定，对张某提出的该项再审申请不予支持”。

【典型案例】北京某友谊商城有限公司与耿某租赁合同纠纷案〔1〕

北京市西城区人民法院于2018年8月16日作出的（2018）京0102民初1168号民事判决书中载明，当事人在签署的租赁合同当中约定，“双方确认各自书面通知的地址为：甲方：××××××。乙方：××××××。任何一方按上述确认的地址以中国邮政EMS邮寄方式发出书面通知后，经三天时间，即视为有效送达对方。任何一方变更地址，须以书面方式送达对方，否则视为本条所约定送达地址及送达信息始终有效”，未明确约定确认的地址亦是司法文书的送达地址，可以适用于诉讼或仲裁等纠纷解决程序中，在这种情况下，法院公告送达了开庭传票等司法文书。

由此案可以看出，在合同中的送达地址适用范围约定不明时，法院在个案处理过程中的谨慎态度。

【典型案例】浙江某商业银行股份有限公司上海杨浦支行与郑某、郑某某等金融借款合同纠纷案〔2〕

上海市杨浦区人民法院于2021年5月25日作出的（2021）沪0110民初4457号判决书中认为，被告郑某、被告郑某某、被告赵某签署过《浙江泰隆银行上海分行送达地址确认书》，并在送达地址确认书载明，“三被告确认的送达地址适用于各个诉讼（或仲裁）阶段，包括一审、二审、再审、执行，……并适用包含如下文书：……，若债务涉诉（含仲裁）的，在诉讼和执行过程中所需法律文书（包括但不限于应诉通知书、诉状副本、开庭传

〔1〕 案号：（2018）京0102民初1168号。

〔2〕 案号：（2021）沪0110民初4457号。

票、通知书、判决书……，如诉讼期间送达地址变更，当事人应及时告知银行及受诉法院变更后的地址。受诉法院邮寄至送达地址即视为有效送达……”，法院据此向三被告的合同约定送达地址邮寄了司法文书，后被告未到庭应诉，法院视为被告放弃诉讼权利进行了缺席审判。

从上述案例大致可以看出，法院尊重当事人关于送达地址的合意约定，但是对送达地址约定的适用范围是否及于诉讼等纠纷解决程序的理解和操作存在差异，如果合同中送达地址条款未明确约定适用于诉讼或仲裁等纠纷解决程序，有的法院较为慎重，在邮寄送达无果后追加了公告送达。而如果合同中明确约定送达地址适用于诉讼或仲裁等解决程序等，则不易引起法院审理上的分歧和争议。

三、诉前约定送达地址条款的必要内容如何拟定

合同中的诉前约定送达地址条款需要规范书写，否则不易被法院接受认可，产生无效的法律风险。内容齐全完备、形式规范公平的诉前送达地址条款约定，更便于被法院在具体案件中采用。我们结合部分地方发布的送达地址文件规定或司法建议来尝试归纳法院对合同送达地址条款有效性的审查标准。

（一）部分地方人民法院关于送达工作发布的相关指导文件

表 3–1　部分地方人民法院关于送达工作发布的有关指导文件及内容引用

制定机关	文件名称	内容引用
陕西省高级人民法院	《关于在金融借款合同中约定送达地址问题的指导意见》	二、金融纠纷当事人在合同或其他书面文件中明确约定送达地址的，人民法院可以将该地址作为送达诉讼文书的确认地址。人民法院送达时可以直接适用邮寄送达。 三、约定送达地址确认的当事人既可以包括合同相对方亦可以包括担保人等。 四、当事人约定送达地址的，民事诉讼一审、二审、再审和执行程序均可作为送达地址，但是当事人对送达地址适用范围另有约定或当事人向人民法院另行确认送达地

续表

制定机关	文件名称	内容引用
		址的除外。 五、当事人可以约定送达地址变更通知程序，当事人变更送达地址未履行变更通知程序的，原送达地址仍然有效。 六、当事人提供或者确认的送达地址不准确、送达地址变更后未及时依程序通知，人民法院按照其提供或确认的送达地址送达即视为合法送达；人民法院邮寄送达的，以邮政回执记载的签收时间为送达时间；邮寄法律文书被退回的，人民法院收到退回法律文书的时间为送达时间；留置送达的，以法律文书留置于送达地址的时间为送达时间
北京市第四中级人民法院	《关于有效维护金融债权解决“送达难”在合同中约定送达地址的司法建议》	2. 建议合同条款明确约定送达地址的适用范围包括非诉阶段和争议进入仲裁、民事诉讼程序后的一审、二审、再审和执行程序； 3. 建议合同条款约定了当事人送达地址需要变更时的通知程序； 4. 建议合同条款提示以下法律后果：因当事人提供或确认的送达地址不准确、送达地址变更后未及时依程序告知对方和法院、当事人或指定的接收人拒绝签收等原因，导致法律文书未能被当事人实际接收的，邮寄送达的，以文书退回之日视为送达之日；直接送达的，送达人当场在送达回证上记明情况之日视为送达之日； 5. 建议该条款以明确醒目的方式进行了特别提示（条款字体加粗加重）
上海市高级人民法院	《关于审理信用卡纠纷案件的若干指导意见》	三、1. 如信用卡领用合约中明确约定诉讼期间送达地址，并约定受诉法院邮寄到该地址即视为送达的，该约定应属有效。受诉法院应依法根据上述地址进行送达
福建省高级人民法院	《关于依法规范金融案件审理和执行的若干意见（试行）》	对于金融机构与债务人、担保人在借款、担保合同中就送达地址及效力作出明确约定，或债务人、担保人向金融机构出具内容明确的送达确认书，经审查当事人意思表示真实且内容不违反法律规定的，可依法以该确认地址作为诉讼文书送达地址

续表

制定机关	文件名称	内容引用
江西省高级人民法院	《民事送达工作指南》	【诉前地址确认】 当事人在民商事合同中就发生纠纷时诉讼文书的送达地址所做的约定，……满足下列条件的，可 以按照合同约定确定当事人的诉讼文书送达地址：（1）合同条款明确约定了送达地址的适用范围包括争议进入民事诉讼程序后的一审程序、二审程序和执行程序；（2）合同条款约定了当事人送达地址需要变更时的通知程序；（3）合同条款提示了以下法律后果：因当事人提供或者确认的送达地址不准确，送达地址变更后未及时依程序告知对方和法院，当事人或指定接收人拒绝签收等原因，导致诉讼文书未能被当事人实际接收的，邮寄送达的，以文书退回之日视为送达之日；直接送达的，送达人当场在送达回证上记明情况之日视为送达之日。 …… 当事人向仲裁机构提交确认的仲裁文书送达地址，符合第一款规定的三项条件的，纠纷进入民事诉讼程序后，可以按照当事人在仲裁阶段确认的送达地址为其诉讼文书送达地址。 …… 纠纷进入民事诉讼程序后，当事人直接向法院确认的送达地址与诉前确认的送达地址不一致的，以向法院提交确认的送达地址为准
重庆市高级人民法院	《关于民事诉讼送达若干问题的解答》	4. 当事人在买卖合同、租赁合同及借款合同中明确约定了诉讼文书送达地址的，人民法院可以该送达地址作为当事人确认的送达地址。但当事人按照合同约定的程序和方式变更送达地址的除外
	《关于在民商事合同中约定送达地址的司法建议书》	当事人签订民商事合同时，由当事人根据自愿合法原则，与相对方约定送达地址。1. 在合同中明确约定各方当事人的诉讼文书送达地址。该送达地址可用于接收各类诉讼文书。2. 在合同中明确约定送达的法律后果；按照约定地址送达的，视为当事人签收，受送达人拒收的，不影响送达效力。3. 在合同中明确变更约定送达地址的方式。当事人如需变更约定送达地址，应按照约定方式将变更后的送达地址通知对方当事人；未按照约定方式变更的，原约定送达地址仍为有效送达地址

归纳来看，合同约定送达地址条款应至少包括以下几方面内容，才能更容易通过法院的审查并被采用。

当事人之间约定的送达地址应当具体，这是基本条件。实务当中，应注意将送达地址详细到市、区、街道门牌号/乡镇、村民小组等，不要模糊处理至某区某街道或者某乡镇，否则将导致无法确认具体送达地点；公司的注册地与实际办公地址、个人的户籍所在地与经常居住地不一致时，应当明确选择哪一个地址为送达地址；应当检查联系人的手机、电子邮箱/QQ/微信号、传真等是否特定、准确，避免出现遗漏数字等基本错误。

送达地址应当明确适用范围。从送达对象来看，合同中约定的地址一般在以下场景中使用：一是非诉阶段，当事人在合同履行过程中收发各类函件（催款函、律师函、合同解除通知函等）；二是诉讼阶段，当事人在纠纷发生后诉至法院或仲裁机构时，法院或仲裁机构在案件一审、二审、再审、执行等诉讼或仲裁程序中向当事人邮寄的各类司法文书（应诉通知书、传票、举证通知书、判决书或仲裁裁决书或调解书等）。因此在撰写送达地址条款时，应当明确送达地址适用于非诉阶段和诉讼阶段的一审、二审、再审、执行等诉讼程序或仲裁程序。

送达地址条款应对约定此条款的法律后果进行告知。法律后果告知是诉前约定送达地址条款的核心部分。一方面，要告知当事人对各自提供的送达地址真实性、合法性、有效性负责；另一方面，要明示按照约定地址送达不成的，产生“推定送达”的后果，并列举在邮寄、邮件/短信等电子方式发送等不同送达途径下的送达期限以及视为推定送达成功的日期，确保当事人理解、知晓该风险。

送达地址条款应当涵盖变更程序。如果送达地址发生变更，应当事先约定清楚地址变更的通知程序并明示不按照约定程序履行变更通知义务时需负担的不利后果，即变更前的送达地址继续有效。

送达地址条款应当通过显著方式进行善意提示和风险警示。金融机构等债权人提供的合同多由其自行提前拟定并作为制式文本与债务人等签署，纠纷发生后，一些债务人往往会以格式合同为由否定条款内容效力。为防范债务人这一异议，可以采取合理方式（例如对送达地址条款加粗、加黑、凸出显示等）来提示合同相对方注意合同送达地址条款的约定，尽到善意提示和说明义务。

（二）部分法院拟制的送达地址条款模板列举

不少地方法院在出台送达工作指导文件的同时，也列举了可供当事人参考的送达地址条款，我们检索后列举如下，以便在实务中参考使用。

（1）北京市第四中级人民法院《关于有效维护金融债权解决“送达难”在合同中约定送达地址的司法建议》建议“约定合同送达地址条款范本（以下条款均加粗加重）”。

×××A 公司（银行）与×××B 公司（个人）就×××合同中涉及各类通知、协议等文件以及就合同发生纠纷时相关文件和法律文书送达时的送达地址及法律后果作如下约定：

×××A 公司（银行）确认其有效的送达地址为________。

×××B 公司（个人）确认其有效的送达地址为________。

双方该送达地址适用范围包括双方非诉时各类通知、协议等文件以及就合同发生纠纷时相关文件和法律文书的送达，同时包括在争议进入仲裁、民事诉讼程序后的一审、二审、再审和执行程序。

×××A 公司（银行）的送达地址需要变更时应当履行通知义务，通过________的方式向×××B 公司（个人）进行通知；×××B 公司（个人）的送达地址需要变更时应当履行通知义务，通过________的方式向×××A 公司（银行）进行通知。

在仲裁及民事诉讼程序中当事人地址变更时应当向仲裁机构、法院履行送达地址变更通知义务。

×××A 公司（银行）或×××B 公司（个人）未按前述方式履行通知义务，双方所确认的送达地址仍视为有效送达地址，因当事人提供或者确认的送达地址不准确、送达地址变更后未及时依程序告知对方和法院、当事人或指定的接收人拒绝签收等原因，导致法律文书未能被当事人实际接收的，邮寄送达的，以文书退回之日视为送达之日；直接送达的，送达人当场在送达回证上记明情况之日视为送达之日；履行送达地址变更通知义务的，以变更后的送达地址为有效送达地址。对于上述当事人在合同中明确约定的送达地址，法院进行送达时可直接邮寄送达，即使当事人未能收到法院邮寄送达的文书，由于其在合同中的约定，也应当视为送达。

纠纷进入仲裁、民事诉讼程序后，如当事人应诉并直接向仲裁机构、法院提交送达地址确认书，该确认地址与诉前确认的送达地址不一致的，以向仲裁机构、法院提交确认的送达地址为准（该送达地址适用上述第3条规定的送达方式及送达的法律后果）。

（2）江西省高级人民法院《民事送达工作指南》附件3“合同约定送达地址条款参考范本”。

争议的解决

……

4. 商业文件信函和诉讼文书的送达地址的约定。

4.1 通讯地址和联系方式：合同各方一致确认以下通讯地址和联系方式（或本合同中记载的各方通讯地址和联系方式）为各方履行合同、解决合同争议时向接收其他方商业文件信函或司法机关（法院、仲裁机构）诉讼、仲裁文书的地址和联系方式。

4.2 通讯地址和联系方式适用期间。上述通讯地址和联系方式适用至本合同履行完毕或争议经过一审、二审至案件执行终结时止，除非各方依下款告知变更。

4.3 通讯地址和联系方式的变更。任何一方通讯地址和联系方式需要变更的，应提前五个工作日向合同其他方和司法机关送交书面变更告知书（若争议已经进入司法程序解决）。

4.4 承诺。合同各方均承诺：上述确认的通讯地址和联系方式真实有效，如有错误，导致的商业信函和诉讼文书送达不能的法律后果由自己承担。

4.5 风险提示。合同各方均明知：因各方提供或者确认的送达地址和联系方式不准确，或者送达地址变更后未及时依程序告知对方和司法机关，或者当事人和指定接收人拒绝签收等原因，导致诉讼文书未能被当事人实际接收，邮寄送达的，以文书退回之日视为送达之日；直接送达的，送达人当场在送达回证上记明情况之日视为送达之日。

（3）大连市中级人民法院《关于在合同中约定送达地址解决送达难及时维护合法金融权益的司法建议》中的送达地址确认书范本。

我院建议送达地址确认书包括但不限于以下内容：

一、【确认地址】

1. ________公司（个人）确认有效的直接送达地址为________。有效的邮寄送达地址为________。指定的邮件接收人________。邮件接收人固定电话________，移动电话________。

2. 是否接受电子方式送达________。确定接受送达的传真号码______确定接受送达的电子邮箱________。确定接受送达的微信号码___________。其他可以确定的接受地址________。

二、【独立条款】

本《确认书》就送达各类通知、协议等文件以及就发生纠纷时相关文件及法律文书的送达地址所作的约定，属于合同中独立存在的有关有效送达地址的确认和解决争议方法的条款，当事人依合同约定承担有效送达的法律后果。

三、【适用范围】

本《确认书》约定送达地址的适用范围包括非诉阶段和争议进入仲裁、民事诉讼程序后的一审、二审、再审和执行程序。

四、【变更通知】

本《确认书》约定送达地址变更时，提供地址一方应当履行通知义务，通过________（书面或其他有效方式）向合同相对人进行通知。

在民事诉讼程序中，当事人确认的地址变更时应当向法院履行送达地址变更通知义务。

未按前述方式履行通知义务，双方所确认的送达地址仍视为有效送达地址。

五、【法律后果】

因当事人提供或者确认的送达地址不准确、送达地址变更后未及时依程序告知对方和法院、当事人或指定的接收人拒绝签收等原因，导致法律文书未能被当事人实际接收的，邮寄送达的，以文书退回之日视为送达之日；直接送达的，送达人当场在送达回证上记明情况之日视为送达之日；履行送达地址变更通知义务的，以变更后的送达地址为有效送达地址。

对于上述当事人在合同中明确约定的送达地址，法院进行送达时可直接邮寄送达，即使当事人未能收到法院邮寄送达的文书，由于本《确认书》的约定，也应当视为送达。

纠纷进入民事诉讼程序后，如当事人应诉并直接向法院提交送达地址确认书，该确认地址与诉前确认的送达地址不一致的，以向法院提交确认的送达地址为准。

六、【特别提示】

本《确认书》涉及法律后果等重要条款以字体加重加粗等方式作出醒目提示。

确认书尾部签章处提示内容：本公司（个人）详细阅读以上内容，知悉全部法律后果，并保证所提供的上述内容真实。

以上为《确认书》的主要条款，仅供签订合同时参考。

第三节 电子合同在信托中的应用

一、电子合同概述

电子合同是电子交易的法律形式，何谓电子合同，迄今为止各国还未达成一致的概念。联合国国际贸易法委员会《电子商业示范法》将以电子方式进行的贸易称作“电子商业”，将各种通过电子方式传达信息的手段称作“数据电文”，即“经由电子手段、光学手段或类似手段生成、储存或传递的信息，这些手段包括但不限于电子数据交换（EDI）、电子邮件、电报、电传或传真”。[1]各国法律对合同的分类一般也没有电子合同一类，只将电子合同划归为书面合同。我国《民法典》第491条第2款规定：“当事人一方通过互联网等信息网络发布的商品或者服务信息符合要约条件的，对方选择该商品或者服务并提交订单成功时合同成立，但是当事人另有约定的除外。”结合《民法典》的规定，电子合同可以界定为：电子合同是双方或多方当事人之间通过电子信息网络以电子的形式达成的设立、变更、终止财产性民事权利义务关系的协议。通过上述定义可以看出，电子合同是以电子的方式订立的合同，其主要是指在网络条件下当事人为了实现一定的目的，通过数据电文、电子邮件等形式签订的明确双方权利义务关系的一种电子协议。

电子合同与传统合同相比，具有相同的合同要素，但在合同订立、生效、履行、违约救济等各个环节，又表现出区别于传统合同的独有特性。电子合同凭借高效、便捷、全流程、无纸化、绿色环保等特性，迅速被应用于各行业，特别在金融行业，已经成为了必需。2022年6月2日，中国证券投资基金业协会发布《私募投资基金电子合同业务管理办法（试行）》，并配套发布《私募投资基金电子合同业务管理办法（试行）起草说明》，旨在推动和规范私募基金领域的电子合同的使用和发展。(1) 电子合同具有更低的操作风险。纸质合同签订模式存在信托合同内容易被篡改、合同版本寄送错误、合同丢失等操作风险，电子合同可以通过技术降低人为因素带来的风险。(2) 电子合同能够降低成本。一份纸质合同需要经过多轮修订，存在打印、邮寄、储存和管理等各方面的成本。电子合同可以节约纸张，降低运作成本。(3) 电子合同能够提高交易效率，降低纸质合同签署的回收周期，提高签署环节的效率。(4) 电子合同能够通过技术在一定程度上减少纠纷。(5) 通过依靠区块链技术以及连接存证机构等，电子合同可以协助打通司法存证取证环节，有利于解决信托行业中因合同引发的纠纷和投诉。[2]可以预想的是，信托领域推行电子合同也将在不久的未来成为现实，但信托合同若

---

〔1〕 张艳：“电子合同若干法律问题研究”，载《法律适用》2002年第6期。

〔2〕 王勇、卢羽睿、戴若云：“下一站：电子合同？——简评《私募投资基金电子合同业务管理办法（征求意见稿）》”，载 https://www.pkulaw.com/lawfirmarticles/976fd47354feaf0c55b40eb79886611bbdfb.html?keyword=%E7%94%B5%E5%AD%90%E5%90%88%E5%90%8C，最后访问日期：2022年1月2日。

走向电子化，如何识别主体信息，如何保证合同内容不被篡改，如何设置格式条款等，将成为需要思考和落实的重点。

二、电子合同法律效力分析

（一）电子合同的订立

1. 申请开展电子合同业务服务的信托公司应当具备的条件

对于开展电子合同业务服务的信托公司应当具备何种条件，可以参考《私募投资基金电子合同业务管理办法（试行）》中对于私募机构的要求，除要求公司情况外，还应当至少具备以下客观条件。

（1）具备完善的防火墙、入侵检测、数据加密等网络安全设施和管理制度，并取得公安部颁发的信息系统安全等级保护第三级备案证明以及中国国家认证认可监督管理委员会认证名录机构颁发的信息安全管理体系认证。

（2）系统应当通过证监会认可的行业信息技术测试中心的测试，并按照电子合同业务服务机构数据接口规范的要求。

（3）实现具备灾难及重大灾难应对能力，确保业务连续性和数据安全。[1]

---

〔1〕《私募投资基金电子合同业务管理办法（试行）》第7条规定："协会对从事电子合同服务业务的机构开展登记，登记要求如下：（一）公司治理结构完善，内部控制有效；（二）经营运作规范，不得从事与私募基金相冲突的业务，最近3年内没有受到刑事处罚或者重大行政处罚；最近1年没有因相近或相关业务被采取重大行政监管措施；没有因重大违法违规行为处于整改期间，或者因涉嫌重大违法违规行为正在被监管机构调查；不存在已经影响或者可能影响公司正常运作的重大变更事项，或者重大诉讼、仲裁等事项；（三）申请机构控股股东、实际控制人、实际控制人控制的其他信息技术系统服务机构最近1年内不存证券期货重大违法违规记录；（四）经营状况良好，实缴资本不低于人民币5000万元；（五）组织架构完整，申请机构有满足营业需要的固定场所和安全防范措施，并具有一定私募基金行业对外服务相关经验；（六）法定代表人、高级管理人员以及从事私募基金电子合同业务产品需求分析和设计、风控合规以及客户服务的 相关人员应当具备基金从业资格并参加后续课程培训。总经理、运营负责人、合规风控负责人等高级管理人员应当具有胜任相关工作需要的专业能力；（七）具备完善的防火墙、入侵检测、数据加密等网络安全设施和管理制度，能够有效防止数据外泄和外部非法入侵；取得公安部颁发的信息系统安全等级保护第三级备案证明以及中国国家认证认可监督管理委员会认证名录机构颁 发的信息安全管理体系认证；（八）系统应当通过行业信息技术测试中心的测试，并按照电子合同业务服务机构数据接口规范的要求，与协会资产管理业务综合报送平台进行联测；（九）电子合同业务系统的故障应对能力应当达到第三级（含）以上；应当具备灾难及重大灾难应对能力，相关技术指标应当分别达到灾难应对能力第五级、重大灾难应对能力第六级；（十）法律、行政法规和协会规定的其他要求。"

2. 订立合同的主体

在传统书面合同的订立过程中，当事人双方对合同主要条款进行磋商，并达成意思一致，要约和承诺均由当事人直接作出。而电子合同的订立，则是通过计算机网络，采用电子数据交换自动生成，一些商家还采用智能化交易系统，自动发送、接收、处理订单。这些电子交易系统，具有按照预定程序审单判断的功能，自动发出要约和承诺，不需要当事人的直接介入。因此，谁是意思表示当事人，合同的主体如何确定呢？笔者认为，智能化交易系统的采用并没有改变缔约主体，合同主体仍然是当事人本人。美国首次把这种智能化交易系统称为“电子代理人”，《美国统一电子交易法》第 2 条规定，智能化交易系统是指“不需要人的审查或操作，而能用于独立地发出、回应电子记录，以及部分或全部地履行合同的计算机程序、电子的，或其他自动化手段”，实质是一种能够执行人的意思的、智能化的交易工具。它的出现使合同的订立过程可以在无人控制的情况下自动完成。表面上看，要约和承诺都是由“电子代理人”发出，似乎它就是合同订立的主体，但是实际上“电子代理人”的思维能力是预设的，当事人预先设置常用的意思表示模式，使之能够代替其发出或接受要约，它并不具有独立的缔约能力，反映的仍然是当事人的意思表示。当事人可以在程序运行过程中随时予以介入。因此，可以认为，“电子代理人”自动订立的合同，反映了当事人即时的真实意思。1992 年欧共体委员会提出的《通过 EDI 订立合同的研究报告》指出，可以把对计算机（“电子代理人”）的运作拥有最后支配权的人，视为该计算机（“电子代理人”）所发出的要约或承诺的责任人。联合国国际贸易法委员会《电子商业示范法》第 13 条也规定，一项数据电文，由发端人设计程序或他人代为设计程序的一个自动运作的信息系统发送，视为发端人的数据电文。

3. 主体身份识别

根据《人力资源社会保障部办公厅关于发布〈电子劳动合同订立指引〉的通知》第 7 条的规定，订立电子劳动合同前使用的主体身份识别方法主要为：平台要通过数字证书、联网信息核验、生物特征识别验证、手机短信息验证码。具备条件的，可使用电子社保卡开展实人实名认证。[1]

目前金融行业在实际业务当中，对于订立电子合同前使用的主体身份识别方法主要存在以下几种。

“银行卡认证：互联网金融企业同银行端口直接连接或者通过中国银联的端口同银行间接连接，将网络主体提供的身份信息同其在银行开立银行卡时的身份信息进行校验。

身份证识别：互联网金融企业将网络主体身份证信息同公安部全国公民身份证查询系统连接并进行校验。

短信密码认证：通过网络主体在互联网金融企业提供或预留的手机号码，平台身份认证系统以短信方式随机向手机号码发送动态密码，网络主体在登录或交易时输入该密码用以校验。

小额转账认证：互联网金融平台向网络主体提供的银行卡或信用卡账户转入小额款项，或者要求网络主体向互联网金融平台银行账户转入小额款项，同时要求其及时反馈转入或转出的金额，金额相符则视为有效识别。”[2]

电子合同订立的主体身份识别具有鲜明的互联网特征，在身份识别方面更加注重对效率、便捷和风险发生概率等因素的考量。如果信托行业订立电子合同，其主体问题可以分为“合同签订主体是否真实”及“该主体是否为合格投资者”。对于第一步“合同签订主体是否真实”的判断可以借鉴目前金融行业在实际业务当中对于订立电子合同前使用的主体身份识别方法。对于第二步“该主体是否为合格投资者”的判断，一方面可以在前期“主体身份识别”中加入选项的设置，例如，可以要求投资者上传“其投资证明、相关资产证明、收入证明”等，另一方面可以沿用《银行业金融机构销售专区录音录像管理暂行规定》，信托公司在销售专区录音录像，在投资者

〔1〕《电子劳动合同订立指引》第7条规定，用人单位和劳动者要确保向电子劳动合同订立平台提交的身份信息真实、完整、准确。电子劳动合同订立平台要通过数字证书、联网信息核验、生物特征识别验证、手机短信息验证码等技术手段，真实反映订立人身份和签署意愿，并记录和保存验证确认过程。具备条件的，可使用电子社保卡开展实人实名认证。

〔2〕“互联网金融中的电子合同法律问题研究”，载 https://www.docin.com/p-1379622764.html，最后访问日期：2022年1月26日。

进入电子合同页面时，经提示后系统自动开启“双录”等。[1]

（二）电子合同成立

《民法典》第491条是关于电子合同成立时间的规定，其中第1款是在原《合同法》第33条规定的基础上稍作文字修改而来，规定了当事人采用信件、数据电文等形式订立合同要求签订确认书情形下合同的成立时间；第2款吸收了《电子商务法》第49条第1款规定，对网络合同的成立时间作出了规定。原《买卖合同纠纷案件适用法律问题的解释》（现已废止）第4条规定：“人民法院在按照合同法的规定认定电子交易合同的成立及效力的同时，还应当适用电子签名法的相关规定。”下面予以具体分析。

1. 电子合同的生效地点及管辖

1999年《合同法》第34条规定：“承诺生效的地点为合同成立的地点。采用数据电文形式订立合同的，收件人的主营业地为合同成立的地点；没有主营业地的，其经常居住地为合同成立的地点。当事人另有约定的，按照其约定。”《民法典》第492条规定：“承诺生效的地点为合同成立的地点。采用数据电文形式订立合同的，收件人的主营业地为合同成立的地点；没有主营业地的，其住所地为合同成立的地点。当事人另有约定的，按照其约定。”

从上可知，《民法典》第492条并未对1999年《合同法》第34条作出较大的修改，仅将“经常居住地”修改为“住所地”。笔者认为变动的原因在于，采用数据电文订立的合同，合同双方可能不认识。发生纠纷起诉时，原告无法知晓被告的“经常居住地”，只能向被告住所地起诉，而1999年《合同法》第34条约定要向“经常居住地”起诉便成为被告提出管辖权异议最有利的理由。1999年《合同法》的此款规定不仅浪费了司法资源，也无益于纠纷的解决。鉴于此，《民法典》对此作出修改，将“经常居住地”修改为“住所地”。

---

[1] 《银行业金融机构销售专区录音录像管理暂行规定》第3条规定，本规定适用于对个人消费者销售自有理财产品及代销产品的银行业金融机构。信托公司及邮政储蓄银行代理营业机构参照执行。

2. 关于合同中的格式条款

（1）格式条款的制定及提示要求。

由于信托行业的现实需要，格式条款在当下纸质合同中广泛存在，在未来电子合同中也将继续存在。为了约束地位较为强势的格式条款提供方，《民法典》对格式条款的制定提出了一系列要求。一是格式条款的提供方必须遵循公平原则确定当事人之间的权利和义务。即格式条款提供方，应当公平确定双方权利义务，而不能以自己的优势地位制定对自己更为有利的条款。这就要求格式条款提供方必须站在一个客观第三方的角度去制定条款。二是对于免除或者减轻格式条款提供方责任等与对方有重大利害关系的条款，应当以合理的方式提示对方，并对该条款予以说明。提供格式条款的一方未履行提示或者说明义务，致使对方没有注意或者理解与其有重大利害关系的条款的，对方可以主张该条款不成为合同的内容。

（2）格式条款提示义务的履行。

《民法典》要求格式条款提供方采取合理的方式提示对方注意免除或者减轻其责任等与对方有重大利害关系的条款。〔1〕《消费者权益保护法》第 26 条规定，经营者在经营活动中使用格式条款的，应当以显著方式提请消费者注意商品或者服务的数量和质量、价款或者费用、履行期限和方式、安全注意事项和风险警示、售后服务、民事责任等与消费者有重大利害关系的内容，并按照消费者的要求予以说明。〔2〕对于前述条款中的合理方式及显著方式，到底如何界定？我国相关法律法规并无明确规定。以 2000 年《欧盟电

---

〔1〕《民法典》第 496 条规定，格式条款是当事人为了重复使用而预先拟定，并在订立合同时未与对方协商的条款。采用格式条款订立合同的，提供格式条款的一方应当遵循公平原则确定当事人之间的权利和义务，并采取合理的方式提示对方注意免除或者减轻其责任等与对方有重大利害关系的条款，按照对方的要求，对该条款予以说明。提供格式条款的一方未履行提示或者说明义务，致使对方没有注意或者理解与其有重大利害关系的条款的，对方可以主张该条款不成为合同的内容。

〔2〕《消费者权益保护法》第 26 条规定，经营者在经营活动中使用格式条款的，应当以显著方式提请消费者注意商品或者服务的数量和质量、价款或者费用、履行期限和方式、安全注意事项和风险警示、售后服务、民事责任等与消费者有重大利害关系的内容，并按照消费者的要求予以说明。经营者不得以格式条款、通知、声明、店堂告示等方式，作出排除或者限制消费者权利、减轻或者免除经营者责任、加重消费者责任等对消费者不公平、不合理的规定，不得利用格式条款并借助技术手段强制交易。格式条款、通知、声明、店堂告示等含有前款所列内容的，其内容无效。

子商务指令》规定为例，以电子方式签订的合同中，经营者必须保证内容清晰、全面、可被识别和易于获取。因此，显著方式，必须在考虑合同相对方的认知能力基础上，足以明显引起合同相对方的注意。在传统的文本背景下，可以对相关条款进行加粗或下划线表示，实现“显著方式”提示。在互联网交易背景下，相关合同条款设置不方便链接，或者以技术手段隐藏该类内容，使合同相对方难以获取，也是对本条“显著方式”提示义务的违反。综上，对于格式合同中涉及免除或者限制信托公司责任的条款，信托公司在相关业务网站界面上，需要用区别于其他条款的加黑字体突出显示，以尽到对客户的说明义务，确保该格式条款的效力得到司法机关的认可。

3. 电子合同的证据效力

“电子合同被广泛应用在网络贷款中，因电子数据自身可能被无痕篡改、容易灭失、原始性无法保障等给法律适用带来很多困扰。电子合同和电子证据的‘原件形式’成为法律关注的热点，亟待权威机构进行可信时间戳认证，用于解决数据电文的真实存在性和内容完整性证明，以使其适用于法律效力的证明需要。”[1]同时，《电子签名法》第5条对“原件形式”要求进行了说明，符合下列条件的数据电文，视为满足法律法规规定的原件形式要求：（1）能够有效地表现所载内容并可供随时调取查用；（2）能够可靠地保证自最终形成时起，内容完整、未被更改。在数据电文上增加背书以及数据交换、储存和显示过程中发生的形式变化不影响数据电文的完整性。

因此，当电子合同满足了前述两个条件，具备“原件形式”时，电子合同就拥有了法律认可的证据形式外观，具有了合法性。但考虑到电子数据本身具有的风险性会大大降低其可靠性，因此需要其他电子信息技术手段对电子数据的安全性与可靠性进行补强，例如，可信时间戳认证、区块链技术等，当电子数据的可靠性得到补强后，电子合同的真实性也能得以说明。

此外，《电子签名法》第7条和第8条规定，数据电文不得仅因为其是以电子、光学、磁或者类似手段生成、发送、接收或者储存的而被拒绝作为

---

〔1〕 吴景丽：“P2P 网络贷款的九大司法诉讼问题”，载 https://news.p2peye.com/article-3880-1.html，最后访问日期：2022年1月2日。

证据使用，审查数据电文作为证据的真实性，应当考虑以下因素：生成、储存或者传递数据电文方法的可靠性；保持内容完整性方法的可靠性；用以鉴别发件人方法的可靠性。可见我国也在法律层面肯定了数据电文作为书面证据的效力，赋予了电子合同合法的证据地位。[1]

三、电子签名的效力

（一）电子签名的法律定义

从法律规定上来看，联合国国际贸易法委员会《电子签字示范法》第2条（a）项规定，“电子签名”系指在数据电文中，以电子形式所含、所附或在逻辑上与数据电文有联系的数据，它可用于鉴别与数据电文相关的签名人和表明签名人认可数据电文所含信息。我国《电子签名法》第2条第1款规定，“本法所称电子签名，是指数据电文中以电子形式所含、所附用于识别签名人身份并表明签名人认可其中内容的数据”。其中，数字电文是指“以电子、光学、磁或者类似手段生成、发送、接收或者储存的信息”，换言之，电子签名即通过密码技术对电子文档的电子形式的签名，而非书面签名的数字图像化。从上述定义来看，凡是能在电子通讯中起到证明当事人身份、证明当事人对文件内容的认可的电子技术手段，都可纳入电子签名的范畴。

2020年7月1日，贵阳警方宣布3人伪造贵阳南明老干妈风味食品有限责任公司印章与腾讯签订合同，已被刑拘。[2]此次“萝卜章”导致的乌龙事件也引发了关于电子签名的讨论，可靠的电子签名将有效减少此类事件的发生。何谓可靠的电子签名？根据《电子签名法》的规定，可靠的电子签名与手写签名或者盖章具有同等的法律效力，可靠的电子签名需满足四个要件，

---

〔1〕 张云燕、干诚忱：“电子合同及电子签名的法律效力及风险防范”，载 https://www.pkulaw.com/lawfirmarticles/97405809cbdf2d4dce80146a2f3ca3fbbdfb.html? keyword=%E7%94%B5%E5%AD%90%E5%90%88%E5%90%8C%E7%9A%84%E8%AF%81%E6%8D%AE%E6%95%88%E5%8A%9B，最后访问日期：2022年1月2日。

〔2〕 “腾讯悬赏1000瓶老干妈！还发了个视频……”，载 https://mp.weixin.qq.com/s/JXWvhko7v6-4KR9VLLe-Wg.，最后访问日期：2021年11月27日。

具体包括：（1）由电子签名人专有；（2）由电子签名人控制；（3）签名的任何改动能够被发现；（4）被签名后固定的内容的改动能够被发现。[1]现在广泛运用于民商事活动中的电子签名，收件人能在互联网上验证发件人的身份和签名，还能验证出该份文件的原文在传输过程中有无变动。

（二）司法实践中电子签名的法律效力

我国《电子签名法》第14条规定，可靠的电子签名与手写签名或者盖章具有同等的法律效力，第16条规定了电子签名第三方认证的内容。但上述法条并没有明确“可靠”的电子签名的具体内涵以及电子签名在何种条件下以及何种签名需要第三方认证。因此，在司法实践中，在非法律法规的禁止领域，确定电子签名的适用范围和法律效力，需结合当事人在办理电子签名时的适用规则及实际适用情况来综合确定。

1. 电子签名被认定有效的情形

除《电子签名法》及相关法律法规规定的不适用电子签名的情形外，根据《电子签名法》规定，可靠的电子签名与手写签名或者盖章具有同等的法律效力，也即，若在民事活动中当事人约定使用电子签名，那么可靠的电子签名应属于当事人的真实意思表示，“不得仅因为其采用电子签名、数据电文的形式而否定其法律效力”。

《最高人民法院关于互联网法院审理案件若干问题的规定》第11条第2款规定：“当事人提交的电子数据，通过电子签名、可信时间戳、哈希值校验、区块链等证据收集、固定和防篡改的技术手段或者通过电子取证存证平台认证，能够证明其真实性的，互联网法院应当确认。”因此司法实践中，认定电子签名可靠的形式多样。例如，凯祺科技公司与磊若软件公司侵害计算机软件著作权纠纷上诉案[2]中，其二审民事判决书就引用了可信时间戳

---

〔1〕《电子签名法》第13条规定：“电子签名同时符合下列条件的，视为可靠的电子签名：（一）电子签名制作数据用于电子签名时，属于电子签名人专有；（二）签署时电子签名制作数据仅由电子签名人控制；（三）签署后对电子签名的任何改动能够被发现；（四）签署后对数据电文内容和形式的任何改动能够被发现。当事人也可以选择使用符合其约定的可靠条件的电子签名。”

〔2〕案号：（2015）苏知民终字第00265号。

技术证明了技术的完整性及未被篡改。苗某与上海东证期货公司期货经纪合同纠纷案[1]中，上海东证期货公司为证明苗某与其签订的《期货经纪合同》系双方真实意思表示、合法有效，向二审法院提供了苗某电子签名、身份证及照片，公安系统的身份证认证以及开户回访视频。法院由此认定该合同系双方真实意思表示。中兰德公司与胡青某、胡某龙、九味公司、姜某某追偿权纠纷案[2]中，一审法院认为，“中兰德公司主张胡某龙、姜某某及九味公司分别向其出具担保保证书，承诺为胡青某与中兰德公司签订的担保合同提供连带责任保证……保证书为电子合同，无保证人的线下签章，而上述保证书并未载明可以进行线上点击生成并生效，不符合保证书约定的生效要件，中兰德公司……应承担举证不能的法律后果”。二审法院认为，“从中兰德公司提交的注册验证信息、银行卡认证记录看，在合拍公司平台上进行注册，须进行实名认证，特别是绑定了注册会员的银行卡，具有身份确定的客观性，且会员每次发出指令，均会取得相应的验证码，以保证电子指令系由适格的注册主体发出。这种交易流程设计在程序和技术上，基本保证了交易的客观性。对于中兰德公司而言，其基于合拍公司在线平台会员资格的认证资料和签约程序，有理由相信胡某龙、姜某某、九味公司认证资料属实，《担保保证书》亦是胡某龙、姜某某、九味公司通过线上点击的方式与中兰德公司签署。综上，本院对……三份《担保保证书》真实性予以认定”。

综上，在司法实践中，近几年法院对电子签名的审理，结合我国《电子签名法》等相关法律法规的规定，对电子合同是否属于双方真实意思表示、电子签名是否合法有效、是否实际履行合同等方面进行审查。同时，尽管我国《电子签名法》规定“不得仅因为其采用电子签名、数据电文的形式而否定其法律效力”，但在上述案例中，当事人无一例外地提供了第三方认证机构的认证证明作为证据之一。

2. 电子签名合法有效的举证责任

我国《电子签名法》第 13 条规定“电子签名制作数据用于电子签名

---

[1] 案号：(2020) 沪民终 727 号。

[2] 案号：(2016) 粤 03 民终 23247 号。

时，属于电子签名人专有”，是可靠的电子签名的条件之一。在民事诉讼中，主张法律关系存在的当事人，应当对产生该法律关系的基本事实承担举证责任，也即主张电子签名生效的一方应当承担举证责任。

在司法实践中，主张电子签名可靠的一方当事人，应提交双方关于电子签名可靠条件的约定或由电子认证服务提供者提供的第三方认证资料作为证据，以证明电子签名的真实合法，以及电子签名或者电子合同未被修改或篡改过。例如在袁某与合肥梦川玖公司等小额借款合同纠纷案[1]中，法院将证明电子签名生效的举证责任分配给京汇公司，原因在于京汇公司为主张涉案《最高额保证合同》中电子签名合法有效的一方，应提供相应的证据证明该法律关系的基本事实。因此，在京汇公司未能提交证据证明《最高额保证合同》中的电子签名系可靠的情况下，法院认为并不能直接证明《最高额保证合同》中的电子签名系当事人的真实意思表示且合法有效。

（三）对信托公司的相关建议

（1）采用可信电子时间戳服务。在司法实践中，尤其是网贷纠纷中主张电子证据的当事人可以采用数字时间戳的方式保证所提交的电子证据“自最终形成时起，内容保持完整、未被更改”。“在我国进行法庭认证时具有法律效力的是可信时间戳——由中科院国家授时中心与独立运营的民间公司负责建设的第三方可信时间戳认证服务。因其守时监测功能而保障时间戳证书中的时间的准确性和不被篡改，任何机构包括时间戳中心自己不能对时间进行修改以保障时间的权威，具有法律效力。”[2]深圳市龙岗区人民法院 2008 年 11 月 25 日公开宣判的“利龙湖”知识产权纠纷案，是我国首例时间戳技术司法应用的案例。

（2）使用电子认证。关注电子签约平台是否使用了有资质的 CA 机构颁发的 CA 证书。如上所述，CA 证书鉴定报告本身虽然存在一定的局限性，但是在司法实践中仍然是有力的证据。而如果没有使用 CA 证书进行电子签

---

〔1〕 案号：(2018) 京 03 民终 4837 号。

〔2〕 “互联网金融中电子合同与电子数据的有效性”，载 https://www.docin.com/p-1379622764.html，最后访问日期：2022 年 1 月 26 日。

名，在举证方面会存在较大的困难。而根据《电子认证服务管理办法》的规定，也仅具有相应资质的CA机构方可提供电子认证服务。

(3) 关注电子签约平台的用户注册、认证程序、运营规则是否清晰、严谨，是否已经建立对平台用户相关操作的留痕、回溯机制。

(4) 关注电子签约平台的举证方案，也可以考虑与电子签约平台约定：电子签约平台有义务根据信托公司的要求提供与投资者电子签名相关的佐证材料，并配合管理人向CA机构申请出具鉴证报告。而在此需要提示信托公司的是，最好充分评估电子签约平台的持续经营能力和发生投资者争议事件时的立场，确保能够在需要时获得必要的协助。

(5) 建议信托公司建立电子合同分类回收、留档机制和方案。

目前信托业接受、使用和发展电子合同已成为不可阻挡的趋势，《民法典》对电子合同的规定，更是对于时代潮流的正面回应。因此信托业在使用电子合同时应更谨慎，注意法律风险，做好相应的风险管理措施，才能更好地体验电子合同带来的发展与高效。

第四节　信托终止与信托事务清算

一、信托终止概述

(一) 信托终止界定

《信托法》第2条规定："本法所称信托，是指委托人基于对受托人的信任，将其财产权委托给受托人，由受托人按委托人的意愿以自己的名义，为受益人的利益或者特定目的，进行管理或者处分的行为。"

信托实质就是委托人将自己的财产包括财产性权利转移给受托人，由受托人以自己的名义，按照商定的目的，进行管理、运用、处分的一种制度安排。信托设立后即在信托当事人，即委托人、受托人、受益人之间产生了一系列以信托财产管理、运用和处分及信托利益分配为核心的权利义务关系。

信托终止，是指信托当事人设立的意定信托项下信托关系因出现法定或约定事由归于消灭。

（二）信托终止情形

《信托法》第 15 条、第 46 条、第 53 条一共规定了八种信托终止的情形，包括：（1）信托文件规定的终止事由发生；（2）信托的存续违反信托目的；（3）信托目的已经实现或者不能实现；（4）信托当事人协商同意；（5）信托被撤销；（6）信托被解除；（7）委托人死亡或者依法解散、被依法撤销、被宣告破产，且委托人是唯一受益人的；（8）全体受益人放弃信托受益权的。按照终止情形属于信托当事人约定范畴还是法律规定范畴，前述八种终止情形可以区分为两类，其中（1）（4）属于信托当事人约定范畴，按照信托当事人约定进行；其余六种情形属于法律规定范畴，直接按照法律规定执行。

1. 信托文件规定的终止事由发生

信托归根结底是一种民事法律行为，其设立、变更及终止均以信托当事人意思自治为前提。在信托有效设立的情形下，如信托文件约定了终止事由，只要约定合法有效，则该等事由一经发生，信托原则上即告终止。

根据《民法典》第 158 条至第 160 条，即关于民事法律行为附条件和附期限的规定，信托文件规定的终止事由一般区分为附期限的终止事由和附条件的终止事由。

（1）附期限的终止事由。

附期限的终止事由，是指信托当事人在信托文件中设定一定的期限，并将期限的到来作为信托关系消灭的根据。其中所谓的期限，指的是信托当事人协商确定的信托预计存续的时间。

《信托公司集合资金信托计划管理办法》第 5 条第 4 项规定“信托期限不少于 1 年”，除此之外，关于信托期限，其他信托法律法规中均没有明确规定。比如《信托法》第 9 条规定，“设立信托，其书面文件可以载明信托期限”；《慈善信托管理办法》第 14 条规定，慈善信托文件可以载明信托期限；《信托公司管理办法》第 32 条规定，以信托合同形式设立信托时，信托合同应当载明信托期限。上述规定仅要求在信托文件中载明信托期限，但对于期限的长短并没有明确规制，因此除集合资金信托计划外，其他信托产品的信托期限完全可以由信托当事人协商确定，甚至理论上可以约定为无固定限期，即永久信托。但一般而言，实务中信托当事人会约定具体的信托期限，一旦信托文件约定的期限届满（含提前终止、延期终止），若无特殊情形，信托即应终止。

（2）附条件的终止事由。

附条件的终止事由，是指信托当事人在信托文件中规定以未来客观上不确定发生的事实，作为信托关系消灭的依据。其中所谓的条件必须是一种未来的或然性事实，该事实的发生具有不确定性，已经发生的事实以及未来确定不会发生的事实原则上不得作为条件，如作为条件，则视为未附条件。例如，信托文件规定融资方按照交易文件约定提前还本付息的，信托终止；或信托文件规定信托财产全部变现的，信托终止。只要信托文件规定了终止条件，在条件成就时，信托即终止。

2. 信托的存续违反信托目的

《信托法》第 6 条规定，设立信托，必须有合法的信托目的。信托目的，即委托人设立信托所欲达成的目标、实现的意愿，是设立信托的必备要件，也是信托的基本构成要素之一。信托设立、存续的最终目标是实现信托目的，法律对于信托设定的一系列规范准则，其实质也是保证信托目的能够顺利实现。因此，信托有效设立后，如果信托的存续违反信托目的的，信托应当终止。例如，委托人设立信托的目的在于照顾患病的受益人，为受益人提供医疗资金和医护服务，如受益人康复后，仍允许信托继续存在的，受益人将继续取得信托利益，这显然与信托目的相悖，因此，一旦受益人康复，该信托应当终止。

3. 信托目的已经实现或者不能实现

如前所述，信托是委托人为达成特定的信托目的而设立的，因此，当信托目的已经实现或者由于某些客观原因不能实现时，信托就失去了继续存在的意义和必要性，依法应当终止。例如，委托人设立信托的目的是为受益人提供海外留学费用，如果受益人海外留学结束，则信托目的已经实现，信托应当终止；如果受益人在海外留学期间意外离世，则信托目的客观上已经无法实现，信托亦应当终止。

4. 信托当事人协商同意

信托当事人协商同意终止信托是“意思自治原则”在信托关系中贯彻始终的体现。信托作为民事主体通过意思表示设立、变更、终止信托关系的民事法律行为，自然也可基于信托当事人之间的合意而终止。

《信托法》第四章规定信托当事人包括委托人、受托人、受益人。《中华人民共和国信托法释义》一书对于“信托当事人协商同意”的释义为：“因信托是委托人基于信任关系，将其财产权委托给受托人，由受托人为受益人的利益进行管理或者处分的法律制度，信托当事人即委托人、受托人、受益人依其共同意志，当然可以解除相互之间的权利义务关系，使信托终止。”有学者认为，根据前述规定，按照文义解释的原则，信托当事人协商同意应当经委托人、受托人和受益人三方一致同意。该解释一定程度上与信托公司目前开展的信托业务存在一定冲突，且实际涉及委托人权利义务转移的问题。目前信托公司开展的资金信托业务，一般都是自益信托，即委托人同时是受益人，在信托受益权发生转移的情况下，如委托人仍保留委托人权利义务的，将对信托的稳定存续以及交易的安全性、受益权转让的流动性产生不利影响，鉴于目前信托相关法规并未明确规定受益权转移的情况下，委托人的权利义务同时发生移转，为避免产生前述风险和不必要的纷争，笔者建议在信托文件中规定信托受益权发生转移的，委托人的权利义务同时一并转移给新的受益人。

5. 信托被撤销

《信托法》第 12 条第 1 款规定：“委托人设立信托损害其债权人利益的，债权人有权申请人民法院撤销该信托。”笔者认为，该条规定的目的在于平衡债权人利益保护和信托财产独立性。具体而言，委托人在将其财产权委托给受托人设立信托后，受托人因承诺取得的财产将转化为信托财产，该财产将独立于委托人未设立信托的其他财产，独立于受托人的固有财产或其他信托项下财产，也独立于其他任何第三人，由此进一步产生了信托的破产隔离效果。但随之而来的问题在于，如果委托人为了规避债务，恶意将其全部财产用于设立信托，将导致其债权人的合法权利无法实现，这有悖于信托制度的设立初衷。因此，《信托法》设置了信托撤销权用以纠正委托人的不当行为。

从《信托法》对于信托撤销权的设定来看，该等权利承继于民法上的债权人撤销权，因此理论上亦应适用《民法典》除斥期间的规定。关于除斥期间，《民法典》继承了《合同法》对于撤销权除斥期间的规定。《民法典》第 541 条规定："撤销权自债权人知道或者应当知道撤销事由之日起一年内行使。自债务人的行为发生之日起五年内没有行使撤销权的，该撤销权消灭。"该条规定了 1 年和 5 年两种除斥期间，其中 1 年的除斥期间一般被称为一般除斥期间或普通除斥期间，5 年的除斥期间一般被称为最长除斥期间。法律设定除斥期间的目的在于督促债权人尽快行使权利，维护交易秩序、法律秩序的稳定。与《民法典》与相比，《信托法》仅规定了 1 年的除斥期间，未规定最长除斥期间。笔者认为，因信托属于民事法律行为，《信托法》为民事特别法，且信托撤销权的设计源于民法上的债权人撤销权，故对于信托撤销权的最长行使期限也应参照适用《民法典》债权人撤销权最长除斥期间的规定，即自委托人将财产权设立信托之日起 5 年内，债权人没有行使撤销权的，该撤销权消灭。

另外，撤销权行使的法律效果，《信托法》第 53 条第 5 项与《民法典》的规定存在冲突，且与《信托法》第 12 条的规定相互矛盾。就债权人撤销权本身而言，系民法上为保护债权人的利益而设置的一种合同保全制度，换言之，即当债务人发生危害其债权的行为（例如，债务人放弃自身债权、无偿或者以不合理低价转让其财产等）时，债权人有权请求法院撤销该行为。我国民法上对于撤销权的行使条件主要从债务人的行为是有偿行为还是无偿行为两个层面进行规定。债务人的无偿行为，系指债务人无偿处分其财产的行为。在此情形下，我国民法规定只要债务人实施了该客观行为，并损害了债权人的债权，债权人无须考量债务人及受让人是否具有主观恶意即可申请法院撤销该行为。对此，《民法典》第 538 条列举了两种情形：（1）无偿处分财产权益（如放弃债权、放弃债权担保、无偿转让财产）；（2）恶意延长债务人到期债权的履行期限。而债务人的有偿行为，即债务人以对价方式处分其财产，我国民法则规定债权人行使撤销权需同时满足客观要件和主观要件。所谓客观要件系指债务人实施了损害债权人的债权的行为，即所谓的诈害行为，对此，《民法典》第 539 条列举了两种情形：（1）债务人以明显不合理低价转让财产；（2）债务人以明显不合理高价受让他人财产或为他人的债务提供担保。而有偿行为的主观要件则是指债务人和第三人在实施诈害行为的同时具有损害债权的主观恶意，这种恶意只要求债务人和第三人能够认识到该等行为将损害债权人的债权即可，并不要债务人和第三人主观上存在损害债权人的债权的故意。由此可见，设置债权人撤销权制度的目的在于将债务人不当处置的财产复归于债务人，进而降低债务人的诈害行为对债权人造成的不利影响。我国《民法典》第 542 条规定，债务人影响债权人的债权实现的行为被撤销的，该行为自始没有法律约束力，相对人应返还其已经受领的财物、不能返还或没有返还必要的，应当折价补偿。根据《信托法》第 12 条保护债权人利益的立法精神，信托被撤销理应产生同信托无效一致的法律效果。但《信托法》第 53 条却明确将信托被撤销作为信托终止的情形之一，信托终止的法律效果为消灭意定的信托关系，但并不会溯及既往地导致信托终止前的信托权利义务关系均归于无效，且清算后的信托财产仍应按照信托文件的约定分配给权利义务归属人。

一般而言，根据民法的特别法优于一般法原则，《信托法》作为特别法，就信托相关事宜，当《信托法》的规定与作为一般法的《民法典》的规定发生冲突时，应优先适用《民法典》。在此逻辑下，信托被撤销的法律效果看似也应适用《信托法》的规定，即信托被撤销后，信托终止。对此，周小明博士在所著的《信托制度：法理与实务》一书中认为，“因此，信托被撤销的法律后果，应当根据《信托法》第 12 条的精神，认定为信托无效，并根据民法关于可撤销民事行为的规定和该条的具体规定，处理被撤销信托的信托财产和信托利益，即除善意相对人取得的信托利益外，信托财产与信托利益应该复归于委托人，以供债权人清偿其债权，而不能将被撤销信托认定为信托终止的事由，按信托终止的法律后果处理被撤销的信托”。细言之，如果在自益信托中，因委托人和受益人为同一主体，信托无效和信托终止所产生的现实效果相差不大（即无论信托无效或信托终止，信托财产和信托利益最终都将归于委托人），那么在他益信托中，因委托人和受益人主体不同，如适用信托终止的观点，可能会导致信托财产和信托利益最终无法全部复归于委托人，导致债权人的债权无法得到清偿，债权人也无法要求其他受益人为委托人的债务承担责任，这显然有违债权人撤销权的设立目的，故笔者也比较赞同上述周小明博士的观点，希冀后续立法或司法机关进行明确。

6. 信托被解除

信托被解除，指的是在信托存续期间，信托当事人行使法律规定或信托文件规定的解除权而使信托关系归于消灭的行为。对于信托被解除，《信托法》区分自益信托和他益信托分别进行了规定。其中，《信托法》第 50 条是委托人或其继承人解除自益信托的规定，《信托法》第 51 条第 2 款是委托人解除他益信托的规定。

（1）自益信托。

所谓自益信托，系指委托人为自身的利益而设立的信托，因此该类信托一般表现为委托人和受益人为同一主体，信托利益实际也最终分配给委托人（受益人）。对该类信托的解除，《信托法》第 50 条规定："委托人是唯一受益人的，委托人或者其继承人可以解除信托。信托文件另有规定的，从其规定。"由于自益信托是委托人为自身的利益设立的，委托人为唯一受益人，通常情况下解除信托不会损害其他信托当事人利益，因此法律赋予了委托人或其继承人随时解除信托的权利。在信托文件没有另行规定的情况下，自益信托的委托人或者其继承人可以解除信托，并且不附任何前提条件，也没有时间限制，即在自益信托的存续期间，委托人或者其继承人可以随时解除信托，不必征得受托人的同意，而且不需要有任何理由。但如果信托文件对于委托人或其继承人行使自益信托解除权作出了限制性或禁止性规定的，委托人或其继承人应遵守该规定，不得随意解除信托。比如，在设立信托时，信托文件中事先规定未经受托人同意，委托人和受益人不得解除信托，则委托人或其继承人就不得随意解除信托。

（2）他益信托。

所谓他益信托，系指委托人为第三人的利益而设立的信托，即该类信托下，委托人仅是受益人之一或委托人和受益人为不同的主体，信托利益可能最终并不需向委托人进行分配。他益信托项下，委托人可能不是受益人或不是唯一受益人。他益信托涉及委托人以外的受益人利益，如果允许委托人享有随时解除的权利，可能阻碍受益人信托利益的实现，因此需要对委托人的解除权作出适当限制。故《信托法》第 51 条将他益信托项下委托人的解除权行使情形限定为如下三种：①受益人对委托人有重大侵权行为；②经受益人同意；③信托文件规定的其他情形。只有具备上述三种情形之一，委托人方可解除信托。实践中，为保留随时解除的权利或解除的灵活性，可在信托文件中规定委托人享有随时解除的权利或明确解除的条件，届时委托人可依据信托文件规定行使解除权。

（3）解除权行使期限。

关于信托解除权行使期限《信托法》并未明确规定。笔者认为，信托解除权系形成权，依照法律规定或信托文件规定享有解除权的信托当事人，其经单方意思表示即可使信托归于消灭，但因其会对信托当事人的权利义务产生重大影响，因此，有必要对信托解除权行使期限进行限制。在没有明确规定的情形下，笔者认为，委托人行使信托解除权的期限应适用《民法典》第 564 条的规定，即如果信托文件约定解除权行使期限的，期间届满当事人不行使的，权利消灭；如信托文件没有约定解除权行使期限的，自解除权人知道或者应当知道解除事由之日起一年内不行使，或者经对方催告后在合理期限内不行使的，权利消灭；且解除权行使期限应仅适用于他益信托，并且仅适用于《信托法》第 51 条第 1 款第 1 项、第 4 项所列情形，即受益人对委托人有重大侵权行为或出现信托文件规定的解除情形。

7. 委托人死亡或者依法解散、被依法撤销、被宣告破产，且委托人是唯一受益人的

自益信托中，由于委托人为唯一受益人，因此委托人主体资格灭失时，信托项下也就不再有受益人，信托目的无法实现，信托也就没有继续存在的

必要。但需注意的是，因该种情形导致信托终止的，信托财产直接作为原受益人的遗产或者清算财产，按照继承或公司清算等规定进行处理，无需再按照《信托法》第54条的规定确定信托财产归属人。

8. 全体受益人放弃信托受益权

信托受益权是指受益人在信托中享受信托利益的权利。信托受益权是一种财产性权利，受益人原则上可以自由放弃。受益人放弃信托利益的，视为该主体不再作为信托项下受益人。如全体受益人均放弃受益权的，则意味着信托项下不再存在受益人，信托利益也无法再按照信托文件的约定进行分配，进而信托目的亦无法实现，信托也无继续存在的必要，应予以终止。

（三）信托终止日的确定

信托终止是信托事务清算的起点，自信托终止之日起，受托人应按照法律规定和信托文件规定履行清算义务。因此确定信托终止日对于受托人而言比较重要。笔者认为，除法律法规或信托文件另有规定外，自信托终止情形出现之日起，信托应予以终止。需注意的是，如信托文件对于信托终止规定了某些程序性要求，比如需经受益人大会决议或受托人公告宣布的，即使出现了信托文件规定的终止情形，也不当然导致信托自行终止，该种情形下的信托终止，需履行相关程序性要求后方可实现。

【典型案例】姜某与中融信托合同、无因管理、不当得利纠纷案〔1〕

《信托合同》约定的信托终止条件触发后，信托公司是否可以此为据终止信托计划？哈尔滨市南岗区人民法院认为：

第一，《信托合同》第17.2条的约定是强调信托计划终止的具体情形，即可提出信托计划终止的前提条件，并不意味着出现所列情形，信托合同立刻终止。

第二，《信托合同》第18.2条的约定是强调提前终止信托合同应当履行召开受益人大会的程序，这里重点强调了“提前”终止信托合同应履行的

---

〔1〕 案号：（2013）南民三初字第125号。

程序，即提前终止信托合同必须召开受益人大会，除非合同中明确约定某种情况下提前终止信托合同不需要召开受益人大会。然而，《信托合同》中并未明确约定哪种情况下提前终止信托合同无需召开受益人大会，不能将《信托合同》第8.7条、第17.2条（7）项视为可以不召开受益人大会的特殊情形。

第三，《信托合同》第18.5.2条约定，更换受托人，改变信托财产运用方式、提前终止信托合同，应当经参加大会的受益人全体通过。可见表决提前终止信托合同是受益人大会的一项重要职责，即提前终止信托合同应该经过参加受益人大会的全体通过；更可见提前终止信托合同是关乎全体受益人切身利益的重要事项，不能任由受托人任意处置。

第四，即使如中融信托所述因国家房地产调控对房地产市场产生了影响，需要提前终止信托合同，也并不排斥受益人大会的召开。因为国家宏观调控对市场的影响是渐进的、逐渐发挥作用的，并非突发事件，也不能立刻导致房地产市场遭受巨大损失。因此，中融信托完全有时间、有必要向全体受益人通报，并由受益人共同决定是否提前终止信托合同，中融信托不应自行决定提前终止信托合同的履行。

综上，虽然经受益人大会审议决定并非信托计划提前终止的唯一条件，但按照信托合同的精神以及更好地保护受益人的合法权益，在信托合同没有明确约定提前终止信托合同可以不召开受益人大会的情况下，中融信托未召开受益人大会便提前终止信托合同实属不当，该项抗辩主张本院不予支持。

前述纠纷产生的原因在于，信托文件虽然约定了在信托终止事项触发时，信托可以终止，但同时也约定了信托提前终止应当召开受益人大会决定，故法院认为未召开受益人大会而提前终止信托合同的做法不当。为避免类似诉累，笔者建议，信托文件在约定信托终止条件的同时，可明确规定，在该等终止条件发生时，受托人有权单方决定信托终止。

（四）信托终止的法律后果

1. 信托关系消灭

信托终止后，信托当事人根据信托文件设立的信托关系将不复存在，信托当事人基于意定信托关系享有的权利不得再行使，承担的义务也不再履行，基于意定信托关系已履行的部分维持现状，信托当事人不负有恢复原状的义务。

信托关系消灭体现在两个方面，一是在信托当事人之间，受托人按照信托文件规定管理、运用或处分信托财产的义务以及收取信托报酬的权利消灭，委托人对受托人享有的管理信托事务的监督权消灭，受益人享有的信托受益权消灭。二是在信托和第三方交易对手之间，受托人不得再基于非清算的目的与第三方交易对手发生新的权利义务关系，受托人只能出于清算的目的对信托财产进行管理，不得再按照信托文件规定的管理方法对信托财产进行管理、运用。

信托关系消灭不等同于信托文件项下权利义务终止。信托文件项下权利义务终止指的是信托文件项下信托当事人的权利、义务消灭，任何一方信托当事人不再享有信托文件规定的权利，也不必再履行信托文件规定的义务，且不得向其他信托当事人主张权利。信托关系消灭后，根据法律规定和信托文件规定，受托人负有处理信托终止后清算事务的义务。信托文件项下权利义务不会因信托关系消灭而自行终止。

此外，需要注意的是，信托终止不具有溯及既往的效力，仅面向将来发生法律效力。信托终止前，基于原意定信托关系已经产生的权利、义务仍然有效，不会因信托终止而自动消灭。比如，受托人违反信托目的处分信托财产或者因违背管理职责、处理信托事务不当致使信托财产受到损失的，信托终止后，委托人、受益人仍有权要求受托人承担赔偿责任；受托人根据信托文件规定与第三方签署的交易文件，在信托终止后仍具有法律效力。

2. 法定信托成立

《信托法》第 55 条规定：“……信托财产的归属确定后，在该信托财产转移给权利归属人的过程中，信托视为存续，权利归属人视为受益人。”所谓法定信托，即根据信托文件规定形成的信托关系消灭后，根据《信托法》第 55 条规定，在委托人、受托人、权利归属人之间产生的信托关系。

信托终止后，受托人负有妥善保管信托财产、处理信托事务清算和移交信托财产的义务，在此过程中，受托人仍实际占有、保管信托财产，权利归属人和受益人均不直接占有信托财产，且受托人负有将清算后剩余信托财产转移给权利归属人的义务。信托终止后，在信托财产转移期间，受托人与权利归属人之间的关系与信托存续期间受托人和受益人之间的关系本质上相同，均属于信托法律关系。因此，为保障权利归属人的利益，明确信托财产转移期间信托财产的独立性，《信托法》规定，在信托财产转移期间，信托仍视为存续，且将权利归属人视为受益人。

法定信托并非原意定信托的延续，而是在原意定信托终止后，基于法律规定而形成的一项独立的信托关系。与原意定信托相比较而言，该信托在设立、存续期限、信托目的、受益人、受托人职责、信托财产、信托利益等方面均具有法定性。具体而言，一是该信托关系是基于法律明确规定形成的，而非基于信托当事人合意。二是存续期限始于原意定信托关系终止日，终于剩余信托财产分配完毕之日。三是在信托文件中没有规定权利归属人的情形下，按照法律规定的顺序确定归属。四是受托人的职责仅限于保管信托财产、对信托进行清算、最终向信托财产归属人分配剩余信托财产。五是信托财产已不是原意定信托关系下的全部信托财产，而是信托清算完毕后的剩余信托财产，且法定信托下分配的信托利益仅限于清算后的剩余信托财产。

3. 权利归属人确定

委托人将其财产用于设立信托后，信托财产将与委托人未设立信托的其他财产相区别，且委托人死亡或者依法解散、被依法撤销、被宣告破产时，委托人不是唯一受益人的，信托财产不作为其遗产或者清算财产。此外，在信托关系存续期间，受托人虽占有和控制信托财产，但不得将其归入自己的固有财产，受益人虽享有信托受益权，但其并不占有和控制信托财产，因此，在信托终止，受托人丧失了占有、管理信托财产的权利后，需要确定该财产的归属。根据《信托法》第 54 条[1]的规定，信托终止后，按照如下

〔1〕《信托法》第 54 条规定，信托终止的，信托财产归属于信托文件规定的人；信托文件未规定的，按下列顺序确定归属：(1) 受益人或者其继承人；(2) 委托人或者其继承人。

顺序确定归属人。

（1）信托文件规定的主体。

信托本质上是意思自治的产物，如信托文件中对于权利归属人有明确规定的，信托终止后信托财产理应归属于信托文件规定的主体。

（2）受益人或其继承人。

委托人设立信托的目的是为受益人利益，因此，在信托文件对权利归属人没有明确约定的前提下，将受益人作为归属人，最符合信托的目的。如信托终止后清算分配前受益人死亡的，根据继承的相关规定，其继承人继受取得受益人应取得的剩余信托财产的权利。

（3）委托人或其继承人。

如没有前述两个顺位归属人的，剩余信托财产归属于委托人。如委托人死亡的，根据继承的相关规定，其继承人继受取得委托人应取得的剩余信托财产的权利。

需要注意的是，在前述三个顺位归属人均不存在的情况下，《信托法》并没有明确规定剩余信托财产的归属，笔者认为，依据《民法典》第 1160 条〔1〕之精神，除另有明确规定外，该等情形下剩余财产应收归国家或集体所有。

此外，信托终止，确定信托财产归属时，也存在两种例外情形：一是委托人是唯一受益人的，因委托人死亡或者依法解散、被依法撤销、被宣告破产，导致信托终止的，信托财产作为其遗产或者清算财产。二是公益信托终止，没有信托财产权利归属人或者信托财产权利归属人是不特定的社会公众的，经公益事业管理机构批准，受托人应当将信托财产用于与原公益目的相近似的目的，或者将信托财产转移给具有近似目的的公益组织或者其他公益信托。

4. 强制执行信托财产时，应以权利归属人为被执行人

信托财产系为信托目的而独立存在的财产，与委托人的其他财产、受托

〔1〕《民法典》第 1160 条规定，无人继承又无人受遗赠的遗产，归国家所有，用于公益事业；死者生前是集体所有制组织成员的，归所在集体所有制组织所有。

人的固有财产及受益人的财产相区别，因此，原则上在信托终止前，无论是委托人的债权人、受托人的债权人，还是受益人的债权人，都不得要求相关债务人以信托财产向其偿还债务，其也无权要求对相关信托财产申请强制执行，此即信托财产禁止强制执行原则。[1]而信托终止后，由于受托人已经丧失了对信托财产的管理和处分权，原则上只对信托财产负有妥善保管的义务和向权利归属人移交的义务，信托财产的实际权利人为权利归属人，因此，无论受托人是否将信托财产转移给权利归属人，对信托财产具有强制执行申请权的主体如拟申请强制执行的，应以权利归属人为被执行人。同时，由于信托终止后信托财产转移期间，信托视为继续存续，此时信托财产仍具有独立性，因此申请强制执行信托财产仍以符合《信托法》第 17 条为前提条件。即只有设立信托前债权人已对该信托财产享有优先受偿的权利，并依法行使该权利的，或者受托人处理信托事务所产生的债务，债权人要求清偿该债务的，或者信托财产本身应担负的税款以及法律规定的其他情形，方可强制执行信托财产。此外，从《信托法》第 17 条规定的精神来看，可以对信托财产申请强制执行的债权，应限定为信托财产自身应当承担的债务，权利归属人应当以信托财产为限承担责任。

鉴于信托终止后信托财产的归属存在例外情形，同理，信托终止后信托财产的被执行人也存在例外情形。比如，在信托终止，信托财产作为委托人遗产或者清算财产的情形下，被执行人应为委托人或其继承人。公益信托终止，受托人将信托财产转移给具有近似目的的公益组织或者其他公益信托的，公益组织或其他公益信托的受托人应为被执行人。

需要注意的是，现行法律法规并未明确规定在不存在权利归属人或权利归属人是不特定社会公众，且信托财产没有转移的情形下，如何明确被执行人的问题。笔者认为，鉴于信托终止后信托财产转移期间法定信托成立，故

---

〔1〕《信托法》第 17 条规定了该原则的例外情形："除因下列情形之一外，对信托财产不得强制执行：（一）设立信托前债权人已对该信托财产享有优先受偿的权利，并依法行使该权利的；（二）受托人处理信托事务所产生债务，债权人要求清偿该债务的；（三）信托财产本身应担负的税款；（四）法律规定的其他情形。对于违反前款规定而强制执行信托财产，委托人、受托人或者受益人有权向人民法院提出异议。"

可参照信托关系存续期间对信托财产强制执行的规定以受托人为被执行人。期待立法或司法机关能够对这一问题进行明确。

二、信托事务清算概述

（一）信托事务清算界定

所谓信托事务清算，系指信托终止后，受托人清收信托债权、清偿信托债务，并分配信托财产等事务的过程。

（二）信托事务清算事项

实务中，信托事务清算涉及的事项，一般包括如下几个方面。

1. 处置、变现信托财产

信托财产的处置、变现一般以信托文件的要求为准。如信托文件中约定，必须以现金形式进行分配的，则受托人应将全部信托财产处置、变现；如信托文件约定可以信托财产现状方式进行分配的，则受托人无需对信托财产进行变现。

2. 清偿信托财产债务

一般而言，应予清偿的信托债务包括信托存续过程中受托人因处理信托事务产生的债务、信托清算过程中产生的债务以及信托财产应该承担的税费。信托文件中对此一般会予以明确，主要包括信托财产管理、运用、处分过程中产生的税费（包括但不限于增值税及相应的附加税费）、信托报酬、保管费、销售服务费、信息披露费、信托计划设立及存续管理所需日常管理费用（包括但不限于交通费、通讯费、差旅费、保险费、律师费、审计费、评级费、银行代理收付费等费用）、召集受益人大会发生的费用、为保护和实现信托财产而支出的费用（如诉讼费、仲裁费、律师费、公证费、拍卖费及其他形式的资产处置费等费用）、清算费用，以及其他按照有关规定应当由信托财产承担的费用。

《信托法》第 57 条对于信托终止后，受托人报酬及获得补偿的请求权有明确规定：“信托终止后，受托人依照本法规定行使请求给付报酬、从信托财产中获得补偿的权利时，可以留置信托财产或者对信托财产的权利归属人提出请求。”但由于权利归属人的责任承担以信托财产为限，如信托财产不足清偿的，受托人的该项权利可能会落空。为避免由此产生的风险，笔者建议，在信托文件中明确规定，如信托财产不足的，受托人有权要求委托人及受益人另行支付，以此来增加责任承担主体。

3. 分配信托财产

受托人完成信托财产清理工作，并清偿完毕信托债务后，应当按照信托文件的约定或法律的规定对信托财产进行分配。需要注意的是，如届时尚存在未获分配的信托利益，受托人应首先向受益人分配信托利益，只有在受益人信托利益获得足额分配后，受托人方可将剩余信托财产转移给权利归属人或具有近似目的的公益组织或者其他公益信托。

4. 制作并提交清算报告

清算事务完成后，受托人应当制作信托事务清算报告，并提交给受益人或者权利归属人确认。清算报告内容一般包括信托的基本信息；信托财产的管理、运用及处分情况；信托收益情况及分配情况；清算报告异议期限及受托人解除责任声明；法律、行政法规、部门规章及其他规范性文件规定及信托文件约定应当披露的其他内容。

（三）信托事务清算时限

《信托法》并未明确规定信托事务清算时限。《信托公司集合资金信托计划管理办法》第 31 条规定，信托计划终止，信托公司应当于终止后 10 个工作日内作出处理信托事务的清算报告。《慈善信托管理办法》第 42 条规定，慈善信托终止的，受托人应当在 30 日内作出处理慈善信托事务的清算报告。《信托公司管理办法》第 42 条规定，信托终止的，信托公司应当依照信托文件的约定作出处理信托事务的清算报告。除此之外，关于清算时限目前没有其他规定。按照前述规定，除信托公司设立的集合资金信托计划、慈善组织或信托公司设立的慈善信托外，信托公司设立的其他类型信托以及民事信托的清算时限可以由委托人、受托人在信托文件中自行约定。

需要注意的是，《信托公司资金信托管理暂行办法（征求意见稿）》第20条第3款将信托公司设立的资金信托的清算时限统一为“于资金信托终止后十个工作日内作出处理信托事务的清算报告”。

（四）信托事务清算的法律后果

《信托法》第58条规定：“信托终止的，受托人应当作出处理信托事务的清算报告。受益人或者信托财产的权利归属人对清算报告无异议的，受托人就清算报告所列事项解除责任。但受托人有不正当行为的除外。”受托人解除责任限于清算报告所列事项，且不得有不正当行为。对于未列入清算报告的事项或受托人采取欺骗手段、与他人恶意串通或者有其他不正当行为，以减少信托财产的价值，或者增加存在于信托财产上的债务，编制虚假的清算报告的，受益人或者信托财产的权利归属人虽未对清算报告提出异议，受托人的责任也并不因此解除。

按照信托文件规定出具清算报告属于受托人应当履行的义务，在受托人不存在其他不正当行为的情况下，如受托人未及时编制清算报告，该行为是否会被认定为损害受益人利益，是否会导致受托人无法就清算报告所列事项解除责任。笔者认为，受托人未按约定及时编制清算报告属于违约行为，但该行为并不会必然导致受益人利益受损，即使受益人存在损失，该行为与受益人的损失之间也不具有因果关系。

【典型案例】潘某与中信信托、福达集团营业信托纠纷案〔1〕

北京市朝阳区人民法院认为，中信信托未按约定及时编制清算报告，存在违约行为。但《信托合同》同时也约定了就清算报告提出异议的时间应为清算报告通知之日起3个工作日内，若未提出异议，中信信托就清算报告所列事项解除责任。现没有证据证明潘某在规定时间内提出异议，因此其主张的中信信托编制清算报告程序存在不当且对清算结果有异议的意见，以及中信信托编制清算报告不当且损害B类受益人的答辩意见，法院不予采信。

〔1〕案号：（2016）京0105民初15707号。

应当指出的是，受托人在清算报告中解除的责任仅限于信托内部责任，即受托人对于委托人及受益人所负的责任，而受托人在管理信托事务过程中对第三人所负有的外部责任则不因清算报告的确认而解除。为避免信托终止清算后，第三方向受托人主张权利的风险，笔者建议，受托人在与第三方签订的相关合同中明确约定受托人以信托财产为限承担责任，且信托终止清算后受托人有权将合同项下的义务转让给权利归属人，同时在信托文件中对于权利归属人承接义务作出明确约定。

（五）公益信托终止清算的特殊要求

公益信托作为信托的一种，原则上适用与私益信托相同的法律规则，但是由于公益信托具有公益性，涉及公共利益，因而为了使公益信托活动规范进行，保证公益信托目的的实现，在终止清算方面公益信托适用的规则和私益信托有所不同。主要体现在如下几个方面。

一是受托人负有信托终止报告义务。公益信托终止的，受托人应当于终止事由发生之日起 15 日内，将终止事由和终止日期报告公益事业管理机构。

二是清算报告无需受益人或权利归属人确认，但需受托人公告。公益信托的清算报告首先应报经信托监察人认可，然后才能报公益事业管理机构核准，最后才能由受托人公告。

三是信托财产归属规则和私益信托不同。公益信托终止后，在没有信托财产权利归属人或者信托财产权利归属人是不特定的社会公众的情况下，经公益事业管理机构批准，受托人应当将信托财产用于与原公益目的相近似的目的，或者将信托财产转移给具有近似目的的公益组织或者其他公益信托。

（六）受益人要求赔偿损失的权利是否受限于信托终止清算完毕

在信托尚未终止清算的情形下，受益人能否要求信托公司承担损失赔偿责任。对于这一问题，笔者检索了中国裁判文书网上的相关案例，[1]实践中法院对此的观点也趋同，即受益人的损失在信托终止清算结束后方可确定，

〔1〕 笔者在中国裁判文书网输入关键词“信托清算”“清算”后，显示相关案例为 70 例。

因此受益人要求赔偿损失的权利亦是在信托终止清算后方可行使。

【典型案例】曹某与吉林信托、建设银行合同纠纷案〔1〕

最高人民法院认为，“曹某依据《中华人民共和国信托法》以及案涉信托文件的约定，主张案涉信托理财产品于2013年11月16日已经到期，应当支付的金额确定。首先，曹某并未指出案涉信托文件中约定了保本条款，案涉信托计划并非保本理财产品，委托人应承担相应的投资风险。案涉信托文件约定的信托收益支付时间和到期时间，仅是对受托人向受益人支付信托受益的时间要求，并不能认定无论信托财产是否产生受益，受托人都必须无条件地支付约定的受益。其次，信托计划终止后应当对信托事务进行清算并按照合同约定分配信托财产。案涉信托计划终止后，信托财产尚未完成清算和分配，曹某在案涉信托投资中的损失尚未确定。故一审判决驳回曹某损害赔偿的请求，有事实根据，本院予以维持”。

【典型案例】李某与新华信托营业信托纠纷案〔2〕

最高人民法院认为，“因案涉项目的两年信托期已届满，且未合法延期，李某可向新华信托主张清算并分配。在新华信托尚未对案涉项目进行清算的情况下，不能确定因其违约延期的行为给李某造成损失以及损失的大小，故在本案中李某关于新华信托应当向其赔偿信托资金本金，并按照22.3%的年利率计算利息的请求不能成立”。

【典型案例】洪某与万向信托合同纠纷案〔3〕

杭州市中级人民法院认为，“关于洪某主张万向信托返还次级信托资金及利息损失，并承担优级信托收益、保管年费及综合服务费问题。根据《信托合同》及《信托法》的相关规定，信托计划终止后，应由受托人进行信托事务的清算，清理因处理信托事务而产生的债权、债务，制作并提交清算

〔1〕案号：（2019）最高法民终1594号。
〔2〕案号：（2018）最高法民终173号。
〔3〕案号：（2017）浙01民终2895号。

报告。根据审理查明的事实，案涉信托计划业已终止，万向信托分配了部分信托财产，但同时也预留了部分财产，迄今尚未清算分配完毕。原审法院以双方应基于合同约定就剩余财产先行清算分配为由驳回洪某该部分诉讼请求亦无不当”。

但前述观点也并非定论，根据案件具体情况，实践中法院也存在不同的认定。在另一个营业信托纠纷中，法院认为“适当性义务应属于产品销售之前卖方机构应履行的先合同阶段的义务，违反适当性义务构成缔约过失。对于应承担缔约过失责任的信托公司而言，受益人有权诉请信托公司承担损害赔偿责任，故信托计划是否进行清算并不影响受益人主张权利。信托公司未履行适当性义务，与受益人的损失之间具有因果关系”。

笔者认为，受益人要求赔偿损失应以损失存在且确定为前提，在信托尚未终止清算前，如果只要求赔偿损失，并未要求解除信托合同的，该诉讼请求，因受益人损失无法确定，法院应不予支持。以信托公司存在缔约过失为由，判令信托公司在信托清算前赔偿受益人损失，可能会导致受益人双重获利（实际操作中可能不会发生），因为信托公司承担缔约过失赔偿责任并不等同于信托利益分配，不会产生消灭信托受益权或导致受益人主体资格丧失的法律后果，至少理论上如此，这将会给信托权利义务的存续和继续履行带来理论上的障碍。

三、结语

信托终止与信托清算作为相对独立又紧密联系的两个阶段，信托终止是信托清算的前提，信托清算是信托终止后的必经流程，本节以此为出发点，并结合我国现行的信托相关法律规定，梳理了信托终止和信托清算的含义、起始时点、发生事由和法律效果等相关问题，同时在结合司法实践的基础上，进一步对《信托法》上未能明确规定，但信托终止清算过程中却可能实际发生的问题进行了阐述并提出相关建议，以期为信托实务提供一定的参考。

诚然，受限于《信托法》目前对于信托终止清算的规定较为原则化，以及文章篇幅等原因，本节无法将信托终止清算过程中可能涉及的全部问题一一列举并进行阐述，因此，笔者建议，委托人和受托人在订立信托合同时，应尽可能地明确并细化信托终止清算过程中各方的权利义务、信托终止清算的程序等事项，必要时，可以聘请专业人员起草、修订信托合同，从而尽可能地避免风险和争议事件的发生。

第五节　地产优先股法律风险识别

一、地产优先股的概念

地产优先股实际上是信托股权投资业务实践的产物，其概念是从上市公司、非上市公众公司优先股的概念中演化而来，但又与一般意义上的上市公司、非上市公众公司优先股存在极大差别。

上市公司、非上市公众公司优先股的概念及特征主要规定于《国务院关于开展优先股试点的指导意见》（以下简称《优先股试点指导意见》）及《优先股试点管理办法》。《优先股试点指导意见》第 1 条规定，优先股是指依照公司法，在一般规定的普通种类股份之外，另行规定的其他种类股份，其股份持有人优先于普通股股东分配公司利润和剩余财产，但参与公司决策管理等权利受到限制。《优先股试点管理办法》第 2 条规定，优先股是指依照《公司法》，在一般规定的普通种类股份之外，另行规定的其他种类股份，其股份持有人优先于普通股股东分配公司利润和剩余财产，但参与公司决策管理等权利受到限制。根据前述规定，优先股股东享有如下优先权：优先分配利润的权利（优先股股东有权按照约定的票面股息率，优先于普通股股东分配公司利润）；优先分配剩余财产的权利（优先股股东在公司因解散、破产等原因进行清算时，公司财产在按照公司法和破产法有关规定进行清偿后的剩余财产，优先股股东有权要求支付未派发的股息和公司章程约定的清算金额）。

本节所讨论的地产优先股，不同于上述规定所调整的对象，其被投资主体并非上市公司或非上市公众公司，也即非现行优先股法律法规调整的主体，然而对于这两类主体以外的公司能否设置优先股，目前尚无明确的法律规定。故首先要明确的是，本节所述地产优先股是基于民商法领域“法无禁止即自由”的原则，在上述现有法律法规基础上的变通与升级，是结合信托股权投资业务实践的再创造，其不存在明确的法律外延及内涵。地产优先股的设立及权利义务的实现依赖于信托股权投资业务中投融资双方的合意，并通过合同的约定予以确立。

具体而言，信托公司与融资方地产公司达成一致，信托公司在投资端层面以股权方式介入，通过投资条款设置，实现投资端的对赌等安排；在收益分配层面，通过“预分红”实现按期收益；在退出方式上，一般通过分红、股权转让，触发对赌条件或模拟清算条件等实现退出。

二、地产优先股的交易模式及特征

（一）地产优先股的交易模式

1. 地产优先股的投资模式

通过对现有信托公司优先股股权投资案例的研究、分析，笔者认为，现行优先股一般是信托公司运用信托资金对地产类项目进行股权投资，与融资人协商一致并通过一系列协议安排而获得部分“优先权”，该优先权仅仅是在优先分配利润、优先分配剩余财产等方面与现行优先股法律法规所调整的优先股特征上存在一定共性，而在其他方面则具有鲜明的实践创新特色。

具体而言，实践中存在的信托优先股股权投资的模式如图 3-1 至图 3-3。

在图 3-1 所示的模式一中，信托公司设立信托计划，并以信托计划募集资金为限通过增资或股权转让的方式获得平台公司 49%的股权，继而与地产公司通过平台公司共同间接持股项目公司，最终实现对项目公司名下具体房地产开发项目的投资目的。

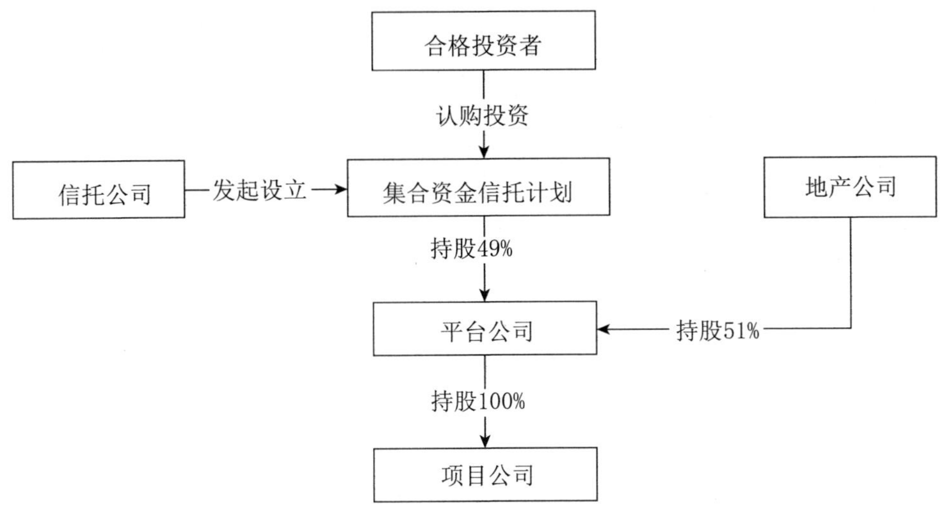

图 3-1 信托优先股股权投资模式一

在图 3-2 所示的模式二中，信托公司设立信托计划，以信托计划募集资金为限通过增资或股权转让的方式直接获得项目公司 49%的股权，并与地产公司达到对项目公司名下具体房地产开发项目共同投资的目的。

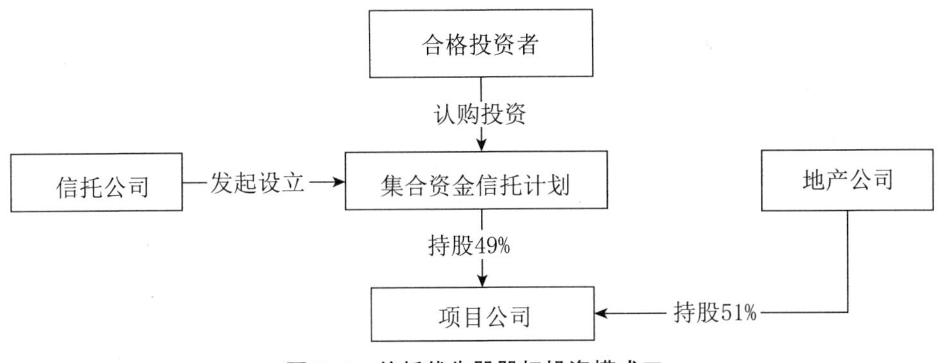

图 3-2 信托优先股股权投资模式二

在图 3-3 所示的模式三中，信托公司设立信托计划，并以信托计划募集资金为限通过增资或股权转让的方式获得平台公司 49%的股权，继而与地产公司 A 通过平台公司共同间接持股项目公司 70%的股权，最终实现与地产公司 B 对项目公司名下具体房地产开发项目的共同投资目的。

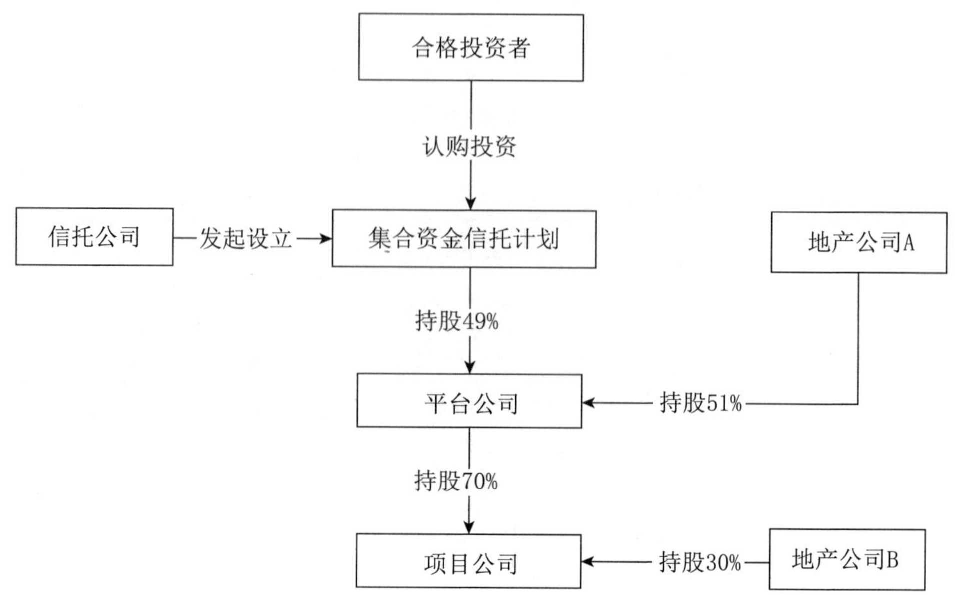

图 3-3　信托优先股股权投资模式三

通过上述常见的三种信托资金股权投资模式对比可知，信托计划对项目公司的股权投资方式主要分为直接投资和间接投资，两者之间的区别主要在于是否设立平台公司，而平台公司的设立是基于多方因素的考量，如实现风险隔离或项目公司不得变更股东的土地出让要求。

因考虑未来项目引入开发贷的需求，一般地产开发商持有平台公司 51% 股权。同时，因实务中地产公司合并财务报表需要，不论是模式一、模式二还是模式三，通常情况下，均可能会出现信托计划对平台公司的实际出资金额与其持股比例不一致的情形，对于该等情形，通常信托公司为保证信托资金的安全以及投资利益的实现，会要求各平台公司或项目公司的股东与信托计划同步按照一定比例出资。

2. 地产优先股退出模式

(1) 模拟清算退出模式。

模拟清算退出，一般是信托公司在投资利益达到自身预期的情况下，可能对长期持有平台公司或项目公司股权缺少热情，在某个时间点（一般会设定投资存续届满 N 个月或信托公司获得预分配款项达到其投入投资价款或信托公司与地产公司协商一致的日期）决定退出，这个时间点一般被称为模拟清算日。信托公司在模拟清算日，根据各种测算方式计算出平台公司或项目公司可供分配利润，并从该利润中获得属于其作为股东应分得的部分。一般来说，信托公司会在投资合作协议中与交易对手（即房企集团公司及或区域公司）明确，模拟清算完成后，平台公司/项目公司模拟清算净利润全额优先向信托公司分配或按照信托公司与房企区域公司对平台公司/项目公司的持股比例进行利润分配，直至信托公司及交易对手所获分配利润达到双方的资金投入及预期收益。此外，如平台公司/项目公司模拟清算净利润远远超过信托公司及交易对手的资金投入及预期收益，则信托公司与交易对手还可以就此部分超额收益按照双方约定的比例获得分配。

（2）股权回购退出模式。

股权回购退出是在融资方地产公司对项目公司名下特定房地产项目操盘的基础上，因其在建设施工领域的专业性，信托公司往往与地产公司分工合作，但同时为保证地产公司的尽职尽责，信托公司一般在投资交易文件中设定法律条款，对其股权投资期间项目公司的经营管理情况设定目标，如要求项目公司所开发的特定房地产项目应当满足在特定时限内取得不动产权证、建设用地规划许可证、建设工程规划许可证、建筑工程施工许可证以及达到首个正负零的开发进度对赌要求，以及特定房地产项目应当满足在特定时限内销售去化率达到一定比例的销售进度对赌要求。

信托公司通过对项目公司设定经营管理目标的方式进行对赌，若未能达到经营管理目标，则信托公司有权要求对赌方回购股权。

3. 地产优先股分红模式

在信托公司地产优先股分红模式中，信托公司往往与投资人约定在其持股平台公司或项目公司期间，如平台公司或项目公司存在现金流优先由信托公司进行抽调和预分配，在信托公司抽调和预分配资金达到其对平台公司或项目公司股权投资价款及相应预期门槛收益（如 9.5%，各地产公司的融资成本不同）之前，融资方地产公司不得从平台公司或项目公司获取任何资金分配。

（二）地产优先股的特征

从上述对地产优先股股权投资交易结构的描述可知：地产优先股股权投资本质上系通过一系列协议安排，实现信托计划投资人的信托利益需求。与理论界所探讨的“明股实债”相比，地产优先股的特征显著不同。本节将从“地产优先股”与“明股实债”对比的角度，分析地产优先股的特征。

“明股实债”在司法实践中的认定方法，通常遵循《最高人民法院民事审判第二庭法官会议纪要：追寻裁判背后的法理》中所提出的审判指导思想：对以股权形式进行投资并工商登记为融资公司股东的投资人，其对融资公司享有的权利性质，即是股权还是债权，取决于投资关系双方当事人的真实意思表示。如果投资人意图获得融资公司股权，通常会在交易文件中对其享有的公司经营管理权予以安排，以保留在股东会、董事会层面对重大事项的表决权，通过向公司派驻董事、财务等人员，控制项目公司公章或财务章等形式，达到实际参与融资公司经营管理的目的。显然，该等约定维护了投资人的股东地位，应当认定投资人取得的是股权。反之，如果投资人的投资目的仅是从融资公司取得固定回报，且未通过交易文件详细约定投资人参与融资公司管理的权利，投资人实际上也未行使股东管理权的，即便登记为股东，也应认定其仅享有债权。

结合上述审判指导思想，地产优先股具有如下特征：

（1）明确的股东权利外观。作为地产优先股股东的信托公司通常在对平台公司或项目公司进行直接股权投资时，已然办理了股东身份的工商变更登记，从商事外观主义出发，已具备股东的权利表现形式，并同意按照《公司法》等相关法律的规定、公司章程的约定履行股东责任。

（2）真实的股权投资意图。地产优先股股东明确的权利外观，虽然能够从一定程度上表达信托公司的股权投资意图；但从司法实践来看，法院通常更关注投资人通过投资交易文件获得的股东权利以及股东权利实际行使情况，继而判断投资人的真实投资意图。

①作为优先股股东通过委派董事、财务总监等核心人员参与平台公司

（如有）及项目公司的经营管理和财务管理工作，并在公司章程及投资文件中明确约定股东及董事的职责，对公司章程规定的事项发表意见、行使表决权。

②作为优先股股东享受平台公司（如有）及项目公司的分红。利润分配权是股东权利的重要组成部分，信托公司自平台公司（如有）及项目公司获得公司的经营利润，实现其股东权利。

③信托公司有权处分其享有的优先股股权，即具有股权处分权。该权利的实现，一般由平台公司或项目公司章程对“僵局处理机制”及股权退出进行特别规定。信托公司在特定条件下，可以通过模拟清算或股权回购的方式退出对融资公司的股权投资。

（3）非意图获得固定的投资回报。信托公司即使在投资交易文件中设置对赌回购条款，也并非无稽之谈，而是在考虑融资公司的经营业绩、经营风险、实际税后净利润等综合因素后设置相对客观、合理的经营管理目标及条件；且如触发了对赌条件，也是由第三方主体承担回购或差额补足义务。同时更为鲜明的特色为，投资交易文件中通常约定在达到基本预期收益的情况下，信托公司选择模拟清算退出时，也并非毫无根据地要求固定收益分配，收益分配的价款是通过模型测算并得出的融资公司年终可分配利润，且可能会存在固定收益以外的超额收益情况。

三、地产优先股法律风险识别

（一）优先分配与预分红的风险

1. 优先分配

优先分配，是指地产优先股投资交易文件中所约定的，优先股股权投资期间，如融资公司存在税后净利润，则优先向优先股股东进行分配。该约定看似是明确了优先股股东的权利，但在实践中却存在法律适用上的问题。

因融资公司通常为有限责任公司，但《优先股试点指导意见》《优先股试点管理办法》中所设立及调整的“优先股”却仅限于上市公司及非上市公众公司。换言之，有限公司所创设的优先股是否受法律保护，仅仅依靠有限公司股东之间合意所形成的优先股权利能否得到法律的保障与维护尚不明确。单从《公司法》第 34 条〔1〕规定背后的立法精神来看，法律法规充分尊重股东之间的意思自治，是允许全体股东通过合意的形式创造不同的利润分配安排的，但对于有限责任公司优先股的权利设定仍亟待法律法规或司法判例予以明确与肯定。

2. 预分红

预分红是地产优先股模式下广泛运用的一种股息分配安排。预分红一般是信托公司与融资方约定，在项目公司满足未来 3 个月项目开发建设运营成本所需资金后的剩余现金和银行存款金额可先行向优先股股东分配。

其背后的原因在于，信托公司在股权投资的过程中始终代表的是信托计划，信托计划根据《信托法》及《信托公司管理办法》等相关法律法规的规定，在信托公司管理股权投资类项目期间向信托计划受益人分配信托利益，又因实践中，从信托产品的销售需要及信托计划受益人的心理预期考量，信托公司可能需要在每年特定的时间向信托受益人分配信托利益。基于此，信托公司经过模型测算项目公司的现金流及净利润状况后，通过投资交易文件安排，要求在满足项目公司一段时间基本生产需要的前提下，对项目公司闲置的现金流予以提取，预先分配平台公司（如有）及项目公司的净利润，并以此满足信托计划投资人的信托利益分配期待。

但从法律角度来看，预分红的方式存在与现行法律法规规定不相符的问题。根据《公司法》第 166 条〔2〕及《企业所得税法》第 18 条〔3〕的规定，

〔1〕《公司法》第 34 条规定，公司新增资本时，股东有权优先按照实缴的出资比例认缴出资。但是，全体股东约定不按照出资比例分取红利或者不按照出资比例优先认缴出资的除外。

〔2〕《公司法》第 166 条规定："公司分配当年税后利润时，应当提取利润的百分之十列入公司法定公积金。公司法定公积金累计额为公司注册资本的百分之五十以上的，可以不再提取。公司的法定公积金不足以弥补以前年度亏损的，在依照前款规定提取法定公积金之前，应当先用当年利润弥补亏损。公司从税后利润中提取法定公积金后，经股东会或者股东大会决议，还可以从税后利润中提取任意公积金。公司弥补亏损和提取公积金后所余税后利润，有限责任公司依照本法第三十四条的规定分配；股份有限公司按照股东持有的股份比例分配，但股份有限公司章程规定不按持股比例分配的除外。股东会、股东大会或者董事会违反前款规定，在公司弥补亏损和提取法定公积金之前向股东分配利润的，股东必须将违反规定分配的利润退还公司。公司持有的本公司股份不得分配利润。"

〔3〕《企业所得税法》第 18 条规定："企业纳税年度发生的亏损，准予向以后年度结转，用以后年度的所得弥补，但结转年限最长不得超过五年。"

公司存在五年内亏损的情况下可以先用当年税前利润进行弥补；弥补亏损且缴纳完毕当年税负（如有）后，公司可按照10%的比例提取当年税后利润作为公司的法定公积金，当该法定公积金累计达到公司注册资本50%以上可以暂停提取。如在弥补亏损和提取公积金后公司仍存在未分配利润的，该利润可按照《公司法》第34条或其他约定方式进行分配；若公司违反规定在弥补亏损和提取法定公积金前向股东分配当年利润，股东须向公司退还分配的利润。

基于上述法律规定，公司利润的分配具有两个前提条件：分配时间上，必须以“年度”为单位对已实现税后利润进行分配；分配顺序上，税后利润必须在弥补各种亏损和提取法定公积金尚有余额的情形下才能进行分配。

然而地产优先股的预分红并不满足上述法律规定中关于公司利润的分配条件。预分红通常为满足信托计划投资人的收益预期，以半年为分配时点，提前对平台公司（如有）及项目公司半年度已实现的利润或尚未实现的利润进行分配，与法律法规所要求的以年度为单位的分配时间存在差异。除此之外，在分配顺序上，公司分配税后净利润的前提不仅需要存在净利润、缴纳税款，还应当不存在任何亏损、提取法定公积金后，预分红因为分配时间上的特殊性，尽管已通过模型测算平台公司（如有）及项目公司未来经营的盈利状况，但仍存在预测不准确（包括收入、支出及税款的预测）、未能涵盖全部风险（包括不可抗力、政府政策及其他经营风险等影响）的问题，继而导致据此得出的平台公司（如有）及项目公司未来公司净利润的误差，最终导致优先股股东能够实际获得的利润分配与预分红金额存在显著差别。

总之，优先股股东的预分红约定，与相关法律法规的规定相冲突。预分红存在破坏所有者权益完整性、损害资本保全及利益相关者（包括债权人）利益的可能。依照《公司法》等相关法律精神，在公司经营成果分配和剩余财产分配时，股东在所有公司利益相关者的分配顺序中居末位，承担经营风险。预分红行为实际上改变了分配顺序，可能会影响员工工资和债权人利息等款项的及时足额支付，最终损害公司其他利益相关者的利益。

（二）模拟清算的风险

模拟清算，作为拟制的概念，一般是指在尚未达到法定清算情形的情况下，信托公司与融资公司按照事先约定的逻辑、规则、测算模型对未来实际进行注销清算时的情况进行预先判断，并基于该模拟结果对项目公司的资产、负债状况进行清理，即通过事先约定明确模拟清算退出时点收入、成本、税费等的计算方式，用以在尚未达到法定清算情形的情况下提前确认项目公司达到法定清算情形后合作各方的可分配利润（包括预期可以实现但尚未实现的利润）总额，并进而决定如何分配该等利润（即退出方案），以实现投资方退出。

虽然信托公司可以与平台公司或项目公司在投资交易文件中事先约定模拟清算的计算原则、方法、程序等，但在实践中，项目公司进行模拟清算时仍然会产生诸多争议，从而给信托公司通过模拟清算顺利退出带来风险，如收入、成本的认定方法争议风险、税费的认定和承担争议风险、违约风险等。

对于收入、成本的认定方法争议风险，主要因为在对货值收入进行认定时，存在回款不及时、退房等情况，从而导致收入的认定存在波动，故在选择模拟清算基准日时，有必要对回款的可行性及周期进行研究判断。此外，对于第三方评估机构测算的未售物业货值，也可能出现各方意见不统一，或因市场、政策等因素出现波动的情况。对于成本的认定，则需要结合各方签订的合同、付款凭证、合法合规票据等进行综合认定，若出现高额溢价、无票据等情况，亦存在对成本认定产生争议的风险。另外，对于合作开发中委托关联方进行施工、提供服务，并为税务筹划目的做大成本的情况，亦存在对成本认定产生争议的风险。实践中，为了避免上述收入、成本认定争议风险，便出现了投资方要求按照固定金额计算成本或限定每一类成本比例的清算方式。

对于税费的认定及承担争议风险而言，由于房地产开发项目中，有的税费（如土地增值税）需要预先缴纳，并在法定清算情形发生后进行汇算清缴，对预缴与实际应缴纳的税费进行多退少补，但实践中，存在前期多缴纳税款，后期却无法退税的情况，且各地税务机关的处理也可能存在不同，从而导致模拟清算的结果与汇算清缴的结果出现偏差，进而导致项目公司在进行模拟清算时，各方可能对税费的认定及承担问题产生争议，存在项目拖延甚至导致投资方无法退出的风险。

对于违约风险，当出现因融资方或其合作方原因导致项目公司出现纠纷（如操盘不当、债务混同或合作项目范围界定不清等情形）时，便可能导致投资方无法顺利按照各方事先约定的模拟清算方式实现提前退出，故为了保障项目合作顺利进行，在分地块、分业态的合作开发中，要特别注意对项目公司发生的债权债务按照实际地块、业态进行划分，独立核算、分设账套，以尽量避免上述违约风险的发生。

（三）对赌回购安排的风险

1. 对赌回购安排的有效性

在地产优先股模式中，一般的对赌回购安排为以下方式：信托公司的交易对手一般为各大房企集团公司及其投资设立的区域公司，具体由信托公司与区域公司共同对平台公司进行股权投资，并由平台公司将股权投资款投入项目公司，最终由项目公司用于房地产项目的开发建设，同时信托公司会对房地产项目的施工进度、销售进度设置对赌指标，如指标未达成，则房企集团公司、区域公司需要对信托公司所持有的平台公司或项目公司股权承担以固定价款回购的义务。

根据《九民纪要》第二部分第一节的规定，对于投资方与目标公司的股东或者实际控制人订立的“对赌协议”，如无其他无效事由，认定有效并支持实际履行，实践中并无争议。据此，信托公司与房企集团公司、区域公司签署的对赌协议或在相关协议中安排的对赌回购条款，其效力不存在疑问。此外，从司法实践来看，对赌相关案件的裁判趋势也逐渐趋于明朗，在没有其他无效事由的情况下，对赌回购安排可以得到司法层面的认可。

不过，虽然对赌回购安排的效力问题不再存在争议，但更重要的一点是，在相关条款设置时应注意避免对赌回购安排约定陷入履行不能的尴尬局面。

2. 对赌回购安排设置的风险点

考虑到交易结构的不同、法律关系的不同，对赌回购安排能否实际履行需要根据个案来判断，但最关键的一点就是避免与投资的目标公司（平台公司或项目公司）进行对赌。

《九民纪要》第5条规定，投资方与目标公司订立的“对赌协议”在不存在法定无效事由的情况下，目标公司仅以存在股权回购或者金钱补偿约定为由，主张“对赌协议”无效的，人民法院不予支持，但投资方主张实际履行的，人民法院应当审查是否符合公司法关于“股东不得抽逃出资”及股份回购的强制性规定，判决是否支持其诉讼请求。投资方请求目标公司回购股权的，人民法院应当依据《公司法》第35条关于“股东不得抽逃出资”或者第142条关于股份回购的强制性规定进行审查。经审查，目标公司未完成减资程序的，人民法院应当驳回其诉讼请求。投资方请求目标公司承担金钱补偿义务的，人民法院应当依据《公司法》第35条关于“股东不得抽逃出资”和第166条关于利润分配的强制性规定进行审查。经审查，目标公司没有利润或者虽有利润但不足以补偿投资方的，人民法院应当驳回或者部分支持其诉讼请求。今后目标公司有利润时，投资方还可以依据该事实另行提起诉讼。

因此，若信托公司对赌回购安排设置是为与平台公司进行对赌的话，那么信托公司在退出平台公司时，信托公司需要满足不存在股东抽逃出资的情形，且平台公司还需要依法履行相应的减资程序。但从实务角度来看，第一，地产优先股模式下一旦对赌失败触发回购时，底层项目很可能已经发生施工建设进度受阻、底层项目销售进度缓慢等问题，平台公司作为项目公司股东无法从项目公司处获得利润分配，也即平台公司自身无法履行回购信托公司股权义务；第二，如果平台公司无法履行回购义务，那么此时就需要房企集团公司或区域公司向其注资，再由平台公司凭借该等资金完成回购，但该等通过关联方注资实现退出的方式可能存在构成《最高人民法院关于适用〈中华人民共和国公司法〉若干问题的规定（三）》（以下简称《公司法司法解释三》）第12条规定的通过虚构债权债务关系将其出资转出、利用关联交易将出资转出等情形的风险；第三，平台公司自信托公司回购其自己股权的，需要履行减资程序，但减资程序流程繁琐耗时且具有不确定性，这在无形之中也增加了信托公司投入资金的成本及风险。

另外，若信托公司对赌回购安排设置为与项目公司进行对赌的话，将会产生另外一种尴尬情形：项目公司在触发对赌回购条款后履约的，将产生与平台公司交叉持股的情况，而此种情况将导致虚增注册资本的问题，可能存在构成《公司法司法解释三》第 12 条规定的抽逃出资风险。

综上，考虑到与平台公司、项目公司对赌存在的风险，信托公司在开展地产优先股投资时应注意交易结构设置，将房企集团公司及区域公司设置为对赌回购义务的履行主体，而非将平台公司、项目公司设置为对赌回购义务的履行主体。

（四）对赌回购的担保措施

项目公司为股东或股东的股东履行回购义务提供担保一般存在以下两种情形：一是协议约定项目公司担保股东或股东的股东向投资者支付股权回购款的义务；二是协议约定项目公司担保股东或股东的股东履行回购行为的义务。

1. 项目公司担保股东或股东的股东向投资者支付股权回购款的义务

若项目公司担保的是股东或股东的股东向投资者支付股权回购款这一义务，则实际上是为股东或股东的股东履行金钱给付义务提供担保，实质上就回到了一直以来争论不休的法律问题，即公司为股东提供担保的效力问题。根据《公司法》第 16 条[1]规定，公司为公司股东或实际控制人提供担保，必须经过股东或股东大会的有效决议，若项目公司签订合同时未按法律规定履行决议程序，在项目公司担保的股权回购款付款义务发生在股东之间时，关于此种担保的效力争议，也存在不同观点。

否定观点认为，出于对公司资本维持及其他股东、债权人利益的考量，项目公司为股东向投资者回购股权支付的股权转让款提供担保，实质上系公司为股东间股权转让提供担保，公司不但未受益，还可能因履行担保责任而

〔1〕《公司法》第 16 条规定，公司向其他企业投资或者为他人提供担保，依照公司章程的规定，由董事会或者股东会、股东大会决议；公司章程对投资或者担保的总额及单项投资或者担保的数额有限额规定的，不得超过规定的限额。公司为公司股东或者实际控制人提供担保的，必须经股东会或者股东大会决议。前款规定的股东或者受前款规定的实际控制人支配的股东，不得参加前款规定事项的表决。该项表决由出席会议的其他股东所持表决权的过半数通过。

导致公司财产减少，给予股东以股权转让形式达到抽逃出资的目的的机会，损害了公司及债权人的利益。在郭某某等诉郑某某等股权转让纠纷案[1]中，最高人民法院认为，根据《公司法》第 16 条第 2 款规定，公司为公司股东或者实际控制人提供担保的，必须经股东会或者股东大会决议。也就是说，并不禁止公司为股东提供担保，但要经法定程序进行担保；同时，《公司法》第 35 条规定，“公司成立后，股东不得抽逃出资”。而如果公司为股东之间的股权转让提供担保，就会出现受让股权的股东不能支付股权转让款时，由公司先向转让股权的股东支付转让款，导致公司利益及公司其他债权人的利益受损，形成股东以股权转让的方式变相抽回出资的情形，违反了《公司法》关于不得抽逃出资的规定。

除否定观点外，还有一种观点认为可以在特定条件下认可该种担保的效力，出于维护交易稳定和意思自治的考量，持该种观点的人认为，因对赌协议取得项目公司股权的投资者（新股东）所支付的投资款系用于项目公司的经营发展，公司全体股东均因本次投资而受益，因此当该种担保不存在《民法典》第 144 条[2]、第 146 条[3]、第 153 条[4]、第 154 条[5]规定的合同无效情形时，只要符合《公司法》第 16 条规定的决议程序或投资方在签订合同时对决议程序尽到形式审查义务即应认定有效。最高人民法院在通联公司与成都新方向公司有关的纠纷再审案[6]中认为，虽然久远公司在《增资扩股协议》中承诺对成都新方向公司进行股权回购义务承担连带责任，但并未向通联公司提供相关的股东会决议，亦未得到股东会决议追认，而通联公司未能尽到基本的形式审查义务，从而认定久远公司法定代表人向某某代表公司在《增资扩股协议》上签字、盖章行为，对通联公司不发生

---

〔1〕 案号：(2017) 最高法民申 3671 号。

〔2〕《民法典》第 144 条规定，无民事行为能力人实施的民事法律行为无效。

〔3〕《民法典》第 146 条规定，行为人与相对人以虚假的意思表示实施的民事法律行为无效。以虚假的意思表示隐藏的民事法律行为的效力，依照有关法律规定处理。

〔4〕《民法典》第 153 条规定，违反法律、行政法规的强制性规定的民事法律行为无效。但是，该强制性规定不导致该民事法律行为无效的除外。违背公序良俗的民事法律行为无效。

〔5〕《民法典》第 154 条规定，行为人与相对人恶意串通，损害他人合法权益的民事法律行为无效。

〔6〕 案号：(2017) 最高法民再 258 号。

法律效力，适用法律并无不当。可见，该案中，最高人民法院持在特定条件下认可该种担保效力的观点。

结合《九民纪要》关于对赌以及公司对外担保效力的相关规定，笔者认为，在对该类担保合同效力进行认定时应遵循“双重审查标准”，首先对项目公司提供担保时是否符合《公司法》第16条规定履行了有效的决议程序；是否符合《九民纪要》第17条[1]、第18条[2]的规定，项目公司为股东提供担保的相关规定进行审查，若担保符合前述规定，再结合《民法典》第144条、第146条、第153条、第154条规定的合同无效情形与《九民纪要》第5条[3]关于与公司对赌的相关规定就对赌协议的效力进行审查，

---

〔1〕《九民纪要》第17条规定，为防止法定代表人随意代表公司为他人提供担保给公司造成损失，损害中小股东利益，《公司法》第16条对法定代表人的代表权进行了限制。根据该条规定，担保行为不是法定代表人所能单独决定的事项，而必须以公司股东（大）会、董事会等公司机关的决议作为授权的基础和来源。法定代表人未经授权擅自为他人提供担保的，构成越权代表，人民法院应当根据《合同法》第50条关于法定代表人越权代表的规定，区分订立合同时债权人是否善意分别认定合同效力：债权人善意的，合同有效；反之，合同无效。

〔2〕《九民纪要》第18条规定，前条所称的善意，是指债权人不知道或者不应当知道法定代表人超越权限订立担保合同。《公司法》第16条对关联担保和非关联担保的决议机关作出了区别规定，相应地，在善意的判断标准上也应当有所区别。一种情形是，为公司股东或者实际控制人提供关联担保，《公司法》第16条明确规定必须由股东（大）会决议，未经股东（大）会决议，构成越权代表。在此情况下，债权人主张担保合同有效，应当提供证据证明其在订立合同时对股东（大）会决议进行了审查，决议的表决程序符合《公司法》第16条的规定，即在排除被担保股东表决权的情况下，该项表决由出席会议的其他股东所持表决权的过半数通过，签字人员也符合公司章程的规定。另一种情形是，公司为公司股东或者实际控制人以外的人提供非关联担保，根据《公司法》第16条的规定，此时由公司章程规定是由董事会决议还是股东（大）会决议。无论章程是否对决议机关作出规定，也无论章程规定决议机关为董事会还是股东（大）会，根据《民法总则》第61条第3款关于“法人章程或者法人权力机构对法定代表人代表权的限制，不得对抗善意相对人”的规定，只要债权人能够证明其在订立担保合同时对董事会决议或者股东（大）会决议进行了审查，同意决议的人数及签字人员符合公司章程的规定，就应当认定其构成善意，但公司能够证明债权人明知公司章程对决议机关有明确规定的除外。

债权人对公司机关决议内容的审查一般限于形式审查，只要求尽到必要的注意义务即可，标准不宜太过严苛。公司以机关决议系法定代表人伪造或者变造、决议程序违法、签章（名）不实、担保金额超过法定限额等事由抗辩债权人非善意的，人民法院一般不予支持。但是，公司有证据证明债权人明知决议系伪造或者变造的除外。

〔3〕《九民纪要》第5条规定，投资方与目标公司订立的“对赌协议”在不存在法定无效事由的情况下，目标公司仅以存在股权回购或者金钱补偿约定为由，主张“对赌协议”无效的，人民法院不予支持，但投资方主张实际履行的，人民法院应当审查是否符合公司法关于“股东不得抽逃出资”及股份回购的强制性规定，判决是否支持其诉讼请求。投资方请求项目公司回购股权的，人民法院应当依《公

该类对赌条款需在同时符合前述两项标准的情况下方能认定有效。

2. 项目公司担保股东或股东的股东履行回购行为的义务

项目公司担保股东或股东的股东履行回购行为，是指对赌协议约定在对赌条件无法达成时，股东或股东的股东向投资者回购股权，同时项目公司为股东或股东的股东的回购行为提供担保（即在股东不能或不愿履行回购义务时由公司回购股权）。该种情形与第一种情形的不同之处在于，第一种情形下公司承担担保责任时被回购的股权转由股东或股东的股东持有，公司仅支付款项；而第二种情形下，公司自身是股权回购义务人，即产生了约定股东或股东的股东不履行义务时由公司回购股权是否有效的问题。当项目公司担保股东或股东的股东履行回购行为的义务时，依据我国《公司法》第 74 条〔1〕、第 142 条〔2〕关于公司回购股权或股份的相关规定，有限责任公司在特定情

（接上页）司法》第 35 条关于“股东不得抽逃出资”或者第 142 条关于股份回购的强制性规定进行审查。经审查，目标公司未完成减资程序的，人民法院应当驳回其诉讼请求。投资方请求目标公司承担金钱补偿义务的，人民法院应当依据《公司法》第 35 条关于“股东不得抽逃出资”和第 166 条关于利润分配的强制性规定进行审查。经审查，目标公司没有利润或者虽有利润但不足以补偿投资方的，人民法院应当驳回或者部分支持其诉讼请求。今后目标公司有利润时，投资方还可以依据该事实另行提起诉讼。

〔1〕《公司法》第 74 条规定：“有下列情形之一的，对股东会该项决议投反对票的股东可以请求公司按照合理的价格收购其股权：（一）公司连续五年不向股东分配利润，而公司该五年连续盈利，并且符合本法规定的分配利润条件的；（二）公司合并、分立、转让主要财产的；（三）公司章程规定的营业期限届满或者章程规定的其他解散事由出现，股东会会议通过决议修改章程使公司存续的。自股东会会议决议通过之日起六十日内，股东与公司不能达成股权收购协议的，股东可以自股东会会议决议通过之日起九十日内向人民法院提起诉讼。”

〔2〕《公司法》第 142 条规定：“公司不得收购本公司股份。但是，有下列情形之一的除外：（一）减少公司注册资本；（二）与持有本公司股份的其他公司合并；（三）将股份用于员工持股计划或者股权激励；（四）股东因对股东大会作出的公司合并、分立决议持异议，要求公司收购其股份；（五）将股份用于转换上市公司发行的可转换为股票的公司债券；（六）上市公司为维护公司价值及股东权益所必需。公司因前款第（一）项、第（二）项规定的情形收购本公司股份的，应当经股东大会决议；公司因前款第（三）项、第（五）项、第（六）项规定的情形收购本公司股份的，可以依照公司章程的规定或者股东大会的授权，经三分之二以上董事出席的董事会会议决议。公司依照本条第一款规定收购本公司股份后，属于第（一）项情形的，应当自收购之日起十日内注销；属于第（二）项、第（四）项情形的，应当在六个月内转让或者注销；属于第（三）项、第（五）项、第（六）项情形的，公司合计持有的本公司股份数不得超过本公司已发行股份总额的百分之十，并应当在三年内转让或者注销。上市公司收购本公司股份的，应当依照《中华人民共和国证券法》的规定履行信息披露义务。上市公司因本条第一款第（三）项、第（五）项、第（六）项规定的情形收购本公司股份的，应当通过公开的集中交易方式进行。公司不得接受本公司的股票作为质押权的标的。”

况下可以回购股权，股份有限公司则原则上不允许回购股份。司法实践中，对于对赌协议约定以项目公司为股权回购主体的条款效力认定同样存在两种不同观点。

否定观点认为，以公司作为回购股权主体的约定实质上系股东可以脱离公司业绩获取收益的“保底条款”，且不属于我国《公司法》规定的有限公司回购股权的特定情形，该种约定属于滥用股东权利损害公司、其他股东与债权人利益的约定，属于无效条款。在新兴产业投资基金与李某某、丑某某投资合同纠纷案〔1〕中，吉林省高级人民法院认为，对于三星生态公司作为回购主体的情形而言，属于不论公司盈亏，而强加给公司对股东的回报义务，这与我国公司法关于股东权利义务的基本原则相背离，属于滥用股东权利损害公司利益和其他股东权益的行为，并且不属于我国《公司法》第 74 条所规定的关于有限责任公司可以收购股东股权的特定情形。根据《公司法》第 20 条第 1 款关于“公司股东应当遵守法律、行政法规和公司章程，依法行使股东权利，不得滥用股东权利损害公司或者其他股东利益；不得滥用公司法人独立地位和股东有限责任损害公司债权人的利益”的规定，《补充协议》中关于现代公司有权要求三星生态公司回购届时现代公司所持全部或者部分公司股权的约定内容应认定无效。

肯定观点认为，我国《公司法》虽对有限责任公司回购股权的条件作出了规定，但并不当然否定以项目公司作为回购主体的合同效力，即便是股份有限公司也存在可以由公司回购的情形，若个案情况不具备回购条件，亦应视情况驳回原告诉讼请求，而非直接否定合同效力。在华工公司与扬州机床、潘某某等请求公司收购股份纠纷案〔2〕中，江苏省高级人民法院认为，我国《公司法》并不禁止有限责任公司回购本公司股份，有限责任公司回购本公司股份不当然违反我国《公司法》的强制性规定。有限责任公司在履行法定程序后回购本公司股份，亦不会损害公司股东及债权人利益，亦不会构成对公司资本维持原则的违反。在有限责任公司作为对赌协议约定的股

〔1〕 案号：(2018) 吉民初 19 号。
〔2〕 案号：(2019) 苏民再 62 号。

份回购主体的情形下，投资者作为对赌协议相对方所负担的义务不仅限于投入资金成本，还包括激励完善公司治理结构以及以公司上市为目标的资本运作等。投资人在进入项目公司后，亦应依《公司法》的规定，对项目公司经营亏损等问题按照合同约定或者持股比例承担相应责任。案涉对赌协议中关于股份回购的条款内容，是当事人特别设立的保护投资人利益的条款，属于缔约过程中当事人对投资合作商业风险的安排，系各方当事人的真实意思表示。股份回购条款中关于股份回购价款的约定为：华工公司投资额+（华工公司投资额×8%×投资到公司实际月份数/12）-扬锻集团公司累计对华工公司进行的分红。该约定虽为相对固定收益，但约定的年回报率为8%，与同期企业融资成本相比并不明显过高，不存在脱离项目公司正常经营下所应负担的经营成本及所能获得的经营业绩的企业正常经营规律。华工公司、扬锻集团公司及扬锻集团公司全体股东关于华工公司上述投资收益的约定，不违反国家法律、行政法规的禁止性规定，不存在《民法典》第144条、第146条、第153条、第154条规定的合同无效的情形，亦不属于《民法典》所规定的格式合同或者格式条款，不存在显失公平的问题。扬锻集团公司及潘某某等关于案涉对赌协议无效的辩解意见，法院不予采信。

对于以项目公司为回购主体的对赌约定的效力，在实践中长期以来都将其等同于“与项目公司对赌”，在最高人民法院确立了“与项目公司对赌无效”的裁判观点后，主流观点对该种条款大部分是持否定态度的，直到江苏省高级人民法院就华工公司与扬州机床、潘某某等请求公司收购股份纠纷案作出的如上裁判打破了一直以来的规则。后最高人民法院印发的《九民纪要》第5条规定，在不存在法定无效事由的前提下，对以项目公司为股权回购主体的合同效力给予了认可，但对于法定回购条件、股东不得抽逃出资等问题的判断，则需要由法院就个案中原告的诉求是否具备履行可能性与合法性予以认定。

（五）股权代持

地产优先股模式中，出于审计或房地产项目办理开发贷等需要，信托公司会将所持有的平台公司或项目公司的股权委托房企区域公司代持。信托公司一般会通过与房企区域公司签署股权代持协议的方式明确股权代持安排，而在此种模式下，信托公司作为实际股东仍享有全部股东权利，房企区域公司作为名义股东虽然工商登记为持有代持股权的股东，但其实际上对代持股权不享有任何权益。

根据《公司法司法解释三》第24条的规定，有限责任公司的实际股东与名义股东之间的股权代持协议，如不涉及法律规定的无效情形，那么应当认定为有效。因此，信托公司可以将其所持有的平台公司或项目公司股权委托房企区域公司代持。不过，股权代持的效力虽然已经在司法层面上予以了认可，但其在实务中存在的风险仍需要信托公司高度关注。

1. 股权代持协议无效的风险

《九民纪要》明确规定，违反法律、行政法规的效力性强制性规定〔1〕的合同应认定为无效合同，而违反法律、行政法规的管理性强制性规定〔2〕的合同并不当然无效，而应当根据具体情形认定合同效力；此外，《九民纪要》还明确规定，违反规章一般情况下不影响合同效力，但该规章的内容涉及金融安全、市场秩序、国家宏观政策等公序良俗的，应当认定合同无效。《民法典》正式实施后，对于违反法律、行政法规的强制性规定（即效力性强制性规定）的民事法律行为、违背公序良俗的民事法律行为、恶意串通损害他人合法权益的民事法律行为、以虚假的意思表示实施的民事法律行为，均应被认定无效。因此，如果股权代持协议存在前述《九民纪要》《民法典》规定的无效情形，那么将被认定为无效。

在地产优先股模式中，信托公司主要是为了配合房企区域公司的特殊需求才将其所持有的平台公司或项目公司股权委托房企区域公司代持，该等股权代持安排一般不存在《九民纪要》《民法典》规定的无效情形。但是，如

〔1〕《九民纪要》第30条规定，下列强制性规定，应当认定为“效力性强制性规定”，即强制性规定涉及金融安全、市场秩序、国家宏观政策等公序良俗的；交易标的禁止买卖的，如禁止人体器官、毒品、枪支等买卖；违反特许经营规定的，如场外配资合同；交易方式严重违法的，如违反招投标等竞争性缔约方式订立的合同；交易场所违法的，如在批准的交易场所之外进行期货交易。

〔2〕《九民纪要》第30条规定，关于经营范围、交易时间、交易数量等行政管理性质的强制性规定，一般应当认定为“管理性强制性规定”。

果信托公司与房企区域公司之间的股权代持协议存在无效情形，那么股权代持协议被认定为无效后，代持股权的归属就是信托公司需要重点关注的问题。

根据伟杰公司、天策公司营业信托纠纷二审民事裁定书[1]，最高人民法院认为，违反《保险公司股权管理办法》有关禁止代持保险公司股权规定的行为，在一定程度上具有与直接违反《保险法》等法律、行政法规一样的法律后果，同时还将出现破坏国家金融管理秩序、损害包括众多保险法律关系主体在内的社会公共利益的危害后果。依据《合同法》第 52 条的规定，损害社会公共利益的合同无效。因此，本案中天策公司、伟杰公司之间签订的《信托持股协议》应认定为无效。进而，天策公司将股份过户至其名下的诉讼请求依法不能得到支持。

从上述司法实践来看，若信托公司与房企区域公司的股权代持协议被认定为无效，那么其内容一定是与我国金融安全、市场秩序、国家宏观政策等公序良俗相悖，进而可能导致信托公司无法主张恢复其实际股东的身份，无法取回交由房企区域公司代持的平台公司或项目公司的股权。

2. 代持股权被执行的风险

信托公司将平台公司或项目公司股权交由房企区域公司代持并办理工商变更登记后，房企区域公司即在工商登记层面上成为代持股权的股东。此时，对于房企区域公司的债权人而言，该等代持股权即为房企区域公司名下的财产，如果房企区域公司未能及时清偿债务的，则其债权人有权向法院申请冻结该等代持股权。在此情形下，信托公司只能通过执行异议及案外人执行异议之诉的方式主张对代持股权享有实际股东的权利并要求法院解除对代持股权的冻结措施，但信托公司的该等主张能否获得支持，在司法实践中存在截然相反的意见。

第一种观点认为，根据《公司法》第 32 条第 3 款规定，公司股东应当在公司登记机关办理登记，未经登记不得对抗第三人；根据《民法典》第 65 条的规定，法人的实际情况与登记的事项不一致的，不得对抗善意相对

[1] 案号：(2017) 最高法民终 529 号。

人，但现行法律、司法解释并未将“相对人”限缩解释为“交易相对人”。此外，债权人一般无法知晓实际股东与名义股东之间的关系，因此，债权人作为第三人应当受到商事外观主义的保护，并有权基于登记机关所载明的持股情况向法院申请冻结名义股东名下的代持股权。

第二种观点认为，《九民纪要》引言部分已经明确，从现行法律规则看，外观主义是为保护交易安全设置的例外规定，一般适用于因合理信赖权利外观或意思表示外观的交易行为。实际权利人与名义权利人的关系，应注重财产的实质归属，而不单纯地取决于公示外观。总之，审判实务中要准确把握外观主义的适用边界，避免泛化和滥用。此外，考虑到商事外观主义旨在维护交易安全，而无交易则无保护，因此，名义股东的债权人并不适用商事外观主义，其通过法院对名义股东名下代持股权采取的冻结措施可以被实际股东予以排除。

从司法实践来看，最高人民法院对实际股东能否排除对代持股权的冻结措施的裁判观点并未统一，但从最高人民法院近三年的判例来看，其中不支持实际股东可以排除对代持股权的冻结措施的判决仍然占大多数。因此，信托公司将平台公司或项目公司股权交由房企区域公司代持时，需要确保房企区域公司没有对外大额举债，否则在房企区域公司不能清偿对外债务时，其债权人有权通过法院对代持股权实施冻结措施。而且，信托公司虽然作为代持股权的实际股东，但可能无法排除法院对代持股权实施的冻结措施，而信托公司届时只能向房企区域公司追究违约责任。

3. 名义股东擅自处分代持股权的风险

《公司法司法解释三》规定，名义股东将登记于其名下的股权转让、质押或者以其他方式处分，实际股东请求认定处分股权行为无效的，法院可以参照善意取得制度处理。对于名义股东处分代持股权而给实际股东造成的损失，实际股东可以要求名义股东承担赔偿责任。

因此，如果房企区域公司擅自对外转让代持股权且代持股权的受让方符合《民法典》第 311 条规定的善意取得条件，那么信托公司委托房企区域公司代持的平台公司或项目公司股权将无法收回，届时信托公司只能依据股权代持协议向房企区域公司追究违约责任。

为了解决前文所提到的诸多风险，信托公司在开展地产优先股项目时，首先，应当注意在与房企区域公司签署股权代持协议时，应由信托公司外部律师或信托公司内部法务人员预先进行审核，确保股权代持协议不存在无效事由；其次，信托公司应当对房企集团公司及区域公司的整体经营情况、公司内部决策流程规范性等方面进行详细的尽职调查，尽量选择对外债务规模较小、信用良好的交易对手进行合作；最后，信托公司在将平台公司或项目公司股权委托房企区域公司代持的同时，应将该等代持股权由房企区域公司质押给信托公司。信托公司取得代持股权的质权后，一方面可以确保代持股权被法院强制执行时，信托公司仍能够对代持股权处置价款享有优先权；另一方面，由于工商登记机关不会办理质押股权的工商变更登记手续，因此可以有效阻止房企区域公司擅自对外转让代持股权。

第六节　上市公司对外担保的审查要点

信托公司对外开展债权、股权类业务时需要依赖大量的增信安排作为风险缓释措施，其中，与交易对手存在关联关系的上市公司所提供的各类担保就是主要的增信方式之一。

在我国担保制度不断演变的过程中，立法机关、司法机关对公司对外担保的规制方式不断发生变化，不过随着《九民纪要》《民法典》《担保制度司法解释》的陆续发布，我国担保制度基本构架在向规范化的道路上更近了一步，而且上市公司对外担保规则也在担保制度基本框架内被进一步明确。随着上市公司对外担保规则的确定，信托公司在上市公司对外担保有效性审查的过程中有了明确的依据及标准，因此对该等依据及标准的理解及适用就显得尤为重要。

一、公司对外担保规则的演变

关于上市公司对外担保的正式规定，始于《九民纪要》《担保制度司法解释》的发布。在此之前，上市公司对外担保适用一般的公司对外担保规则，并且经历了公司对外担保规则逐渐标准化、规范化的过程。

（一）公司对外担保规则标准化阶段（2005 年至 2019 年）

2005 年之前，我国法律并未明确公司对外担保的具体规定。彼时，公司对外担保规则的法律规定模糊不清、标准不明，这也造成上市公司违规担保现象异常严重并产生了各种严重问题：第一，公司担保规模巨大。根据中国证监会数据显示，2004 年累计担保余额高达 1162.63 亿元，市场极不稳定；第二，逃避法律监管的“担保圈”层出不穷，其引发的连锁反应导致大量上市公司倒闭，造成巨大损失；第三，大股东滥设担保，严重损害公司、中小股东及债权人利益。

2005 年，《公司法》修订，从法律层面对公司对外担保予以规范。根据 2005 年《公司法》第 16 条〔1〕的规定，公司在进行对外担保时受到三方面的规制：第一，公司应履行内部决策程序。公司对外提供担保时，应根据章程规定，由董事会或股东会、股东大会审议通过并作出决议。第二，关联担保的特殊要求。公司若为公司股东或实际控制人提供关联担保，则必须经过股东会或股东大会审议（关联股东或受实际控制人支配的股东应当在召开股东会或股东大会时予以回避），该项表决应当经出席会议的其他股东所持表决权过半数通过后方可由股东会或股东大会作出决议。第三，公司对外担保限额。公司章程对公司担保的总额、单项担保数额有限额规定的，公司在对外提供担保时不得超过该等限额。

可以说，2005 年《公司法》的修订标志着公司对外担保规则逐渐趋于规范化，这在一定程度上为公司对外担保实践指明了方向。但随着公司对外担保规则的深入实践，2005 年《公司法》第 16 条在实施过程中也逐渐暴露一些问题，导致了学界和司法实务界对该项规范性质的激烈探讨。当时，有学者认为，违反《公司法》有关担保规定的条款就是违反了法律的强制性

---

〔1〕 2005 年《公司法》第 16 条规定，公司向其他企业投资或者为他人提供担保，依照公司章程的规定，由董事会或者股东会、股东大会决议；公司章程对投资或者担保的总额及单项投资或者担保的数额有限额规定的，不得超过规定的限额。公司为公司股东或者实际控制人提供担保的，必须经股东会或者股东大会决议。前款规定的股东或者受前款规定的实际控制人支配的股东，不得参加前款规定事项的表决。该项表决由出席会议的其他股东所持表决权的过半数通过。

规定，因此担保合同无效，从而有关担保（无论是人保还是物保）均为无效；[1]但也有学者认为，《公司法》第16条规定并非约束合同效力的法律规范，违反该条规定不能等同于违反法律、行政法规的强制性规定。[2]前述学者之间的不同观点，从法理上来讲，其实是对《公司法》第16条属于效力性强制性规定还是非效力性强制性规定的争论。

对此，随着司法实践的深入，《公司法》第16条的规定并非效力性强制性规定的观点逐渐得到认可。在最高人民法院发布的公报关于"中建材案"的裁判要旨中明确："公司违反《公司法》第16条第1款、第2款的规定，与他人订立担保合同的，不能简单认定合同无效。第一，该条款并未明确规定公司违反上述规定对外提供担保导致合同无效；第二，公司内部决议程序，不得约束第三人；第三，该条款并非效力性强制性的规定；第四，依据该条款认定担保合同无效，不利于维护合同的稳定和交易的安全。""振邦案"中的裁判态度与"中建材案"基本一致，最高人民法院在该案裁判要旨中明确："《公司法》第16条第2款的规定并非效力性强制性规范，不应以此作为认定合同效力的依据；债权人对公司提供担保的股东会决议仅负有形式审查义务。"而且，无论学界如何聚讼纷纭，法院对于违反2005年《公司法》第16条第1款而作出担保的案件，却倾向于判处担保有效。法院当时的这一立场，集中反映在最高人民法院民二庭宋晓明庭长在《人民司法》（2007年第13期）的访谈之中。其意旨是：实践中倾向于认为，公司章程关于公司担保能力、担保额度以及担保审批程序等方面的规定，系调整公司内部法律关系的规范，在公司内部产生相应的法律后果，通常不能对抗担保债权人等公司以外的第三人，对以担保违反公司章程为由主张担保关系无效的，除非涉及公司为内部人员提供担保，一般不予支持；《公司法》第16条第2款是公司为股东和实际控制人提供担保应当遵守的特殊规定，该规定是强制性的，应为担保协议生效的必要条件。

不过，在认为《公司法》第16条为非效力性强制性规定的观点中，对

[1] 李金泽："《公司法》有关公司对外担保新规定的质疑"，载《现代法学》2007年第1期。

[2] 黄龙："违反公司法第十六条不当然导致无效"，载《人民法院报》2008年7月10日。

第三人是否应当审查公司章程或者股东（大）会、董事会决议方能构成善意，也存在不同的意见。当时，有一种观点认为，第三人对公司同意担保的决议负有形式审查的义务。在光大银行与创智公司借款保证合同纠纷上诉案中，最高人民法院认为，相对人对于公司同意担保的决议仅负有形式审查的义务，即只要审查决议的形式要件是否符合法律规定，相对人即尽到了合理的注意义务。但另一种观点则认为，第三人不负有审查公司章程的义务。在"中建材案"中，北京市高级人民法院认为，"有限责任公司的公司章程不具有对世效力，有限责任公司的公司章程作为公司内部决议的书面载体，它的公开行为不构成第三人应当知道的证据。强加给第三人对公司章程的审查义务不具有可操作性和合理性，第三人对公司章程不负有审查义务"。[1]而且，对于法定代表人越权签署的担保合同是否有效的问题，由于没有明确的法律规定，因此在学界产生了规范性质识别说、代表权限制说、内部限制说[2]等诸多不同的理论研究观点。

在这一阶段，公司对外担保规则具有明显的特点：首先，2005 年《公司法》的公布解决了既往担保规则不清的问题，明确了公司对外担保的决策机构以及决策程序要求；其次，对于《公司法》第 16 条规定为非效力性强制性规定的性质逐渐予以明确，但在司法实践中所呈现的第三人审查义务及善意判断、法定代表人越权担保等问题仍需要法律层面上的规制；最后，从保护债权人利益以及交易安全的角度，司法裁判层面通常倾向于认为违反《公司法》第 16 条、公司章程的担保合同有效，且在有些案例中，担保合同上只要有公司公章及法定代表人签字，那么担保合同就有很大可能被认定为有效合同。

总的来说，《公司法》第 16 条的诞生明确了公司对外担保规则，但在不断发展的实践过程中，该项担保规则在执行过程中所衍生出的问题仍待立法机关、司法机关提供一条明确的解决思路。

---

〔1〕 钱玉林："公司法第 16 条的规范意义"，载《法学研究》2011 年第 6 期。

〔2〕 周伦军："公司对外提供担保的合同效力判断规则"，载《法律适用》2021 年第 8 期。

（二）公司对外担保规则规范化阶段（2019 年至今）

2019 年，最高人民法院印发《九民纪要》，该纪要从实务的角度出发，对公司越权担保有效性问题、债权人的审查义务、公司决议形式要求、上市公司对外担保信息披露等方面对公司担保问题进行了全方位规范。《九民纪要》的印发解决了很多理论与实务界在公司对外担保方面存在的争议，也基本确定了债权人在审查作为债务人的公司提供的相应担保时的审查标准。

2021 年，随着《民法典》的正式实施，最高人民法院公布了《担保制度司法解释》，该解释在吸收《九民纪要》的相关内容的基础上调整、细化了公司对外担保规则，并明确了上市公司及其控股子公司对外提供担保时具体的信息披露要求。

从目前来看，《九民纪要》与《担保制度司法解释》发展了公司担保规则，统一了公司担保的裁判制度，解决了《公司法》第 16 条的适用问题，对公司如何提供有效的对外担保提供了明确的指引。

二、“民法典”时代上市公司对外担保规则的适用

（一）法律及司法解释

目前，上市公司对外担保的规则主要受《公司法》《担保制度司法解释》的规制，而《担保制度司法解释》的规定吸收了《九民纪要》中所确定的一些规则并予以延展。

现行《公司法》对公司对外担保的规则仍以《公司法》第 16 条为主，而规制上市公司对外担保的主要内容具体规定于《担保制度司法解释》。从《担保制度司法解释》对既往担保规则的改变上来看，上市公司所提供的对外担保的具体情形及效力判断方式如下。

第一种情况：有决议且有披露。

根据《担保制度司法解释》第 9 条第 1 款规定，相对人根据上市公司公开披露的关于担保事项已经董事会或者股东大会决议通过的信息，与上市公司订立担保合同，相对人主张担保合同对上市公司发生效力，并由上市公司承担担保责任的，人民法院应予支持。若上市公司在对外担保过程中已经按照

法律规定以及公司章程要求召开了董事会或股东大会并作出了决议，且对董事会或股东大会决议通过的对外担保事项对外进行了披露，那么，信托公司作为担保债权人与上市公司所订立的担保毫无争议地对上市公司发生效力。

第二种情况：无决议且无披露。

与第一种情况相反，若上市公司在对外担保过程中没有按照法律规定以及公司章程要求召开董事会或股东大会，且没有将对外担保事项对外进行披露，那么在此种情况下，上市公司未依法完成对外担保的法定程序，而债权人也疏于审查、难以认定为善意相对人，因此担保合同对上市公司不发生效力也不难理解。

第三种情况：有决议但无披露。

根据《担保制度司法解释》第 9 条第 2 款规定，相对人未根据上市公司公开披露关于担保事项已经董事会或者股东大会决议通过的信息，与上市公司订立担保合同，上市公司主张担保合同对其不发生效力，且不承担担保责任或者赔偿责任的，人民法院应予支持。因此，上市公司仅向担保债权人提供了董事会或股东大会同意对外担保的决议但未通过公开渠道进行披露，而债权人未审查公开披露信息的，此种情况下担保债权人将视为其未尽到合理的审查义务，担保合同将对上市公司不发生效力。

第四种情况：无决议但有披露。

在极端情况下，也存在上市公司未经董事会或股东大会决议，但直接将对外担保事项予以披露的情况。那么在此情况下，若债权人未对上市公司董事会或股东大会同意对外担保的决议进行审查，但已从公开渠道知晓对外担保事项已经完成的披露情况，上市公司与担保债权人订立的担保合同效力应该如何认定？

对于这个问题，从《担保制度司法解释》第 9 条第 2 款的规定可以看出，立法者仅仅将债权人是否审查了上市公司对外担保的披露公告视为担保合同效力是否及于上市公司的判断标准，并未考虑董事会或股东大会审议决议的事实是否存在，简言之，若债权人对公开披露进行了审查，则担保有效，反之，则担保合同对上市公司不发生效力。

这四种情况下的担保合同是否对上市公司发生效力，总结如图 3-4 所示。

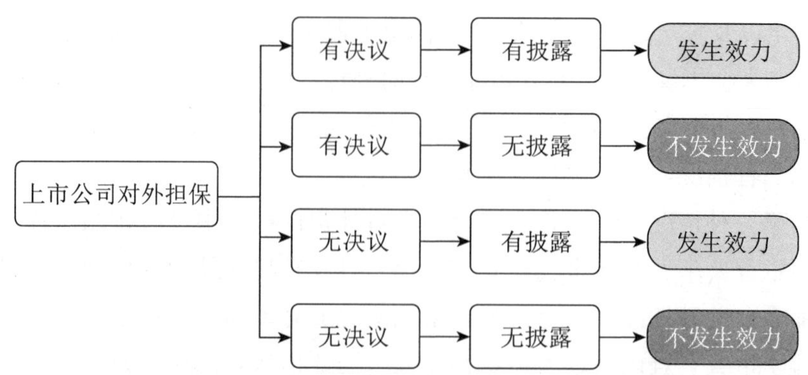

图 3-4　上市公司提供对外担保的具体情形及效力判断

（二）监管规则及交易所交易规则

除法律及司法解释层面对上市公司对外担保的规则外，考虑到上市公司的公众属性，监管部门及各交易所也对上市公司对外担保的方式及程序提出了具体的要求。

根据《上市公司信息披露管理办法》第 30 条的规定，“上市公司应当制定信息披露事务管理制度。信息披露事务管理制度应当包括：（一）明确上市公司应当披露的信息，确定披露标准；（二）未公开信息的传递、审核、披露流程；（三）信息披露事务管理部门及其负责人在信息披露中的职责；（四）董事和董事会、监事和监事会、高级管理人员等的报告、审议和披露的职责；（五）董事、监事、高级管理人员履行职责的记录和保管制度；（六）未公开信息的保密措施，内幕信息知情人登记管理制度，内幕信息知情人的范围和保密责任；（七）财务管理和会计核算的内部控制及监督机制；（八）对外发布信息的申请、审核、发布流程；与投资者、证券服务机构、媒体等的信息沟通制度；（九）信息披露相关文件、资料的档案管理制度；（十）涉及子公司的信息披露事务管理和报告制度；（十一）未按规定披露信息的责任追究机制，对违反规定人员的处理措施。上市公司信息披露事务管理制度应当经公司董事会审议通过，报注册地证监局和证券交易所备案”。可以发现，和非上市公司不同的是，上市公司涉及众多中小投资者利益，因此上市公司必须充分履行其披露义务，监管机关通过《上市公司信息披露管理办法》将对公司有重大影响的公司担保明确为必须披露的事项。

《关于规范上市公司对外担保行为的通知》第1条规定："一、规范上市公司对外担保行为，严格控制上市公司对外担保风险（一）上市公司对外担保必须经董事会或股东大会审议。（二）上市公司的《公司章程》应当明确股东大会、董事会审批对外担保的权限及违反审批权限、审议程序的责任追究制度。（三）应由股东大会审批的对外担保，必须经董事会审议通过后，方可提交股东大会审批。须经股东大会审批的对外担保，包括但不限于下列情形：1. 上市公司及其控股子公司的对外担保总额，超过最近一期经审计净资产50%以后提供的任何担保；2. 为资产负债率超过70%的担保对象提供的担保；3. 单笔担保额超过最近一期经审计净资产10%的担保；4. 对股东、实际控制人及其关联方提供的担保……（四）应由董事会审批的对外担保，必须经出席董事会的三分之二以上董事审议同意并做出决议……"可以看出，上市公司对外担保决议既可以由董事会决议，也可以由股东大会决议。但由于上市公司的公众属性，重大数额的担保会影响投资者利益，故对一些可能影响上市公司市值的担保事项必须由股东大会决议。

2022年1月修订的《上海证券交易所股票上市规则》第6.1.10条规定，"上市公司发生'提供担保'交易事项，除应当经全体董事的过半数审议通过外，还应当经出席董事会会议的三分之二以上董事审议通过，并及时披露。担保事项属于下列情形之一的，还应当在董事会审议通过后提交股东大会审议：（一）单笔担保额超过上市公司最近一期经审计净资产10%的担保；（二）上市公司及其控股子公司对外提供的担保总额，超过上市公司最近一期经审计净资产50%以后提供的任何担保；（三）上市公司及其控股子公司对外提供的担保总额，超过上市公司最近一期经审计总资产30%以后提供的任何担保；（四）按照担保金额连续12个月内累计计算原则，超过上市公司最近一期经审计总资产30%的担保；（五）为资产负债率超过70%的担保对象提供的担保；（六）对股东、实际控制人及其关联人提供的担保；（七）本所或者公司章程规定的其他担保。上市公司股东大会审议前款第（四）项担保时，应当经出席会议的股东所持表决权的三分之二以上通过"。

2022 年 1 月修订的《深圳证券交易所股票上市规则》第 6.1.10 条规定，“上市公司提供担保，除应当经全体董事的过半数审议通过外，还应当经出席董事会会议的三分之二以上董事审议同意并作出决议，并及时对外披露。上市公司提供担保属于下列情形之一的，还应当在董事会审议通过后提交股东大会审议：（一）单笔担保额超过上市公司最近一期经审计净资产 10%；（二）上市公司及其控股子公司对外提供的担保总额，超过上市公司最近一期经审计净资产 50%以后提供的任何担保；（三）上市公司及其控股子公司对外提供的担保总额，超过上市公司最近一期经审计总资产 30%以后提供的任何担保；（四）被担保对象最近一期财务报表数据显示资产负债率超过 70%；（五）最近十二个月内担保金额累计计算超过公司最近一期经审计总资产的 30%；（六）对股东、实际控制人及其关联人提供的担保；（七）本所或者公司章程规定的其他情形。上市公司股东大会审议前款第（五）项担保事项时，应当经出席会议的股东所持表决权的三分之二以上通过”。

《北京证券交易所股票上市规则（试行）》第 7.1.11 条规定，“上市公司提供担保的，应当提交公司董事会审议并对外披露。董事会审议担保事项时，必须经出席董事会会议的三分之二以上董事审议同意。符合以下情形之一的，还应当提交公司股东大会审议：（一）单笔担保额超过上市公司最近一期经审计净资产 10%的担保；（二）上市公司及其控股子公司提供担保的总额，超过上市公司最近一期经审计净资产 50%以后提供的任何担保；（三）为资产负债率超过 70%的担保对象提供的担保；（四）按照担保金额连续 12 个月累计计算原则，超过上市公司最近一期经审计总资产 30%的担保；（五）中国证监会、本所或者公司章程规定的其他担保。股东大会审议前款第四项担保事项时，必须经出席会议的股东所持表决权的三分之二以上通过”。

根据《上海证券交易所股票上市规则》第 6.1.10 条、《深圳证券交易所股票上市规则》第 6.1.10 条、《北京证券交易所股票上市规则（试行）》第 7.1.11 条的规定，上市公司发生“提供担保”交易事项，应当提交董事会或者股东大会进行审议，并及时披露。关于何为“及时披露”，根据《上海证券交易所股票上市规则》第15.1条第2项、《深圳证券交易所股票上市规则》第15.1条第7项、《北京证券交易所股票上市规则（试行）》第12.1条第6项的规定，所谓的“及时”，是指自起算日起或触及本规则披露时点的两个交易日内。

在司法实践中，如果上市公司董事会或股东大会就对外担保事项已经决议通过，并向担保债权人承诺在规定的期限内进行公开披露，甚至在担保合同中明确了信息公开义务，担保债权人审查了上述决议后，双方订立了担保合同，尽管对外担保是上市公司的真实意思，但上市公司其后在应当“及时”披露的合理期限内并未披露，债权人审查的只是未公开披露的公司机关决议，按照司法解释的规定，此时担保合同对上市公司不发生效力。

由于一般商事主体对于上市公司对外担保事项应当披露的规定不一定都能熟知，假设上市公司对法律规定十分熟悉，其可能通过“精心”布局，在董事会或股东大会决议通过的当天，即订立合同并向担保债权人承诺第二天予以公告披露，发生纠纷后，上市公司以在董事会或者股东大会决议公告前订立担保合同为由，即相对人审查的是未公开披露的董事会或者股东大会决议，此时如果认定担保合同无效，由此造成的损失全部由相对人承担，即因为上市公司自身的违规行为全部由债权人“埋单”，这样会产生不公平现象。

三、上市公司对外担保的审查要点

现行法律法规对上市公司及其控股子公司对外担保提出了更高要求，因此为了避免上市公司及其控股子公司所提供担保措施的落空，在信托交易环节有必要对上市公司及其控股子公司作为担保主体的资格、对外担保的决议的合法合规性从严进行审查。

（一）担保主体的审查

1. 上市公司作为担保主体

根据《公司法》规定，上市公司是指其股票在证券交易所上市交易的股份有限公司，即在沪、深、京三市证券交易所上市的公司。

上市公司提供对外担保时，其主体资格的确定除上市公司所提供的经营主体信息资料外，也可通过该上市公司在各地交易所所公告披露的各项信息予以核实。一般来讲，上市公司作为公众公司，其负担对外披露的主体资格、资质等相关信息的真实性、有效性义务，因此通过经营主体信息资料以及上市公司公告披露的信息即可以对上市公司的身份进行有效核实。

2. 上市公司控股子公司作为担保主体

现行法律法规并未明确规定上市公司控股子公司的范围。根据沪、深、京三市股票上市规则，上市公司控股子公司系指上市公司合并报表范围内的子公司，即持有其50%以上股份，或者能够决定其董事会半数以上成员组成，或者通过协议或其他安排能够实际控制的公司，即可以由上市公司直接实施“控制”的子公司，且对于上市公司控股子公司的对外担保事项“视同”上市公司发生重大事项，上市公司需要履行信息披露义务。

上市公司控股子公司对外担保时，最需要解决的问题就是如何确定上市公司子公司范围内哪些公司属于其控股子公司。从《担保制度司法解释》来看，控股子公司应当以上市公司对外公开披露的控股子公司为准，这是因为上市公司与其各子公司之间的股权关系纷繁复杂，债权人除根据上市公司披露的信息外，很难通过其他手段核实上市公司控股子公司的身份，故从立法层面上不宜过于加重债权人对控股子公司身份核查的义务。从实务来看，债权人对上市公司控股子公司主体身份的核查，一方面依赖于上市公司对债权人的主动披露，另一方面只能从上市公司在交易所的信息披露专栏或上市公司官网所披露的财务报表、年报、既往对外担保信息披露公告等材料进行核实。

一般来讲，上市公司及其控股子公司在向债权人提供担保时，如果上市公司及其控股子公司所提供的资料经债权人核验后，能够确定与上市公司公开披露的信息一致，那么上市公司及控股子公司作为对外担保主体的身份即可以确定。

（二）决议主体的审查

上市公司对外担保的决议主体应根据上市公司的公司章程确定，如公司章程规定对外担保事项由董事会作出决议的，则债权人应当取得上市公司董事会出具的同意提供担保的董事会决议；如公司章程规定对外担保事项由股东大会作出决议的，则债权人应当取得上市公司股东大会出具的同意提供担保的股东大会决议。

因此，上市公司在向债权人提供担保时，债权人应当要求上市公司提供上市公司届时所适用的公司章程，以确定上市公司对外担保相关决议的出具主体为董事会还是股东大会。

当然，在相关条件允许的前提下，担保债权人也可以要求上市公司聘请律师出具董事会或股东大会的见证意见。根据《公司法》及各交易所的上市规则，上市公司应聘请律师对股东大会会议的召开情况进行见证，并由相应的律师事务所出具见证意见。有鉴于此，债权人可以要求上市公司提供针对审议对外担保事宜的股东大会的律师见证意见，由于律师作为中介机构的中立性和作为法律专业人士的专业性，债权人依赖第三方律师的见证意见来审查上市公司的董事会或股东大会作出的与对外担保相关的决议应当视为履行了合理审查的义务。

（三）决议内容的审查

基于前述，从审慎的角度来讲，债权人需要根据上市公司的公司章程对上市公司董事会或股东大会出具的对外担保决议内容进行审查，审查内容包括以下几方面：(1）担保金额是否在董事会权限范围内；(2）董事会或股东大会召集程序与参会人数是否符合公司章程以及《公司法》规定；(3）董事会或股东大会的表决程序（如关联董事或股东是否回避等）以及表决结果是否符合公司章程以及《公司法》规定；(4）如上市公司能够予以配合，进一步对董事会或股东大会所议对外担保事项作成的会议记录进行审查，并对会议记录上签名或盖章的真实性进行核验；(5）审查决议所同意的担保数额是否与交易方案一致，以及是否违反上市公司公司章程对其对外担保总额或者单项对外担保数额的限制。

但额外需要注意的三点是：第一，根据《公司法》第 16 条第 2 款规定，公司为公司股东或者实际控制人提供担保的，必须经股东会或者股东大会决议；第二，根据《公司法》第121条的规定，上市公司担保金额超过公司资产总额30%的，上市公司应当通过股东大会作出对外担保的决议，并经出席会议的股东所持表决权的三分之二以上通过。因此，除需要根据公司章程确定出具决议的适格主体外，上市公司对外担保事项中的担保金额、被担保对象也会影响对外担保决议作出主体的确定，这就意味着需要进一步对决议内容进行审查；第三，担保形式应当符合法律法规规定，如以下股票就不得用于向债权人提供质押担保：根据《公司法》第142条第5款的规定，公司不得接受本公司的股票作为质押权的标的；根据《财政部关于上市公司国有股质押有关问题的通知》的规定，国有股东授权代表单位持有的国有股只限于为本单位及其全资或控股子公司提供质押，用于质押的国有股数量不得超过其所持该上市公司国有股总额的50%，且必须事先进行充分的可行性论证，明确资金用途（不得用于买卖股票）。制订还款计划，并经董事会（不设董事会的由总经理办公会）审议决定；根据《证券公司股票质押贷款管理办法》规定，证券公司向银行用自营股票质押贷款时，质押的股票不得是上一年度亏损的上市公司股票、前6个月内股票价格的波动幅度（最高价/最低价）超过200%的股票、证券交易所停牌或除牌的股票、证券交易所特别处理的股票等。

（四）信息披露的审查

根据《担保制度司法解释》第9条的规定，如果上市公司或上市公司公开披露的控股子公司向债权人提供担保，债权人需要就上市公司对外担保公告情况进行合理审查，且该担保事项必须进行公开信息披露之后才能依法成立并生效。

1. 上市公司对外担保公告的要求

目前没有关于上市公司对外担保公告的内容、方式等的明确的法律法规规定。从实务中看，上市公司一般都是遵循各交易所规则而在公司官网或交易所网站上进行对外担保事项的信息披露。因此，上市公司作为担保主体向信托公司提供担保时，信托公司一般只能通过上市公司官网披露的公告或该上市公司于各交易所披露的公告进行核查。

从各交易所目前上市公司对外担保的情况来看，担保公告存在以下形式：

（1）单项担保公告。即针对每笔担保事项进行公告，可能在一个公告中披露一起或几起担保事项。通常会披露担保的简要情况（交易情况、债权人）、担保事项履行的内部决策程序、被担保人（即主债务人）、担保的主要内容（担保方式、担保期限、担保额度）等。例如，“××股份有限公司关于为控股子公司向银行申请授信额度提供担保的公告”“××股份有限公司关于为全资子公司××贷款提供担保的公告”“××股份有限公司关于为子公司提供担保的公告”等。

（2）集中担保公告。常以年度担保额度公告及股东大会决议（决议通过担保额度议案）的形式出现，主要是上市公司对子公司的担保集中授权审批，通常会披露被担保人、拟提供担保的额度、授权审批主体等，部分还会披露债权人名称。例如，“××公司2020年年度股东大会决议公告”。

2. 债权人对上市公司对外担保公告的审查义务

根据《担保制度司法解释》第9条规定，上市公司对外担保公告内容需要符合以下两个条件：（1）经上市公司合法披露；（2）明确担保事项已经经过董事会或股东大会决议通过。因此，信托公司在接受上市公司提供的担保时，应当着重就上市公司公开披露的公告内容是否符合法律规定进行审查。

（五）登记手续的审查

除从上述角度对上市公司对外担保事项决议、公告的审查之外，上市公司所提供的担保是否合法有效，还需要债权人从担保合同内容以及担保物权的设立方式等方面进一步进行审查确定，如不动产抵押担保、权利质押担保（如股权、应收账款）需要履行登记手续才可以有效设立；动产质押担保需要依法完成交付才可以有效设立；动产抵押需要履行登记手续后才可以对抗善意第三人等。具体的审查方式需要根据担保形式的不同而依据相关法律法规加以审查认定。

第四章
信托热点法律问题分析指引

第一节　信托公司适当性义务的实务分析

一、适当性义务概述

（一）金融领域适当性义务规则的演进

适当性义务最初起源于美国证券业自律组织的交易规则以及“招牌理论”。1939 年，全美证券商协会（NASD）在其“公平交易规则”中（Rules of Fair Practice）第一次采用了适当性制度，用于规范券商向机构投资者作出的推荐行为（recommendations），要求券商在为任何推荐时，必须基于“充分与合理的基础”。自 20 世纪 70 年代起，非机构证券投资者也被纳入 NASD 确立的适当性制度的保护对象。投资者适当性制度原本是道德义务，而美国证券交易委员会（SEC）则将其进一步提升为“半法律、半道德”（quasi-legal quasi-ethical）的业务准则，并将违反适当性义务归入 1934 年《美国证券交易法》（Securities and Exchange Act of 1934）第 10b-5 条[1]规定的证券欺诈或者欺骗手段情形，也得到了美国法院的采纳。

---

〔1〕 任何人利用任何方式，或商业媒介，或者通信，或者任何全国性证券交易所的任何设施，直接或间接地对任何人，实施下列与购买或出售任何证券有关的行为，都是非法的：（1）利用任何诡计、计划或伎俩进行欺诈；（2）对某重要事实做任何虚假的陈述，或不对某重要事实做必要的说明，以使其所作出的陈述在当时的情况下存在误导性；或者（3）参与任何带有或将会导致欺诈或欺骗因素的行动、操作或业务活动。

适当性义务作为平衡金融市场中买卖双方交易不平等地位、信息不对称现象的有效工具，近年来受到各国金融监管机关的高度重视。我国金融立法与监管机制引入适当性义务的时间还不长，行政监管和司法规则尚处于逐步完善的阶段。

2005 年，我国银监会（现为银保监会）首先在对商业银行的理财业务的监督管理中制定了适当性规则。2007 年，银监会在信托公司受托境外理财业务中也制定了适当性规则，但仅为一条原则性规定。同年证监会颁布施行的《证券投资基金销售适用性指导意见》第 3 条也规定了“……基金销售机构在销售基金和相关产品的过程中，注重根据基金投资人的风险承受能力销售不同风险等级的产品，把合适的产品卖给合适的基金投资人”。2009 年开始，中国陆续在创业板、股指期货、融资融券、资产管理业务、理财业务和投资顾问领域制定了金融机构适当性义务规定。2017 年证监会颁布施行的《证券期货投资者适当性管理办法》是对适当性义务界定的里程碑式规定，其中第 6 条以列举的方式明确经营机构从事交易活动时需要了解的投资者信息范围。2018 年颁布施行的《资管新规》要求，“金融机构应当建立资产管理产品的销售授权管理体系，明确代理销售机构的准入标准和程序，明确界定双方的权利与义务，明确相关风险的承担责任和转移方式”。

2019 年 11 月，最高人民法院印发的《九民纪要》第五部分“关于金融消费者权益保护纠纷案件的审理”中对金融产品发行人、销售者以及金融服务提供者的“适当性义务”进行了概念性界定，并首次对“适当性义务”的责任明确划分，尤其对高风险类金融产品和高风险类金融服务进行了责任划分，加强了对金融消费者的保护。

（二）信托业务确立适当性义务的必要性

信托投资交易的专业化、高风险特征对投资者的专业化提出了更高的要求，除了要掌握金融、信托交易专业知识，更应对交易风险有充分认识。由于投资者与信托公司之间，无论在金融、信托交易专业知识，还是在风险抵御能力上均存在天然鸿沟，双方之间的权利义务容易失衡，因此，从立法者的角度来看，从金融交易缔约之始就对金融机构课以适当性义务，是给予投资者倾斜性保护的一项重要机制，对于强化投资者保护、稳定金融市场具有必要性。

1. 信息不对称

信息不对称理论源自经济学，最早由美国经济学家乔治·阿克洛夫在他1970年发表的《柠檬市场：质量不确定性与市场机制》[1]经济学论文中提出。阿克洛夫以美国的二手车交易市场为例，论证了在市场交易双方之间存在的信息不对称导致的“逆向选择”，最终会进入“劣币驱逐良币”的不完全市场状态。经济学家约瑟夫·斯蒂格利茨教授则将信息不对称理论引申至保险市场领域，同样得出了只有充分信息市场才能使得交易双方均获益的结论。

信托交易的专业化特点决定了信托投资领域的信息不对称现象较为突出，交易主体所掌握的专业知识以及市场信息多寡直接决定了能否获利，而处于信息弱势的一方的合法权益容易遭致侵害，因此，占据信息优势地位的信托公司或代理销售机构必须就销售的信托产品信息充分、完整地向投资者进行披露，以便投资者作出符合其自身利益期待的交易决策，从源头上实现金融交易的公平性，这也是促进金融市场公开透明的必然要求。

实践中，投资者与信托公司之间的此类纠纷成因多集中于销售机构或其代理人的不当销售行为，包括在产品说明与风险揭示义务履行上的瑕疵，甚至因销售机构的误导性陈述，导致投资者与其从事的交易风险等级不匹配。例如，为吸引客户，夸大收益、回避风险，将高风险产品“包装”成中低风险产品的情况时有发生，因此，适当性义务的“了解产品”要求，能在一定程度上平衡投资者与信托公司之间的信息不对称，促进市场公开透明。

2. 风险判断与承受能力不对称

基于投资者与信托公司之间存在专业上的巨大差距，无论该投资者是否为合格投资者，在风险判断与风险承受能力上总是弱于作为金融机构的信托

[1] 该文的发表开创了经济学的全新研究领域——信息经济学。乔治·阿克洛夫（George Akerlof）也因此获得2001年的诺贝尔经济学奖。

公司，其原因在于，投资者的风险判断几乎完全依赖于信托公司对所销售的产品的信息披露，合格投资者虽然具备相当程度的金融交易经验与基础知识，但不能当然地认为其对每一类金融产品的风险均有充分认知；在经济实力上，投资者的个人资产亦无法与经济实力雄厚的金融机构相比，抵御金融风险的能力较弱，因此需要施以更加严格和周密的保护措施。投资者适当性义务中“了解客户”的要求即是指金融机构应充分了解投资者的资产情况、专业水平、投资经验与风险嗜好等信息，通过风险等级测评等方式，客观评价投资者的风险承受能力，从而避免投资者可能承担与其风险承受能力不相匹配的亏损风险。

3. 救济能力不对等

投资者与作为金融机构信托公司之间的信息不对称、经济实力、专业水平上的差距决定了他们在寻求救济上的能力不对等，占据信息优势的金融机构在举证能力上势必强于对方。对于经济实力较强的信托公司来说，其通常已经建立了较为专业化的法律纠纷处理机制，足以应对此类诉讼，而对于普通投资者而言，却往往需要付出较大的维权成本。诉讼中，举证责任的分配往往决定诉讼利益的归属。为平衡双方救济能力，《九民纪要》采用了举证责任倒置规则，规定由金融机构对其已经履行了适当性义务承担举证责任，如不能提供其已经建立了金融产品（或者服务）的风险评估及相应管理制度，对金融消费者的风险认知、风险偏好和风险承受能力进行了测试，向金融消费者告知产品（或者服务）的收益和主要风险因素等相关证据的，就应当承担举证不能的后果。同时，《九民纪要》还对金融机构课以较高的证明标准，不能简单地以金融消费者手写了“本人明确知悉可能存在本金损失风险”等内容来证明其已经履行了风险告知说明义务，金融机构还应提供其他相关证据，例如签约时的录音录像等视听资料加以佐证。

二、我国对适当性义务的立法规制

（一）《九民纪要》对信托公司适当性义务的要求

虽然适当性义务的理念和制度引入我国的时间并不长，但因该制度直接关乎金融产品销售中的风险和责任分配，在金融消费者遭受投资损失后，往往会以卖方机构未充分履行适当性义务为由提起索赔诉讼（对近三年来资金端诉讼情况梳理，以营业信托纠纷为案由检索涉及适当性义务的案件，2018—2019 年共计 106 件，2019—2020 年共计 168 件，2020—2021 年共计 238 件，通过数据可以看出投资者以信托公司违反适当性义务为由要求赔偿损失的案件日益增多），因此，适当性义务规则，特别是司法实践对该义务的要求，备受信托公司关注。

根据《九民纪要》第 72 条关于适当性义务的规定，适当性义务是指卖方机构在向金融消费者推介、销售银行理财产品、保险投资产品、信托理财产品、券商集合理财计划、杠杆基金份额、期权及其他场外衍生品等高风险等级金融产品，以及为金融消费者参与融资融券、新三板、创业板、科创板、期货等高风险等级投资活动提供服务的过程中，必须履行的了解客户、了解产品、将适当的产品（或者服务）销售（或者提供）给适合的金融消费者等义务。卖方机构承担适当性义务的目的是确保金融消费者能够在充分了解相关金融产品、投资活动的性质及风险的基础上作出自主决定，并承受由此产生的收益和风险。在推介、销售高风险等级金融产品和提供高风险等级金融服务领域，适当性义务的履行是“卖者尽责”的主要内容，也是“买者自负”的前提和基础。

根据上述规定，信托公司的适当性义务主要由三部分内容组成。简单来说，就是了解产品、了解客户、风险匹配。但结合整体内容来看，还应当包含金融机构销售产品时对投资者的“告知义务”。根据《信托消费者权益保护自律公约》对信托消费者的界定，信托消费者的范围仅限于个人客户，机构客户并未包含于信托消费者范畴之内。机构客户虽不属于信托消费者范围，并不意味着信托公司可以据此免除其如实告知、勤勉、尽职调查等应履行的先合同义务。

1. 了解客户

了解客户的基本信息是适当性义务的核心内容之一。该义务要求信托公司在推介金融产品和服务时，要充分了解客户的基本信息，包括身份、财产状况、投资偏好、风险投资能力等，有时候甚至还要了解客户的家庭结构和家庭成员信息等。此外，这种信息的了解必须存续于整个交易契约的过程中，不限于交易前。

2. 了解产品

该义务要求信托公司在推荐任何产品和服务时，必须首先充分了解这一产品结构或服务内容。产品信息是金融消费者作出决定所依赖的重要标准，产品收益与风险的解释说明是进行销售的前提。信托公司因具备专业能力，较之于消费者更易获取并甄别信息，因此充分了解金融产品的信息也是适当性义务的重要内容之一。

3. 风险匹配

信托公司充分了解客户信息和信托产品信息之后，要依据客户的需求及信托产品的收益风险进行匹配，并据此筛选出最适合客户的信托产品和服务。从客户的基本信息开始分析，考虑客户的投资需求、投资期限、风险承受范围、收益期待范围等因素，推荐具有针对性的信托产品，使每一个客户都能得到最适合自己的信托产品。

4. 说明告知

金融消费者向信托公司咨询提问时，信托公司要依据适当性义务如实、无隐瞒地告知相关信息。信托公司真实披露金融产品的风险等级、解释相关专业知识或专有名词，不虚假宣传、不夸大收益。当金融市场发生重大变化时，也应及时告知金融消费者。

【典型案例】王某与建行恩济支行财产损害赔偿纠纷案〔1〕

我们通过一个在金融领域有较大影响的案件，可以了解适当性义务的内容。

投资者王某在购买本案所涉基金前，曾多次通过银行网点购买其他理财产品。本案所涉的基金是王某在银行工作人员推荐下购买的“指数型证券投

〔1〕 案号：(2019) 东民申 318 号。

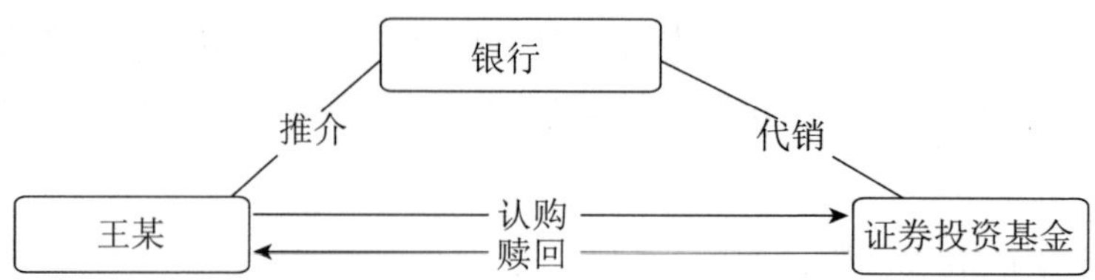

资基金”，基金赎回时投资者亏损近60万元，于是向法院提起诉讼，请求判令银行赔偿损失。

本案中，购买基金前银行对投资者做了风险评估，投资者填写了《个人客户风险评估问卷》，确定投资者的风险评估结果为稳健型。同时，投资者在《投资人权益须知》《投资人风险提示确认书》上签字，但上述须知和确认书的内容是通用的一般性条款，没有关于投资者本次购买的基金的具体内容和相关说明。同时，诉讼中投资者和银行均确认，在投资者购买基金时，银行没有向投资者出示和提供基金合同及基金招募说明书。诉讼中法院查明，基金的招募说明书载明："本基金属于采用指数化操作的股票型基金，其预期风险和收益高于货币市场基金、债券基金、混合型基金，为证券投资基金中较高风险、较高收益的品种。"

法院认为，首先，银行向投资者主动推介“风险较大”的“经评估不适宜购买”的产品。基金的招募说明书载明“不保证基金一定盈利”“不保证最低收益”，该基金为“较高风险”品种，与投资者在风险评估问卷中表明的投资目的、投资态度等风险偏好明显不符，属于不适宜投资者购买的理财产品。同时，银行没有按照金融监管的要求由投资者书面确认是投资者主动要求了解和购买产品并妥善保管相关记录。据此认定，银行主动向投资者推介基金，存在重大过错。其次，银行未向投资者说明基金的运作方式和风险情况，推介行为存在明显不当，未向投资者出示和提供基金合同及招募说明书，没有尽到提示说明义务。最终，法院判决银行赔偿了投资者投资损失的本金和利息。

该案例通过事实复盘可以看出，适当性义务的履行内含使消费者充分了解相关金融产品、投资活动的性质及风险的要求，告知说明义务是“适当性义务”的核心，不履行或不完全履行均属于信托公司或委托推介机构违反适当性义务的范畴，由此可能导致信托公司或委托推介机构向金融消费者承担相应的赔偿责任。

（二）《民法典》中适当性义务的具体体现

信托公司销售产品相应的合同条款大多由其合规部门事先拟定，针对不特定投资人予以销售。《民法典》第 496 条第 1 款规定，格式条款是当事人为了重复使用而预先拟定，并在订立合同时未与对方协商的条款。司法实践中，信托产品所涉合同条款通常被认定为格式条款。

对于格式条款所需履行的法定义务以及未履行义务应当承担的法律责任，《民法典》第 496 条第 2 款规定，采用格式条款订立合同的，提供格式条款的一方应当遵循公平原则确定当事人之间的权利和义务，并采取合理的方式提示对方注意免除或者减轻其责任等与对方有重大利害关系的条款，按照对方的要求，对该条款予以说明。提供格式条款的一方未履行提示或者说明义务，致使对方没有注意或者理解与其有重大利害关系的条款的，对方可以主张该条款不成为合同的内容。

《民法典》的此项规定与《合同法》及《最高人民法院关于适用〈中华人民共和国合同法〉若干问题的解释（二）》[1]比较，具有两点显著变化：其一，将格式条款中需要提示说明的条款范围，从“免责条款”扩大到“与对方有重大利害关系的条款”；其二，针对未尽到提示说明义务的法律后果，将“申请撤销”改变为“主张相关条款不构成合同内容”。众所周知，撤销权作为法定权利，其适用具有除斥期间的限制，若主张不构成合同内容则不受除斥期间的限制。可见，《民法典》的规定加重了格式条款提供方未履行提示、说明义务的法律责任。

三、违反适当性义务的法律责任

（一）先合同义务

适当性义务属于产品销售之前信托公司或代为推介的其他金融机构应履

〔1〕 该司法解释已失效。

行的先合同义务。先合同义务是指在要约生效后合同生效前的缔约过程中，缔约双方基于诚信原则而应负有的告知、协力、保护等合同附随义务。就适当性义务而言，是指信托机构在销售金融产品的过程中应当秉持最大善意，如实、充分地向投资者说明产品结构、内容以及风险，以便金融投资者自主选择适合自身风险嗜好与风险承受能力的产品。该义务不仅是金融市场主体交易行为的道德性要求，即符合诚实信用与公平原则，也上升为金融监管的要求。

（二）缔约过失责任

违反先合同义务的民事责任为缔约过失责任。所谓缔约过失责任，是指在合同订立过程中，一方因违背其依据的诚实信用原则所产生的义务，而致另一方的信赖利益遭受损失，应承担损害赔偿责任。缔约过失责任与违约责任有明显区别，只能产生于缔约过程中，是一种弥补性的民事责任，是违反了诚实信用原则所负的先合同义务，赔偿的是信赖利益的损失。

在高风险金融投资中，对于普通投资者而言，金融产品的投资方向、底层资产状况与风险是其决定是否缔结合同的决定性要素，金融机构如存在信息、风险披露义务履行不足，以及存在未履行适当销售义务等问题，应当视为违反了诚实信用原则的要求，而此时双方缔结的合同并非当然无效或者可撤销，而是可以依据法律规定要求金融机构承担违反先合同义务所造成的损失。

《民法典》第500条对缔约过失责任作出了规定："当事人在订立合同过程中有下列情形之一，造成对方损失的，应当承担赔偿责任：（一）假借订立合同，恶意进行磋商；（二）故意隐瞒与订立合同有关的重要事实或者提供虚假情况；（三）有其他违背诚信原则的行为。"这个规定延续了《合同法》第42条关于缔约过失责任的相关规定。《九民纪要》第77条对于信托公司承担缔约过失责任的赔偿标准有更为细化规定，可作为确定赔偿损失的范围及数额的相应判断依据。

我们以北京法院审理的一起信托纠纷案件，说明信托公司违反适当性义务可能面临的法律风险和需承担的法律责任。

【典型案例】毛某与某信托公司信托合同纠纷案

本案中，当事人各方没有签订书面信托合同，根据信托公司内部的《固有业务信托项目事前报告表》记载显示：涉案信托业务类型为事务类契合信托；委托人及资金来源是由资产管理公司推荐的合格投资者；资金用途为认购由资产管理公司作为普通合伙人发起设立的有限合伙公司的有限合伙份额。投资者向信托公司汇款400万元，摘要处记载“认购信托计划400万”。因信托到期后没有兑付产生争议起诉至法院。

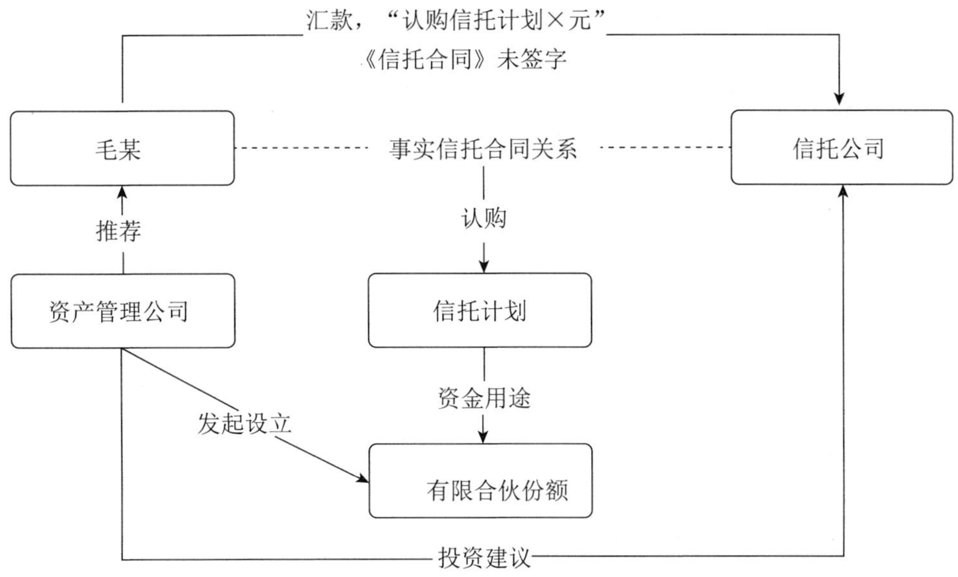

庭审中，信托公司向法院提交了一份《信托合同》，投资者否认信托合同中的签字为其所签。经鉴定，该签字并非投资者所签。资产管理公司出具了一份《情况说明》，证明信托公司仅根据资产管理公司提出的投资建议(投资指令)进行相应投资操作。信托公司称信托至今未进行清算。

法院认为，投资者已经就购买的产品、遭受的损失等事实进行了举证，而信托公司并未就其履行了适当性义务提供有效证据，故应承担缔约过失责任。投资者未能按期收回信托投资计划项下的本金，并非因其自身决策所导致，而是因信托公司未履行对投资者风险认知、风险偏好和风险承受能力进行测试、未向投资者告知信托产品主要风险因素等先合同义务而造成的，故投资者的损失与信托公司未履行适当性义务具有因果关系。最终法院的裁判结果是，信托公司承担缔约过失责任，向投资者赔偿损失。

（三）损失赔偿数额的确定标准

《九民纪要》第77条明确了损失赔偿数额的确定标准。损失赔偿范围以实际损失为基准，包括本金和利息。对于卖方机构的行为构成欺诈的，该条明确了相应的利息损失赔偿请求，应当依据不同情形进行处理。

有观点认为，《九民纪要》将预期收益率作为利息损失的计算标准是有待商榷的，原因在于金融产品天然的风险性特征是预期收益率存在的基础，将预期收益率作为损失计算标准有违背“打破刚性兑付”的嫌疑。

这里需要注意的是，《九民纪要》第77条以将预期收益率作为利息损失的计算标准，属于惩罚性赔偿责任，其适用前提是卖方机构违反适当性义务情节较重构成欺诈的情况，而在此情况下又不宜适用《消费者权益保护法》（因金融消费不属于该法调整范围），因此《九民纪要》确定了按照合同文本或广告宣传资料载明的预期收益率计算投资利息损失。当然，如果卖方机构违反适当性义务情节较轻（如误导但尚不构成欺诈），则按照过错与责任相当原则，不适用惩罚性赔偿责任，仍应当以填补损失为主，即赔偿数额以金融消费者实际损失为限。

（四）卖方金融机构的免责事由

1. 免责事由

《九民纪要》第78条详细指明了卖方机构在业务活动中的免责事由，具体包括：（1）金融消费者故意提供虚假信息；（2）金融消费者因拒绝听取卖方机构的建议等自身原因导致购买产品或接受服务不当的；（3）金融机构能够举证证明根据金融消费者以往投资经验、受教育程度等事实，适当性义务的违反并未影响金融消费者作出自主决定的。

据此，信托公司可以在从事金融活动时充分了解和收集客户的相关信息，以便日后作为抗辩的依据。当金融消费者拒绝听取信托公司意见并自主决定购买时，信托公司可以记录保存证据，可作为在纠纷发生时提供减免自身责任的关键抗辩理由。

2. 过失相抵原则

适当性义务案件中如何适用过失相抵原则？现实中确实存在一部分具备相当投资经验与高风险嗜好的投资者，为追求高收益而甘冒损失本金的风险，风险测试的结果往往不反映其真实的风险嗜好与风险承受能力。以下案例中，法院在综合考量了投资者的既往投资经验、个人收入水平等因素的基础上，适用“卖者尽责，买者自负”原则，认定投资者对投资损失存在过错，应承担主要损失，卖方金融机构承担相应责任。

【典型案例】乙某诉甲银行、丙基金公司财产损害赔偿纠纷案

乙某作为资产委托人在甲银行处签订《资产管理合同》，认购第三人丙基金公司为管理人的100万元开放式基金。《资产管理合同》约定：投资范围主要为国内证券交易所挂牌交易的A股（包括但不限于创业板、新股认购和定向增发）、股指期货、基金（股票型、债券型、货币型、混合型等）、债券、权证、债券回购及法律法规或监管机构允许投资的其他金融工具。乙某在交易凭条上签字确认，签名下方记载：“本人充分知晓投资开放式基金的风险，自愿办理甲银行代理的基金业务，自担投资风险。”乙某在交易凭条背面的《风险提示函》下方签字。甲银行向乙某出具《个人客户风险评估问卷》，提示：乙某风险承受能力评级及适合购买的产品为稳健型。同日，乙某向甲银行提交有其签名的《个人产品理财业务交易信息确认表》，记载：“根据贵行为本人进行的《个人客户风险评估问卷》的结果显示，本人不适宜购买本产品。但本人认为，本人已经充分了解并清楚知晓本产品的风险，愿意承担相关风险，并有足够的风险承受能力和投资分辨能力购买该产品。现特别声明此次投资的决定和实施是本人自愿选择，其投资结果引致风险由本人自行承担。”前述《资产管理合同》文本后附的《股指期货交易风险提示函》中，资产委托人落款处为空白。之后，因涉案理财产品发生亏损，乙某以甲银行主动向其推介高于其风险承受能力的理财产品存在过错为由，起诉要求甲银行赔偿投资损失及利息。

法院审理中另查明，乙某曾于2010年购买过与涉案基金类似的基金（100万元）并盈利，该基金投资范围为：具有良好流动性的金融工具，包括投资于国内依法公开发行、上市的股票、债券、权证、证券投资基金，以及中国证监会允许本计划投资的其他金融工具，法律法规或监管机构以后允许本计划投资的其他品种（如股指期货等）。乙某在购买该基金时同样签署了《开放式基金交易凭条（个人）》及该凭条背面的《风险提示函》。乙某担任某公司股东，并从2015年起开始从事股权投资，投资金额较高。

法院认为，涉案理财产品的损失分担应结合双方的过错责任大小予以综合考量。首先，根据风险评估结果，乙某系稳健型投资者，其风险承受能力高于“保护本金不受损失和保持资产的流动性为首要目标”的保守型投资者。乙某作为具备通常认知能力的自然人，在甲银行履行风险提示义务的情况下，对其从事的交易行为的风险与上述书面承诺可能的法律后果应属明知。从乙某的投资经验来看，在购买本案系争理财产品之前，其曾经购买与本案系争理财产品风险等级相当的理财产品，并获得盈利，结合乙某曾担任某公司股东及之后从事股权投资等风险较高投资行为等情形综合考量，乙某应系具备一定经验的金融投资者，因此对系争理财产品发生亏损的风险应有所预期。在乙某书面承诺愿意自担风险，在无证据证明甲银行存在主动推介行为的情况下，按照“买者自负”原则，乙某应自担涉案理财产品本金损失的主要责任。其次，甲银行在销售系争理财产品过程中风险提示手续不完备，未充分、完整地履行理财产品的风险提示义务，存在过错，应对本金损失承担相应赔偿责任，鉴于乙某本人对本金损失承担主要责任，甲银行承担的赔偿责任可以适当减轻，承担40%的赔偿责任。

四、信托公司应如何履行适当性义务

结合《民法典》及《九民纪要》的规定，信托公司应当从以下三个方面强化适当性义务的履行。

（一）建立信托产品的风险评估及相应管理制度

信托公司需根据内部管理要求，对信托产品制定风险评估规则和等级标准，尤其要保障评估的独立性。例如，如果由信托经理自行判断产品风险等级，则信托产品的评估不够独立。

（二）测试信托消费者的风险认知、风险偏好和风险承受能力

根据《尽职指引》，信托公司可以自行对投资者制定风险评估规则和等级标准，并将消费者评估结果与产品相对应。除此之外，还需注意以下三点。

（1）在设计评分标准的时候既要考虑总分，也要考虑最低分。比如明确表示不愿购买高风险产品的投资者，不能因为其他选项得分高就当然归为高风险等级投资者。

（2）不得引导投资者填写问卷。一些案件中，有些销售人员为了销售产品，会刻意引导投资者填写问卷，明确说哪些选项是不能选的，选了就不能买了，这种肯定是不行的，建议尤其是对于代销的产品，进行双录，加强管理。

（3）先评估，再推介。实务中，有些销售人员存在先介绍产品，再评估的情形，一方面，在还没有确定对方为合格投资者的情况下就进行推介，存在被认定为向不特定对象推介的风险；另一方面，好不容易谈成了，销售人员发现投资者有一两个条件不匹配，就对消费者作出劝诱的行为，这种可能性也会更大。

（三）告知信托消费者信托产品的收益和主要风险

告知说明义务需要符合主客观标准：主观标准要求根据投资人的个人特点来确定告知说明义务；客观标准要求根据一般理性人普遍适用的标准来确定告知说明义务。

告知义务的内容，主要有以下几方面。

（1）基本信息，投资期限，产品类型，是否可赎回等。

（2）收益，须告诉投资者这个产品的收益是怎么来的，主要的回款来源

是什么，这种收益方式有什么特点，比如是固定利率还是浮动利率；波动是怎么样的；实际能得到的收益是怎么算的、收益怎么分配等。

（3）风险，这个产品主要的风险有哪些，是否有应对风险的处置措施，风险的承担方式，以及投资本金和收益的最大损失会有多少。

（4）沟通渠道，投资者可以通过什么途径了解产品信息，投资者进行投诉和咨询的方式。

（5）其他重要的合同条款，须根据交易结构判断。这一点非常重要，如前所述，信托合同通常会被认定为格式合同，针对“与对方有重大利害关系的条款”，信托消费者可以“主张相关条款不构成合同内容”。

另外，《信托消费者权益保护自律公约》第 15 条设置了产品冷静期，其实是变相地减轻信托公司的责任，因为以前投资者主张销售机构没有尽到告知说明义务的理由，大多是在销售人员的催促之下，匆忙、轻信地签约，但是现在给消费者设置了一个冷静期，让消费者有足够时间去读完这个合同再来决定要不要认购，加之也向消费者提供了咨询方式，消费者很难主张自身没有责任。

第二节　信托公司信息披露相关问题法律分析

信息公开制度，又称信息披露制度，一般定义为通过法律法规来规定特定的市场主体，要求其以特定的方式向投资人、交易对象、社会公众、主管机关等利益相关者公开经营管理相关的信息的制度规范。[1]美国最早提出并确立信托业信息披露制度，并在 1940 年《美国投资公司法》中首次规定信托公司作为投资公司应按照规定信息公开。随后日本、韩国等国家也相继实施信托法的信息公开制度。随着金融市场不断创新发展，信息公开制度逐步成为金融监管的必然要求和有效手段。

我国 2001 年 10 月 1 日起施行的《信托法》对受托人信息披露义务作出了原则性规定。2005 年 1 月 1 日起分步施行的《信托投资公司信息披露管理

〔1〕 余嘉勉：《慈善信托治理机制法律研究》，法律出版社 2021 年版，第 183 页。

暂行办法》对具体操作进行了细致规定，包括信托公司对基本面信息披露、信息披露内容和管理、关联交易信息披露以及法律责任等。《信托公司集合资金信托计划管理办法》设单独章节对信息披露的标准、信息披露事由及信息披露时间等进行明确规定。除此之外，《信托公司管理办法》《信托公司私人股权投资信托业务操作指引》《信托公司证券投资信托业务操作指引》《关于加强信托公司结构化信托业务监管有关问题的通知》《银监会、民政部关于印发慈善信托管理办法的通知》《资管新规》《尽职指引》等法律法规及行业规定均对信托公司信息披露义务有所涉及。

近期，信托公司因信息披露不规范而受到行政处罚的通告逐渐增多。信托纠纷案件亦逐步增加，其中信托公司存在披露内容不清晰、信息披露不符合合同约定或信息披露不真实等情况。下文主要通过案例分析进一步探讨我国信托公司信息披露实践层面的相关问题。

一、信托公司信息披露概述

（一）信息披露概念

我国《信托法》以及其他规范性法律文件制定了信息披露制度框架体系，信息披露不仅是履行受托人义务的重要体现，也是金融监管的有效手段。信托公司信息披露主要包括两方面：一方面是信托公司自身经营现状的信息披露，包括财务会计报告、各类风险管理状况、公司治理、年度重大关联交易及重大事项等；另一方面是信托业务信息披露，包括产品推介信息披露、产品成立信息披露、产品管理信息披露等。另外，信托公司信息披露以现行法律对受托人的披露要求为标准也可分为主动披露和被动披露，主动披露是受托人根据现行法律法规需向监管部门、委托人、受益人告知信托公司及信托计划相关信息，被动披露是受益人行使知情权向受托人请求披露某些信托产品的相关信息。

（二）信息披露原则

《信托投资公司信息披露管理暂行办法》第5条规定，“信托投资公司应当遵循真实性、准确性、完整性和可比性原则，规范、及时地披露信息”。

《信托公司集合资金信托计划管理办法》第34条规定，“信托公司应当依照法律法规的规定和信托计划文件的约定按时披露信息，并保证所披露信息的真实性、准确性和完整性”。上述规定系信托公司信息披露应遵守的基本原则，同时在信托纠纷案件中，因信息披露不真实、不准确、不完整会被认定为信息披露违规，上述原则亦为委托人或受益人常用诉请事由之一。

【典型案例】谭某与中信信托公司、福达公司营业信托纠纷案〔1〕

案涉《信托合同》约定，中信信托公司作为受托人每周在其网站上公布信托单位净值；每月向委托人和受益人寄送信托单位净值披露的书面材料；受托人将按季制作信托资金管理报告，信托资金管理报告将在受托人网站“网上信托”栏目进行披露。关于中信信托公司是否履行合同约定的信息披露义务，二审法院北京市第三中级人民法院认为，中信信托公司提供的网页截图没有发布时间，证据来源于中信信托公司官网，中信信托公司可以任意修改官网发布内容，证据本身的真实性存疑。即使中信信托公司确实如其主张完成了每周在其网站就信托单位净值进行公布的义务，其亦无证据证明按照合同约定完成了每月向委托人和受益人寄送单位净值披露的书面材料。故中信信托公司存在未依约履行信息披露义务的行为。

信息披露应以合同约定的方式及内容为准。通过上述案件可看出，如采取多种方式披露的，应确定是采取哪一种或哪几种方式进行披露。信托公司通过官方网站披露信息时，应注意披露报告的数据可修改性及后台修改记录，避免后台修改记录影响披露报告的真实性。

（三）信息披露范围及内容

《信托投资公司信息披露管理暂行办法》对信托投资公司经营状况信息披露作出了详细规定，包括财务会计报告、公司治理、业务经营、风险管理、关联交易及其他重大事项。根据《信托投资公司信息披露管理暂行办法》的规定，信托投资公司编制并披露公司年度报告及重大事项临时报告，

---

〔1〕 案号：（2018）京03民终13860号。

持续信息披露的目的是真实反映信托公司管理状况及经营状况。

信托公司信托业务的信息披露相关规定比较宽泛。《信托公司集合资金信托计划管理办法》第六章规定了集合资金信托计划产品信息披露内容，包括信托计划设立后按季度制作信托资金管理报告、信托资金运用及收益情况表以及重大事项临时披露等。鉴于信托计划产品属于私募产品，《资管新规》对私募产品及不同类型产品的信息披露有特别规定。《尽职指引》第7章规定了信托公司开展信托业务的信息披露内容，包括发行前需充分披露信息，信托计划成立后信息披露内容、信息披露方式以及建立健全信息披露管理制度等。《信托法》第58条规定了信托计划终止后，受托人应制作清算报告，并将报告向受益人披露。根据上述规定，针对不同类型的信托产品的不同阶段，信息披露要求不尽相同，信托公司应按照规定履行信息披露义务。

二、信托公司信息披露存在问题及分析

（一）关于格式条款

鉴于部分信托公司针对同一类型或同一系列的信托产品会使用同一格式信托合同，其与委托人签署的信托合同和认购风险申明书中对于某个信托项目风险情况披露主要包括披露产品具体风险类型、披露产品风险防范措施、披露产品风险分担规则等几个方面，但并未针对该具体项目的风险及相关处理措施进行比较契合的披露，可能会被认定为信息披露不足。格式化信息披露条款可能使投资者无法充分了解和掌握全面信息，从而影响其价值判断，在司法实践中，部分委托人或受益人以信息披露条款系格式条款主张无效。

《民法典》第497条规定，“有下列情形之一的，该格式条款无效：（一）具有本法第一编第六章第三节和本法第五百零六条规定的无效情形；（二）提供格式条款一方不合理地免除或者减轻其责任、加重对方责任、限制对方主要权利；（三）提供格式条款一方排除对方主要权利”。第498条规定“对格式条款的理解发生争议的，应当按照通常理解予以解释。对格式条款有两种以上解释的，应当作出不利于提供格式条款一方的解释。格式条款和非格式条款不一致的，应当采用非格式条款”。根据上述规定，格式化

信息披露条款解释及效力对信托公司要求比较严格，信托公司对于“免除或者减轻其责任、加重对方责任、限制对方主要权利”等有重大利害关系的信息应尽到说明义务，尤其是针对项目的特定风险、风险承担及处理措施等。

（二）关于信息披露方式

《尽职指引》第54条规定，“信托公司应当在信托文件中明确约定信息披露的具体方式，并按约定的方式进行披露。信托文件没有约定的，信托公司可以采取下列任一方式进行披露：（一）邮寄；（二）传真；（三）电子邮件；（四）在信托公司官方网站等官方电子系统上披露；（五）在信托公司的办公场所存放备查；（六）其他有效方式”。根据上述规定，信托合同应明确约定披露方式。实践中，信托公司一般会约定电话、短信、网站公告、纸质文件查询等多种披露方式，常见的是通过信托公司官方网站披露。如采用信托公司官方网站披露信息，应注意保证告知委托人（受益人）查询方式或者委托人（受益人）无须信托公司协助可自行查询。

【典型案例】陈某与厦门信托公司、大隐鹏锐公司营业信托纠纷案〔1〕

案涉《计划说明书》及《信托合同》约定，厦门信托公司作为受托人每周第三个工作日公布上周最后一个交易日信托计划单位净值、每季度公布上季度的信托计划资金管理报告，案涉计划信托文件和其他信息披露文件存放在受托人处或放置于受托人的网站，受益人可以在合理时间内免费查阅。关于厦门信托公司是否履行合同约定的信息披露义务，一审法院福建省厦门市中级人民法院认定，案涉《计划说明书》及《信托合同》均已明确约定信息披露的具体时间、内容及方式，厦门信托公司应当依法履行信息披露义务。信托计划存续期间，陈某并未向厦门信托公司主张过履行信息披露义务，结合厦门信托公司提供的网页截图（网页信息披露页面中左侧栏目列示中有一栏“净值公告”，可以查询信托计划单位净值），能够推定厦门信托公司已依约在其网站履行了信息披露义务。

---

〔1〕 案号：(2019) 闽02民初186号。

信息披露应注意合同约定的披露方式及内容，避免遗漏约定的披露内容。对于信托公司通过网站进行信息披露的方式，应向委托人、受益人明确告知网站上查询信息披露信息的流程、账户及密码。笔者从实务经验来看，部分信托公司并未告知委托人、受益人账户及密码等信息，导致网站披露信息形同虚设，委托人、受益人无法查询信托财产管理报告，亦被认定为存在违反信息披露义务的情形。

（三）关于信息披露标准及影响

最高人民法院印发的《九民纪要》认为，“在审理金融产品发行人、销售者以及金融服务提供者（以下简称卖方机构）与金融消费者之间因销售各类高风险等级金融产品和为金融消费者参与高风险等级投资活动提供服务而引发的民商事案件中，必须坚持‘卖者尽责、买者自负’原则，将金融消费者是否充分了解相关金融产品、投资活动的性质及风险并在此基础上作出自主决定作为应当查明的案件基本事实，依法保护金融消费者的合法权益，规范卖方机构的经营行为，推动形成公开、公平、公正的市场环境和市场秩序”。基于“卖者尽责、买者自负”原则，应在判断金融消费者是否充分了解相关金融产品、投资活动的性质及风险的基础上进一步判断信托公司履行信息披露义务的情况。

【典型案例】中国华电公司与长安信托公司信托纠纷案〔1〕

关于长安信托公司是否履行信息披露义务，最高人民法院认为，商事信托是高风险、高收益的商事行为，遵循“卖者尽责、买者自负”原则，各方当事人均应依据《信托法》《合同法》等法律法规的规定，本着诚实信用的原则履行法定或约定义务。长安信托公司作为案涉受托人，应当承担尽职调查、风险揭示和真实信息披露的义务，并应在信托合同有效成立后遵循为受益人最大利益处理信托事务的原则，承担诚实、信用、谨慎、有效管理义务。同时，中国华电公司作为专业投资机构，相较于其他自然人投资者而

〔1〕案号：（2018）最高法民终 780 号。

言，具有投资资金量大、收集分析信息能力强、投资管理较为专业的特点，具备相当程度的审查合同、管控投资风险的专业能力，其在从事投资业务时，亦应开展相应的风险调查评估程序，在全面了解投资风险的基础上作出决策。因此，在判断长安信托公司是否适当履行了信息披露、告知说明等义务及其对信托计划是否成立的影响时，应当将机构投资者与自然人投资者相区分，充分考虑中国华电公司系专业投资机构的具体情况，对双方当事人予以平等保护。

通过上述案件可见，应基于商事信托特点和双方当事人作为商事主体的特点，进一步判断信托公司是否适当履行了信息披露、告知说明等义务以及其信息披露行为是否对信托计划存在影响，尤其注意区分机构投资者与自然人投资者。机构投资者具有投资资金量大、收集分析信息能力强、投资管理较为专业的特点，在风险调查评估及了解基础上做投资，并不能完全归咎于信托公司信息披露或告知说明情况。

（四）关于违反信息披露义务与实际损失之间的因果关系

1. 违反信托披露义务的违约责任与过错责任

受托人因违反信托披露义务等承担违约责任与受托人承担过错责任系两种不同的法律责任。违约责任是针对合同约定义务的履行情况确定责任范围，过错责任是以行为人过错作为责任的构成要件，同时根据行为人的过错程度确认责任形式和范围。实践中，当事人根据事实情况确定具体诉讼请求及策略。

【典型案例】刘某与重庆信托公司信托纠纷案〔1〕

关于重庆信托公司是否履行信息披露义务并应承担过错责任，一审法院重庆市渝中区人民法院认为，刘某辩称，重庆信托公司违反了《信托法》规定的恪尽职守，履行诚实、信用、谨慎、有效管理的义务，对于投资标的的调查不尽职，对于风险预估不到位，没有进行足够的风险提示和及时的处

〔1〕 案号为：(2018) 渝0103民初26333号。

置措施，没有依约向原受益人及刘某进行信息披露，刻意隐瞒其自身为优先级受益人的情况，应当承担投资损失的过错责任。现有证据尚不足以证明重庆信托公司未履行相关义务，至于重庆信托公司是否应向刘某承担过错责任，属另一法律关系，应由刘某另行处理。

部分当事人将违约责任与过错责任混淆，导致案件事实与诉讼请求不匹配。关于是否存在违约，应根据信托文件约定和证据情况进行判断。

2. 违反信息披露义务与实际损失的因果关系

受托人违反信息披露义务对信托产品损失影响应个案分析，一般情况下，信息披露并非直接对具体的信托财产进行操作的行为，但可能属于造成损失的间接原因，信息披露违约行为与实际损失是否存在因果关系，须根据合同约定和履行情况分产品、分阶段、分时点等具体确定。

【典型案例】包某与中信信托公司营业信托纠纷案〔1〕

关于包某的损失构成以及中信信托公司承担的损失比例责任范围，一审法院北京市朝阳区人民法院认为，中信信托公司违反受托人义务的行为主要分为两大类，一类为不对应具体的信托财产操作的违反受托人义务的行为，如履行风险提示义务、信息披露义务等的行为；另一类为对应具体信托财产操作的违反受托人义务行为，如履行通知义务、清算分配义务等的行为。根据现有证据分析如下：（1）27号信托计划从2015年6月26日单位净值89.88元跌至2015年6月29日单位净值87.63元，该信托财产的减少并非因中信信托公司未履行通知义务致使未追加增强资金而导致的，而是因为市场因素导致的。(2）虽然根据合同约定，信托计划的单位净值触及平仓线后应当平仓，但是中信信托公司为了受益人的最大利益，接受了2750万元的资金且未于2015年6月29日进行平仓，并无明显不当，此时，损失的赔偿责任不由中信信托公司承担。(3）2015年6月30日平仓当日，27号信托计划投资的个股价格有所回升，可以说明，即使在当时的市场行情下，信托计划的单位净值也可能会有所回升，不必然导致平仓的结果。而在本案中“中

〔1〕 案号：（2019）京0105民初8751号。

信信托公司应当就平仓完成是否追加增强资金通知受益人，但中信信托公司并未提交证据证明其在平仓完成后及时通知受益人可在5日内补足增强资金”。如上述，中信信托公司违反该通知义务时应当承担违约责任。(4) 中信信托公司还存在其他例如违反信息披露义务、风险提示义务的行为，虽然相关行为并未直接对应信托财产操作，但是也属于相关损失形成的间接原因。现并无证据证明信托合同相对方受益人包某存在过错。因此，中信信托公司应就其因违约及违反受托人义务造成的损失承担全部责任。

通过上述案例可见，受托人存在多种违约行为时应区分各违约行为产生的影响。信息披露行为并未直接对应信托财产操作，可能属于造成相关损失的间接原因，因此，信息披露是否造成信托财产损失应根据事实及证据确认。

【典型案例】谭某与中信信托公司、福达公司营业信托纠纷案〔1〕

二审法院北京市第三中级人民法院认为：根据案涉信托计划的净值情况，分为以下几个时点分析：(1) 2015年6月25日之前。2015年6月25日信托计划的单位净值为102.5元，高于初始净值。此时信托计划的单位净值高于初始净值，信托资金未发生浮动亏损，亦无其他证据证明违反风险提示义务及信息披露义务对信托财产造成了损失。(2) 2015年6月26日当日。2015年6月26日信托计划的单位净值为93.77元；较之初始净值100元，信托单位净值下降6.23元，6.23元为信托财产的浮动亏损。现亦无证据证明此时信托计划的单位净值产生的浮动亏损与受托人违反风险提示义务及信息披露义务有关，而根据中信信托公司提供的证据以及各方当事人的确认，2015年6月26日当日，大盘跌逾300点，全市场仅58股收涨，2302股收跌，2004股跌停。由上，虽然于2015年6月26日，信托计划的单位净值跌至93.77元，出现6.23元的浮动亏损，在当日具体大盘市场行情下，此前中信信托公司虽存在信息披露、风险告知方面的违约行为，但并无证据证明违反风险提示义务及信息披露义务造成信托财产损失。综合现有证据情况，

---

〔1〕 案号：(2018) 京03民终13860号。

法院认为2015年6月26日信托计划的单位净值跌至93.77元与中信信托公司的违约或违反受托人义务无关。

通过上述案例可见，对于违反信息披露义务是否存在因果关系、是否造成信托财产损失，应该分阶段和时点区分确定。尤其对于证券股票类产品，存在证券市场系统风险，大盘市场行情影响盈亏。如信息披露行为并不能直接或间接作用于信托财产操作上，并不能认定受托人违反信托披露义务造成信托财产损失。

3. 信息披露标准与构成违约行为界限

信托公司对信托产品信息披露一般基于格式文本，信息披露质量标准需根据信托合同确定，对超出合同约定范围的，信托公司并无义务披露，对于披露是否详尽偏向主观判断，是否构成违约行为有待商榷。根据实操经验，当事人一般采取多种途径主张权利，包括向银保监会派出机构、央行派出机构等举报违约事实等，向法院起诉或向仲裁庭申请仲裁。即使信托公司被银保监会派出机构、央行派出机构认定存在信息披露不详尽情况，但是如果信托公司信息披露不足以影响受益人投资决策或直接造成信托财产损失的，其信息披露不详尽并不必然构成违约行为。

【典型案例】林某与华润信托公司合同纠纷案〔1〕

关于华润信托公司履行信息披露是否适当以及是否造成损失，一审法院广东省深圳市福田区人民法院认为，深圳银监局查实华润信托公司对涉案信托资金运用已进行了披露，仅在具体信息披露方面不够详尽。上述情况并不足以影响林某无法作出投资决策，导致投资失败；且两次赎回金额共计3 111 232.38元（1 050 210元+2 061 022.38元），林某并未发生实际投资亏损。此外，华润信托公司虽于2019年5月6日告知林某将终止涉案信托计划，但同时告知林某可以选择赎回信托份额或不赎回等待信托终止后分配清算款项；林某选择赎回持有的信托份额是依据其自身意志所为。涉案现有证据不足以证明林某在2018年5月15日赎回涉案信托计划份额是由华润信托

〔1〕案号：（2019）粤0304民初42352号。

公司的原因造成，进而不能证明华润信托公司有违约行为，林某应承担举证不能的诉讼后果，林某主张华润信托公司应向其赔偿损失68.0216万元，无事实依据，法院不予支持。

通过上述案件可见，受托人信息披露符合信托文件约定，即使受托人对涉案信托资金运用的信息披露方面不够详尽，但如不足以影响委托人无法作出投资决策或并未导致投资失败的，信息披露瑕疵并未给委托人造成损失。

三、关于违反信息披露的行政处罚

（一）信息披露违规的行政处罚

近三年，从披露的罚单来看，多家信托公司因信息披露违规受到处罚，主要违规事由包括向监管机关报送虚假信息，信托项目未及时、真实、准确、完整地进行信息披露，具体如下：

吉林银保监局于2021年12月27日作出《吉林银保监局行政处罚信息公开表》（吉银保监罚决字〔2021〕45号），对某公司信息披露不足罚款30万元。同时作出《吉林银保监局行政处罚信息公开表》（吉银保监罚决字〔2021〕46号、银保监罚决字〔2021〕47号），因李某、于某对信托信息披露不足负直接责任，分别处以警告。

上海银保监局于2021年6月10日作出《上海银保监局行政处罚信息公开表》（沪银保监罚决字〔2021〕66号），对某公司下述行为进行处罚：（1）2017年至2019年，该公司对委托推介机构监督管理严重不审慎。（2）2018年至2019年，该公司未及时掌握某信托存续项目的风险变化状况。（3）2017年至2019年，该公司对某信托计划未按规定进行信息披露。责令整改，并处罚款150万元。

上海银保监局于2020年3月31日作出《上海银保监局行政处罚信息公开表》（沪银保监银罚决字〔2020〕4号），对某公司下列行为进行处罚：（1）2016年7月至2018年4月，该公司部分信托项目违规承诺信托财产不受损失或保证最低收益。（2）2016年至2019年，该公司违规将部分信托项目的信托财产挪用于非信托目的的用途。（3）2018年至2019年，该公司推介部分信托计划未充分揭示风险。（4）2016 年至 2019 年，该公司违规开展非标准化理财资金池等具有影子银行特征的业务。（5）2016 年至 2019 年，该公司部分信托项目未真实、准确、完整地披露信息。责令改正，并处罚款共计 1400 万元，同时作出《上海银保监局行政处罚信息公开表》（沪银保监银罚决字〔2020〕3 号）。因杨某波对该公司 2014 年 5 月至 2018 年 10 月间的违法违规行为负有直接管理责任，取消银行业金融机构董事和高级管理人员任职资格终身。

中国银保监会浙江监管局于 2020 年 9 月 10 日作出《中国银保监会浙江监管局行政处罚信息公开表》（浙银保监罚决字〔2020〕56 号），对某公司未按监管规定及时进行信息披露；推介信托计划时存在对公司过去的经营业绩作夸大介绍的情况进行处罚，合计罚款 45 万元。

中国银保监会浙江监管局于 2021 年 3 月 16 日作出《中国银保监会浙江监管局行政处罚信息公开表》（浙银保监罚决字〔2021〕10 号），对某公司未按监管规定及时进行信息披露罚款 25 万元。

四川银保监局于 2021 年 2 月 7 日出具《四川银保监局行政处罚信息公开表》（川银保监罚决字〔2021〕9 号），对某公司下述行为进行处罚：（1）公司治理不健全，违规开展固有贷款及信托业务，资金流向股东及其关联方。（2）违规开展固有贷款业务，贷款资金被挪用于偿还本公司其他固有贷款。（3）违规开展信托业务，将信托财产挪用于非信托目的用途。（4）违规开展非标资金池等具有影子银行特征的业务。（5）违规发放信托贷款用于购买金融机构股权。（6）变相为房地产企业缴纳土地出让金融资。（7）违规开展结构化证券信托业务。（8）违规开展通道类融资业务。（9）承诺信托财产不受损失或保证最低收益。（10）将本公司管理的不同信托计划投资于同一项目。（11）穿透后单个信托计划单笔委托金额低于 300 万元的自然人人数超过 50 人。（12）违规推介 TOT 集合资金信托计划。（13）未真实、准确、完整地披露信息。合计罚款 3490 万元。

由此可见，当前信息披露违法案件依然集中高发，信托公司信息披露整体质量仍不容乐观。尤其在国家金融委、证监会频频表态严惩资本市场违法行为的当下，信息披露监管势必提到新高度。

（二）信息披露违规行政处罚对信息披露范围或义务认定的影响

1. 行政处罚认定的信息披露违法与民商事案件审理范围

《九民纪要》第85条规定："审判实践中，部分人民法院对重大性要件和信赖要件存在着混淆认识，以行政处罚认定的信息披露违法行为对投资者的交易决定没有影响为由否定违法行为的重大性，应当引起注意。重大性是指可能对投资者进行投资决策具有重要影响的信息，虚假陈述已经被监管部门行政处罚的，应当认为是具有重大性的违法行为。在案件审理过程中，对于一方提出的监管部门作出处罚决定的行为不具有重大性的抗辩，人民法院不予支持，同时应当向其释明，该抗辩并非民商事案件的审理范围，应当通过行政复议、行政诉讼加以解决。"根据上述规定，行政处罚认定的信息披露违法行为不具有重大性抗辩，并非民商事案件的审理范围。

2. 行政部门认定的信息披露违法与当事人主张信息披露义务范围的关系

受托人根据法律规定与信托合同约定履行信息披露义务，即使银保监会派出机构、央行派出机构认定信托公司未依照合同充分履行信息披露义务，如当事人主张信息披露内容不属于信托公司信息披露义务范围内的，受托人并不违反信息披露义务，遑论信息披露违约行为导致损失。

【典型案例】王某与山东信托公司信托纠纷案〔1〕

二审法院山东省济南市中级人民法院认为，法律规定以及双方签订的信托合同中对此并无明确约定，山东银监局虽然认定山东信托公司未依照合同约定充分履行信息披露义务，但也未明确认定其未依约披露的信息包括王某上诉主张的信息，故法院对其该上诉请求不予支持。关于王某要求返还委托报酬7万元的主张。除披露义务以外，王某未能证实山东信托公司未适当履行合同约定的其他受托人义务，王某也未能证实其损失系因山东信托公司披露义务履行不完全所致，且王某主张的委托报酬计算方式与信托合同约定不符，其该请求无事实与法律依据，亦不予支持。

---

〔1〕 案号：（2020）鲁01民终6403号。

关于是否违反信息披露义务需根据信托文件的约定确定，即使山东银监局认定委托人未依照合同约定充分履行信息披露义务，但不得将其作为委托人违约的证据或依据。

四、关于履行信息披露义务的相关建议

信托公司信息披露主要包括两方面，一是信托公司自身经营状况信息披露，二是具体信托业务信息披露。建议信托公司完善信息披露内控制度，加强信托产品信息披露管理，在“募投管退”不同环节做好信息披露。在信托产品募集阶段，做好风险揭示，确保投资者在投资信托产品前，能够充分了解、识别产品风险情况，确认自愿承担相关风险责任。在信托产品存续阶段，信托公司应按照法律规定、信托合同约定以及不同类型的产品具体要求，及时、真实、准确、完整地披露信息。对类型化产品，做好信息披露规范指引及范本（包括信托财产管理报告、临时披露报告或重大披露报告），依法依约进行信息披露。

《信托法》第 25 条规定，“受托人应当遵守信托文件的规定，为受益人的最大利益处理信托事务。受托人管理信托财产，必须恪尽职守，履行诚实、信用、谨慎、有效管理的义务”。《九民纪要》在司法审判环节主张管理人“举证责任倒置”。履行信息披露义务既是信托公司勤勉尽责履行受托管理的职责之一，也是发生争议纠纷时，信托公司用来证明其已尽职履责的重要证据。信托公司应根据信托文件约定的方式和内容进行披露，一般信托公司会采用电话、短信、网站公告、纸质文件查询等多种形式披露，如通过官方网站披露的，需告知查询流程及账户、密码等，确保无须信托公司协助，委托人、受益人可自行查询。信托公司应注意信息披露的内容和质量，以免因信息有误、不对称等影响投资者决策或投资情况。

第三节　信托委托人（受益人）知情权

随着社会经济的不断发展，金融产业的升级革新，中国的信托业从一个边缘化金融产业逐渐走向主流舞台，成长为仅次于银行业的第二大金融产

业。为削减信托财产管理运作过程中的信息不对称，保障信托业金融消费者的利益，如何适当保护信托计划委托人（受益人）的知情权成为各方十分关注的问题。信托法律关系中，委托人（受益人）与信托公司有关的纠纷主要为知情权纠纷及由其引发的赔偿纠纷。其中，知情权纠纷一般系委托人（受益人）要求信托公司赔偿纠纷的证据完善的前置手段，目的在于证明受托人存在未履行勤勉尽责义务的行为。从现有司法案例及笔者代理案件的实务经验来看，信托知情权仍值得进一步探讨与研究。

一、信托委托人（受益人）知情权概述

（一）信托委托人（受益人）知情权的概念

“知情权”（the right of know）一词首次出现在美国著名新闻记者肯特·库柏 1945 年 1 月的演讲中，该演讲以当时美国政府肆意扩大政府保密权严重侵害公民合法权利等行为为背景，他主张民主社会中，公民有权了解政府的行为，公民对政府掌握的信息有知情权。随之，知情权作为一项公民权利被广为援用，以至于后来“知情权”成为一项为世界各国所认同的权利。我国首次提到“知情权”这一概念是在 1993 年颁布实施的《消费者权益保护法》。此后，对于知情权的权利性质我国学者存在不同观点。有些学者认为，所谓知情权因其具有普适性应归于公法层面；也有学者认为知情权应当作为公民的一项基本权利，属于“人权”的私法范围。总而言之，知情权是一项内容繁多且体系庞大的综合性权利体系，按照知情权主体的不同可以大致分为行政知情权、劳动者知情权、诉讼当事人知情权、家庭成员知情权、合同当事人知情权等，信托知情权只是其中的一项。[1]

在信托法律关系中，委托人为设立信托并提供信托财产的一方当事人，信托成立后，委托人虽然已将有关的财产权利成功信托给受托人，但并不意味着其从信托法律关系中退出，委托人仍然是重要的利害关系人，为维护信托目的，保障信托财产的安全，委托人应享有监督信托财产的运用和信托事务的处理的权利；而为实施有效监督，必须保证委托人有对信托财产的运用

---

〔1〕 曹艳春：“知情权之私法保护”，载《政治与法律》2005 年第 4 期。

和信托事务的处理等相关信息进行搜集的权利。

信托委托人（受益人）知情权（以下简称信托知情权）是信托受益权所衍生的一项具体权利，其目的在于使受托人接受监督，而更好地履行职责。简单来说，信托知情权是指委托人（受益人）了解受托人是否按照约定的信托目的对信托财产进行管理、运用和处分，是否按照信托文件管理信托事务的权利。我国《信托法》明确赋予信托委托人及受益人相应的知情权，相关条文散见于各项法律规定中，主要是《信托法》第20条[1]、第33条[2]及第49条第1款[3]的规定。主要包括以下两项内容：第一，了解信托财产的管理运用、处分及收支情况，并有权要求受托人作出说明；第二，查阅、抄录或复制与信托财产有关的信托账目以及处理信托事务的其他文件。

（二）信托知情权的性质

1. 信托知情权是法定权利

（1）信托知情权的法律属性。

信托知情权是委托人（受益人）的法定权利，受托人向信托委托人（受益人）披露信息是其法定义务。信托知情权不是基于合同约定而产生的，而是法律直接赋予的权利，具有固有性。所谓固有权是指法律直接赋予的权利，其权利本身来源于制定法并由国家强制力作保障，未经委托人的同意，受托人不得以任何形式对其相关权利进行限制，更不能随意剥夺。自信托成立起，委托人（受益人）对于信托财产的信息来源，主要依靠于受托人信息披露义务的履行。在我国，信托受托人主要为信托公司。以信托公司为例，信托公司为主要经营信托业务的金融机构，购买或使用其提供的信托产品和服务的信托投资者，属于金融消费者。法律和监管机构赋予委托人

---

〔1〕《信托法》第20条规定，委托人有权了解其信托财产的管理运用、处分及收支情况，并有权要求受托人作出说明。委托人有权查阅、抄录或者复制与其信托财产有关的信托账目以及处理信托事务的其他文件。

〔2〕《信托法》第33条规定，受托人必须保存处理信托事务的完整记录。受托人应当每年定期将信托财产的管理运用、处分及收支情况，报告委托人和受益人。受托人对委托人、受益人以及处理信托事务的情况和资料负有依法保密的义务。

〔3〕《信托法》第49条第1款规定，受益人可以行使《信托法》第20条至第23条规定的委托人享有的权利。受益人行使上述权利，与委托人意见不一致时，可以申请人民法院作出裁定。

(受益人)知情权的目的主要是削减金融消费者与金融机构之间的信息不对称性，使金融消费者获得有关信托财产管理运用、处分和收支情况的信息，同时也为监督委托人是否履行信义义务、是否为委托人(受益人)最大化利益服务等行为提供一种方式，开拓了委托人(受益人)行使救济权的途径，从而实现保障委托人(受益人)权利的目的。

(2)能否排除或限制信托知情权。

基于金融消费者，尤其是个人金融消费者，在金融交易中处于弱势地位，法律赋予了委托人(受益人)知情权强制性，信托合同约定排除或限制知情权的条款不得与知情权强制性规定相抵触。同时，信托产品也具有私募性质的资产管理产品的特殊性，委托人与受托人之间在订立书面形式的合同时仍有较大的意思自治空间，在满足法律法规对受托人信息披露范围的最低要求的基础上，遵循自愿、公平、诚实信用等原则，可以通过协议的方式在一定范围内明确委托人可知悉的文件。以协议方式细化委托人的知情权，使受托人不得滥用缔约优势地位，防止不公正条款限制委托人的知情权，充分反映委托人的意愿，且不得损害其他受益人的合法权益。受托人对委托人知情权的限制要谨慎，不能在实质上剥夺其知情权，若信托合同完全免除受托人向受益人或法院提交完整记录及披露报告的义务，则此类约定无法律效力，也不得免除受托人对信托财产进行报告并证明其管理适当的义务。例如，受托人在《信托合同》中以格式条款事先约定，基于行业惯例和商业秘密的考虑，委托人自愿放弃了解有关信托直接或间接投资的目标公司、了解其信托财产的管理运用、处分及收支情况的权利，自愿放弃查阅、抄录或者复制与其信托财产有关的信托账目以及处理信托事务的其他文件的权利。该等条款或会由于过分排除或限制委托人知情权而被法院认定为无效。

2. 信托知情权是工具性权利

保护委托人(受益人)知情权并非立法者的最终目的，其最终目的是以保护委托人(受益人)的知情权为手段了解其信托财产的管理运用、处分及收支情况，因此信托知情权具有工具性。随着信托知情权的实现，委托人(受益人)逐渐了解信托公司对信托财产的管理运用、处分及收支的真实情况，只有了解的信息是真实的，委托人（受益人）才能判断受托人是否存在未履行勤勉尽责义务的情形。同时，信托知情权的实现也是委托人（受益人）充分行使监督权的保障因素。综上，信托知情权具有工具属性，是一种工具性权利。

二、信托知情权的行使方式

以“信托”“知情权”等关键字在中国裁判文书网进行检索，信托知情权引发的纠纷案由多为营业信托纠纷。营业信托特指以法人为受托人，自然人、法人或非法人组织以财产保值、增值为目的，将资金或财产性权利委托营业性信托机构进行管理、运用及处分而设立的信托。因信托知情权引发的营业信托纠纷案件是一类没有具体标的金额的案件，本书通过此类纠纷涉及的信托知情权主体行使权利的条件、期间、方式，浅谈行使信托知情权存在的问题。

（一）信托知情权主体行使权利的条件

主体问题是行使权利最基本的问题，即有权行使信托知情权的主体应符合什么条件的问题。《信托法》第 20 条及第 49 条明确规定了委托人及受益人均享有信托知情权。进一步挖掘权利的来源可以发现，委托人享有的信托知情权来源于其持有的信托份额，受益人享有的信托知情权来源于其份额收益权。委托人在转让信托份额或受益人转让信托受益权后是否仍享有信托知情权，是否仍满足行使信托知情权的主体条件呢？这一问题值得进一步思考。

1. 行使信托知情权的主体资格

根据《信托公司集合资金信托计划管理办法》第 5 条规定：“信托公司设立信托计划，应当符合以下要求：……（二）参与信托计划的委托人为惟一受益人……”由此可以看出，设立的信托计划均为自益信托。自益信托是指委托人要求设定的信托，其目的是实现本身的收益。在信托关系中，委托人与受益人从理论上讲，都是信托行为的人的要素，都是互相独立而存在的。委托人享有的信托知情权来源于其持有的信托份额，与其相似的如公司股东行使股东知情权来源于其持有的股份份额，基于所持有的股份，享有股份项下的法律赋予股东的权利。因此，一个主体可以行使信托知情权的前提是，委托人持有信托份额或受益人享有份额受益权。

例如在陈某与中信信托公司营业信托纠纷案〔1〕中，北京市朝阳区人民法院认为“《信托公司集合资金信托计划管理办法》规定，受益人有权向信托公司查询与其信托财产相关的信息，信托公司应在不损害其他受益人合法权益的前提下，准确、及时、完整地提供相关信息，不得拒绝、推诿……最关键的是，《信托合同》明确约定，委托人对应的信托受益权转让后，不再享有查阅账目和文件等权利。陈某所持受益权已全部转让完毕，自然不再享有该项权利。现其要求中信信托公司向其提供相关文件，没有依据，本院不予支持”。北京市朝阳区人民法院认为，行使信托知情权必须具有行使信托知情权的主体资格，在自益信托中，委托人转让持有全部受益权的，即丧失享有信托知情权的资格。

2. 信托份额数量能否影响知情权的行使

行使知情权的主体为持有信托份额的委托人或享有份额受益权的受益人，那么对行使信托知情权的主体持有信托份额又有何要求？在刘某波与中信信托公司营业信托纠纷案〔2〕中，法院认定刘某波持有一份优先受益权，享有《信托合同》约定和法律规定的相应权利，关于查阅信托账目和文件的权利，法院认为“《信托合同》明确罗列的委托人的权利跟信托法规定的相同，即向受托人了解其信托资金的管理、运用、处分及收支情况，并有权要求委托人作出说明，以及有权查阅、抄录或者复制与信托财产有关的信托账目以及处理信托事务的其他文件。《信托合同》明确罗列的受益人的权利，也包含上述委托人的权利。现刘某波持有 1 份优先受益权，仍是国元一号信托计划的委托人、受益人，故享有法律规定与合同约定的该项权利”。即信托知情权为法律赋予全部委托人（受益人）的权利，没有信托份额数量的限制，即使持有一份受益权，亦享有《信托合同》约定和法律规定的信托知情权。

〔1〕 案号：2015 年朝民（商）初字第 13923 号。

〔2〕 案号：2015 年朝民（商）初字第 13922 号。

（二）信托知情权的行使期间

《信托法》第20条规定，委托人有权了解其信托财产的管理运用、处分及收支情况，并有权要求受托人作出说明。委托人有权查阅、抄录或者复制与其信托财产有关的信托账目以及处理信托事务的其他文件。第49条第1款规定“受益人可以行使本法第二十条至第二十三条规定的委托人享有的权利。受益人行使上述权利，与委托人意见不一致时，可以申请人民法院作出裁定”。《信托公司集合资金信托计划管理办法》第35条规定，“受益人有权向信托公司查询与其信托财产相关的信息，信托公司应在不损害其他受益人合法权益的前提下，准确、及时、完整地提供相关信息，不得拒绝、推诿”。根据法律规定并结合实务，委托人/受益人与信托公司之间的纠纷通常发生在信托清算之前。信托知情权是在信托公司管理、运用、处分信托财产的过程中，基于金融消费者与金融机构信息不对称性，法律赋予金融消费者的一种工具性权利。委托人（受益人）有权就信托财产的管理运用、处分及收支情况要求受托人作出说明，亦有权查阅、抄录或者复制与其信托财产有关的信托账目以及处理信托事务的其他文件。

那么，信托受益人转让全部受益权后发现其持有期间的知情权受损能否救济？

根据《信托法》的相关规定，委托人（受益人）有权在信托计划终止前行使信托知情权，但没有规定委托人或受益人在转让全部受益权后发现其持有期间的知情权受损的救济途径。鉴于此，笔者参考股东知情权，向读者阐述信托受益人转让全部受益权后发现其持有期间的知情权受损能否救济。

《最高人民法院关于适用〈中华人民共和国公司法〉若干问题的规定（四）》第7条规定：“股东依据公司法第三十三条、第九十七条或者公司章程的规定，起诉请求查阅或者复制公司特定文件材料的，人民法院应当依法予以受理。公司有证据证明前款规定的原告在起诉时不具有公司股东资格的，人民法院应当驳回起诉，但原告有初步证据证明在持股期间其合法权益受到损害，请求依法查阅或者复制其持股期间的公司特定文件材料的除外。”从上述法律条文可知，行使股东知情权的基础是原告在起诉时应具有公司股东资格，不具有的，人民法院将驳回起诉，但基于公平原则，退股股东有初步证据证明在持股期间其合法权益受到损害，请求依法查阅或者复制其持股期间的公司特定文件材料的，人民法院应继续审理。也就是说，只要退股股东有初步证据证明持股期间其合法权益受到损害的，仍旧可以提起知情权之诉。

基于以上分析，笔者认为委托人或受益人即使已转让全部份额，丧失行使信托知情权的主体地位，但只要委托人或受益人有证据证明持有信托期间其合法权益受到损害的，即可提起关于信托知情权的营业信托之诉。在司法实践中，山东省济南市中级人民法院亦通过司法裁判表明了该观点。在王某某与山东信托公司信托纠纷案[1]中，信托计划于2016年2月清算结束，信托计划项下证券账户早已注销，2018年9月4日，王某某向中国银监会山东银监局进行信访投诉，2018年11月8日，该局作出2018年90号信访事项处理意见书，载明"……经核查，山东信托在鸿丽6号结构化证券投资集合资金信托计划管理过程中，未完全依照合同约定充分履行信息披露义务"。一审法院认为"根据王某某与山东信托公司签订的信托合同约定及山东银监局核查意见可见，山东信托公司在鸿丽6号结构化证券投资集合资金信托计划管理过程中，未完全依照合同约定充分履行信息披露义务，故对王某某要求山东信托公司向其披露每日单位净值、期间信托利益分配情况、清算报告的诉讼请求，一审法院予以支持"。

综上，即使信托计划已清算结束，信托计划项下的证券账户早已注销，但只要委托人（受益人）能初步证明其在持有信托期间权益受损的，即可向法院请求行使其作为信托计划主体时的知情权。

（三）信托知情权行使的具体方式

《信托法》第20条规定，委托人可以查阅、抄录或者复制与其信托财产有关的信托账目以及处理信托事务的其他文件，但基于信托交易的特殊性，为衡平各投资人之间以及委托人、受益人和受托人之间相关利益的保护，信

---

〔1〕 案号：（2020）鲁01民终6403号。

托公司可以以协议约定的方式，在合理范围内限定委托人（受益人）行使知情权的方式。

在国投财务公司与中粮信托公司营业信托纠纷案[1]中，二审法院认定“本案中，国投财务公司要求以查阅、抄录、复制案涉文件的方式行使知情权，但双方所签订《信托合同》第15.1条、第15.5条约定国投财务公司行使权利的方式仅包括查阅、抄录，并不包括复制；《信托计划说明书》对于相关备查文件披露方式虽然明确‘出于行业管理和保护商业秘密的需要，委托人可在受托人处查阅上述备案文件，但受托人有权拒绝其复印、拷贝的要求’，但并未排除国投财务公司以查阅、抄录方式行使知情权；因本案所涉信托计划除国投财务公司外，还有其他投资人，为衡平各投资人之间以及委托人、受益人和受托人之间相关利益保护，法院仅支持国投财务公司以查阅、抄录方式行使权利，对其所提复制案涉文件的请求法院不予支持。考虑相关披露文件可能涉及商业秘密或者其他非公开信息，法院确认案涉相关文件以中粮信托公司在特定场所向国投财务公司提供查阅、抄录的方式予以披露，国投财务公司对于通过查阅、抄录方式所获取的非公开信息负有保密义务”。

三、关于信托知情权的边界认定

在实践中，之所以对知情权和提供信息义务的具体内容存在争议，主要原因便是可能与受托人的商业秘密产生冲突。因此，若要保护受益人知情权并规范其行使，则必须对披露信息的具体范围进行界定，同时也要平衡好与受托人保密义务和商业秘密保护之间的关系。

（一）信托知情权与受托人提供信息义务

委托人（受益人）的知情权与受托人的提供信息义务，所共同指向的“信息”是信托财产管理、运用和处分的情况。“信息”的载体通常包括与信托财产有关的信托账目，以及受托人处理信托事务的其他文件。一般来说，信托账目所反映的是信托财产的收支情况和信托利益的支付情况，具体

---

〔1〕 案号：（2020）京02民终10989号。

包括反映属于信托财产的资产、负债、收入、所有者权益、费用、利润等会计账簿、会计报表以及其他相关的资料。[1]信托文件则包括受托人处理信托事务的记录、受托人利用及处分信托事务的法律文件、与交易对手的交易记录等。

从各国立法来看，对于信托账目和信托文件的范围都限于与信托财产相关，也就是指与委托人（受益人）所享有的受益权相关的信息，比如信托计划的风险、信托利益的计算、信托资金管理和运用的具体方法或安排、信托终止时信托财产的归属及分配等。换言之，与信托财产及其所享有的信托受益权无关的信息，委托人（受益人）是无权得知的。

（二）提供信息义务与保密义务之间的平衡

《信托法》第 33 条规定："受托人必须保存处理信托事务的完整记录。受托人应当每年定期将信托财产的管理运用、处分及收支情况，报告委托人和受益人。受托人对委托人、受益人以及处理信托事务的情况和资料负有依法保密的义务。"所谓保密义务，是指受托人负有在信托存续及终止后的一段特定时间内保守委托人和受益人等的个人隐私或者商业秘密等非公开信息的义务。保密义务通常包括两方面内容：第一，委托人和受益人的相关情况；第二，处理信托事务的相关情况。

通常来说，现在信托产品大多属于集合信托。集合信托是指受托人把两个或两个以上委托人交付的信托财产（动产或不动产或知识产权等等）加以集合，以受托人自己的名义对所接受委托的财产进行管理、运用或处分的方式，一般存在多个委托人。委托人（受益人）在行使知情权的同时不能侵犯其他委托人的合法权益，这就要求保持提供信息义务与保密义务之间的平衡。

（三）提供信息义务与商业秘密保护之间的平衡

商业秘密，是指不为公众所知悉，具有商业价值，并经权利人采取相应保密措施的技术信息、经营信息等商业信息。《民法典》第 123 条明确将商业秘密列为知识产权的客体。商业秘密与一般知识产权相比，有其特殊性。

---

[1] 周小明：《信托制度：法律与实务》，中国法制出版社 2012 年版，第 230 页。

一般知识产权具有独占性、专有性、排他性，具有对抗第三人的效力，不特定公众均负有不得实施的义务；商业秘密不具有对抗善意第三人的效力，第三人可以善意地通过正当手段获得商业秘密，例如，自行研发和反向工程等，不特定公众并不负有不得实施的义务，只是因为并不知晓而无法实施。在商事信托中，受托人往往会凭借其专业的知识和技能，将信托财产投资于具有高回报率的项目中，那么在这一过程中很可能就会涉及受托人的商业秘密。委托人（受益人）在行使知情权的同时不能侵犯受托人的合法权益，这就需要保持提供信息义务与商业秘密保护之间的平衡。

（四）信托知情权在实务中的具体适用

目前，由于法律规定对信托知情权的相关规定较为模糊，监管机构亦暂无进一步细化知情权的相关文件，下文将通过法院在处理同类知情权纠纷案件所体现出的精神，初步探讨信托知情权在实务中的具体适用。

1. 关于信托尽职调查报告及支持报告内容的底稿文件

尽职调查是信托产品设立过程中的重要环节，《尽职指引》是现行有关尽职调查的重要规范性文件之一。《尽职指引》第 5 条规定：“信托公司设立信托，应当在对信托财产进行管理、运用之前进行尽职调查。”也就是说对所有信托产品都需要尽职调查。信托公司是否有向委托人披露尽职调查报告的义务？这也是信托公司普遍关心的问题。在监管审查日趋严格的背景下，信托公司对金融消费者（委托人或受益人）应当如何履行适当性义务，对于正常的投资前商业风险考量与委托人知情权之间应当如何界定和平衡？从下述司法案例中研究信托公司是否有义务向委托人披露信托尽职调查报告及支持报告内容的底稿文件。

【典型案例】国投财务公司与中粮信托公司营业信托纠纷案[1]

二审法院认定，国投财务公司要求的《尽职调查报告》……属于《信托计划说明书》中所明确的委托人可在受托人处查阅的备案文件，中粮信托

〔1〕 案号：（2020）京 02 民终 10989 号。

公司虽在双方签订《信托合同》前已向国投财务公司披露了上述《尽职调查报告》，但相关法律或者合同条款并未对于国投财务公司再次查阅相关文件作出限制性规定或者约定，故中粮信托公司应当依据合同相关约定予以提供。但支持尽职调查报告的底稿文件系中粮信托公司开展项目调研论证过程中所形成的内部文件，且非信托计划说明书列明的备案文件内容，国投财务公司要求披露缺乏依据。

【典型案例】王某与国民信托公司营业信托纠纷案〔1〕

二审法院认定：依据信托法的规定，委托人只能行使与其信托财产有关的知情权，不能扩大成对全体投资人的所有信托财产的所有信息要求知情。王某要求国民信托公司披露尽职调查报告及工作底稿属于信托计划成立前形成的文件，不属于受托人应当向委托人披露的内容，亦不属于《信托法》和《信托合同》中规定的“处理信托事务的其他文件”的范围。故对于王某的相关上诉请求，法院不予支持。

【典型案例】陆某与国民信托公司营业信托纠纷案〔2〕

二审法院认定：关于陆某主张国民信托公司应当提供尽职调查报告及其工作底稿、向监管部门备案时提交的资料的上诉意见，因相关资料系信托计划成立前形成的资料，不涉及国民信托公司对信托财产的管理运用及处分，故陆某要求国民信托公司提供该部分资料依据不足，法院不予支持。

【典型案例】孙某某与中融信托营业信托纠纷案〔3〕

法院认定：尽职调查报告并非信托财产的管理运用、处分及收支的相关文件，孙某某的该项诉讼请求于法无据。

从上述案例可知，尽职调查报告工作底稿属于信托计划成立前形成的文件，不属于信托公司应当向委托人（受益人）披露的内容。委托人知情权

〔1〕 案号：（2019）京民终1600号。

〔2〕 案号：（2020）京02民终3041号。

〔3〕 案号：（2020）京0102民初15546号。

的目的在于了解其信托财产的管理、运用、处分及收支情况，具体到信托项目上，主要体现为信托资金管理报告或处理信托事务的完整记录；且委托人只能行使与其信托财产有关的知情权，不能扩大至要求对全体投资人的所有信托财产的所有信息知情，尽职调查报告及其工作底稿不属于委托人在购买委托产品时需查阅的内容。如委托人（受益人）与信托公司未就尽职调查报告工作及底稿的披露另行约定，那么信托公司对其没有披露义务。

2. 关于信托有关事项作出的股东会决议或董事会

股东会决议是股东会就公司事项通过的议案。根据议决事项的不同，可将股东会决议分为普通决议和特别决议。普通决议是就公司一般事项作出的决议，如任免董事、监察人、审计员或清算人，确定其报酬；分派公司盈余及股息、红利；承认董事会所作的各种表册；承认清算人所作的各项表册；对董事、监察人提起诉讼等。形成普通决议，一般只要求有代表已发行股份总数过半数的股东出席，以出席股东表决权的过半数同意即可。特别决议是就公司特别事项作出的决议，如变更公司章程；增加或减少公司资本；缔结、变更或终止关于转让或出租公司财产或营业以及受让他人财产或营业的合同；公司转化、合并或解散，等等。特别决议的形成要求较严格，一般要有代表发行股份总数 2/3 或 3/4 以上的股东出席，并以出席股东表决权的过半数或 3/4 通过。董事会决议是董事会就公司有关问题进行表决而形成并代表董事会意见的文件。无论是董事会决议还是股东会决议都属于信托公司内部文件，且多数可能涉及案外其他公司内部经营信息或者其他商业秘密。为了维持信托公司提供信息义务与保密义务、商业秘密保护之间的平衡，委托人（受益人）无权查阅信托公司的股东会决议或董事会决议。

下述司法案例亦证明了委托人（受益人）无权查阅信托公司的股东会决议或董事会决议。

【典型案例】国投财务公司与中粮信托公司营业信托纠纷案〔1〕

二审法院认定：董事会或股东会决议作出主体系案外其他公司，现无在

〔1〕 案号：（2020）京 02 民终 10989 号。

案证据证明中粮信托公司持有上述文件，且相关内容可能涉及案外其他公司内部经营信息或者其他商业秘密，国投财务公司要求中粮信托公司予以披露缺乏依据，法院不予支持。

【典型案例】通市诚力公司、吴某等与平安信托公司信托纠纷案〔1〕

法院认为，据《信托法》第20条的规定获得的知情权范围，实质超过《公司法》上股东对公司的知情权的规定，有违体系解释，法院不予支持。受托人的内部决策所凭据的资料可能是受托人证明其适当履职的证据，但并非信托知情权的标的。

从上述案例可知，董事会或股东会决议属于信托公司的内部文件，且多数可能涉及案外其他公司内部经营信息或者其他商业秘密，在司法实践中，一般情况下委托人的该项诉讼请求不被支持。

3. 关于向监管部门的备案文件

信托登记是公告某项财产为信托财产而非受托人固有财产以对抗第三者的方法，是进行信托公告的方法。对于国家法规明确规定应登记或注册的财产权，在信托时如不进行或不按要求进行登记或注册，则无法对抗第三者。日本信托法规定，对于股票和公司债券的信托要在股东名册或公司债券底账上明确记载属于信托财产；对于其他有价证券的信托要在证券上标明属于信托财产。〔2〕

《信托法》第10条规定："设立信托，对于信托财产，有关法律、行政法规规定应当办理登记手续的，应当依法办理信托登记。未依照前款规定办理信托登记的，应当补办登记手续；不补办的，该信托不产生效力。"《信托登记管理办法》第10条规定，"信托机构应当在集合资金信托计划发行日5个工作日前或者在单一资金信托和财产权信托成立日2个工作日前申请办理信托产品预登记（简称信托预登记），并在信托登记公司取得唯一产品编码。申请办理信托预登记的，应当提交下列文件：（一）信托预登记申请

〔1〕 案号：(2019) 粤0304民初47511号。

〔2〕 李伟民主编：《金融大辞典》，黑龙江人民出版社2002年版，第11页。

书，包括信托产品名称、信托类别、拟发行或者成立时间、预计存续期限、拟发行或者成立信托规模、信托财产来源、信托财产管理或者运用方向和方式、交易对手、交易结构、风险提示、风控措施、清算方式、异地推介信息、关联交易信息、保管人信息等内容；（二）法律、行政法规、国务院银行业监督管理机构要求的其他文件。信托产品在信托预登记后 6 个月内未成立或者未生效的，或者信托机构未按照本办法办理信托初始登记的，信托机构已办理的信托预登记自动注销，无需办理终止登记。信托机构办理信托预登记后，信托登记信息发生重大变动的，应当重新申请办理信托预登记"。委托人（受益人）要求信托公司披露信托向监管部门的备案文件，系信托成立前形成的资料，不涉及受托人对信托财产的管理、运用及处分，向监管部门的备案文件不属于委托人（受益人）知情权范围。下述司法案例亦证明了向监管部门的备案文件不属于委托人（受益人）的知情权范围。

【典型案例】通市诚力公司、吴某等与平安信托公司信托纠纷案〔1〕

法院认为：安睿 1 号信托计划和安睿 2 号信托计划向监管部门的备案文件，系信托计划成立前形成的资料，不涉及被告对信托财产的管理、运用及处分，原告要求被告提供该部分资料依据不足。故原告的该项诉讼请求，法院不予支持。

【典型案例】王某与国民信托公司营业信托纠纷案〔2〕

二审法院认定：依据《信托法》的规定，委托人只能行使与其信托财产有关的知情权，不能扩大成对全体投资人的所有信托财产的所有信息要求知情。王某要求国民信托公司披露向监管部门备案提交的资料等，属于信托计划成立前形成的文件，不属于受托人应当向委托人披露的内容，亦不属于《信托法》和《信托合同》中规定的"处理信托事务的其他文件"的范围。故对于王某的相关上诉请求，法院不予支持。

---

〔1〕 案号：(2019) 粤 0304 民初 47511 号。

〔2〕 案号：(2019) 京民终 1600 号。

从上述案例可知，委托人（受益人）请求法院要求受托人披露受托人向监管部门的备案文件的，无特殊情形，法院不予支持。

第四节　信托与个人信息保护

随着大数据时代的到来，特别是伴随着大数据技术在金融领域的广泛应用和迅速迭代，金融业作为高度信息化的行业，不断产生和处理着大量的个人信息。信息、市场和风险紧密相关，个人金融信息保护处于个人信息保护与金融市场监管的交叉领域，关注个人信息保护和信息安全、尊重和保护金融消费者的权益保护已经成为金融监管的共识。但是，金融行业高度重视市场效率，以鼓励创新、挖掘信息价值为其内在驱动，客观上也催生了信息共享利用的迫切需要。〔1〕

2021 年发布的《个人信息保护法》成为个人信息保护领域的基本法律，本部分将围绕信托业务中的个人信息保护进行论述。

一、个人信息

（一）个人信息的定义及相关法律规定

《个人信息保护法》第 4 条和第 28 条对“个人信息”的定义非常宽泛，采取了“描述+除外”的方式予以定义，将“个人信息”分为“一般性的个人信息”和“敏感个人信息”。第 4 条第 1 款规定：“个人信息是以电子或者其他方式记录的与已识别或者可识别的自然人有关的各种信息，不包括匿名化处理后的信息。”因此认定某一类信息是否属于“个人信息”的关键是其能否被利用来“识别”出自然人。如果可以，那么这一类信息就是“个人信息”；如果不可以，则不是“个人信息”。第 28 条规定：“敏感个人信息是一旦泄露或者非法使用，容易导致自然人的人格尊严受到侵害或者人身、财产安全受到危害的个人信息，包括生物识别、宗教信仰、特定身份、

〔1〕 赵一明：“大数据时代的个人信息保护——从合同义务到信托义务”，载《山西省政法管理干部学院学报》2020 年第 2 期。

医疗健康、金融账户、行踪轨迹等信息，以及不满十四周岁未成年人的个人信息。”《个人信息保护法》将“敏感个人信息”作为“个人信息”的子概念和特别概念，其用意显然是要将“敏感个人信息”从“一般性个人信息”中区别和突出出来。《个人信息保护法》在第 28 条关于“敏感个人信息”的定义中，特别地列举了“金融账户”，我们可以合理地推断《个人信息保护法》是将金融机构所掌握的客户“个人信息”都归类为“敏感个人信息”这一特别类型。相较于“一般性个人信息”，金融机构对于“敏感个人信息”利用和保护的法律义务显著更高。

我国对个人信息安全保护相关法律规定已形成一定的体系。首先，我国《民法典》确立了自然人的个人信息受法律保护的原则。第 111 条规定，任何组织和个人需要获取他人个人信息的，应当依法取得并确保信息安全，不得非法收集、使用、加工、传输他人个人信息，不得非法买卖、提供或者公开他人个人信息。

《刑法》第 253 条之一规定了侵犯公民个人信息罪。

《消费者权益保护法》第 14 条规定消费者享有个人信息依法得到保护的权利。

《网络安全法》对个人信息作出界定，第 42 条规定网络运营者不得泄露、篡改、毁损其收集的个人信息；未经被收集者同意，不得向他人提供个人信息。任何个人和组织不得窃取或者以其他非法方式获取个人信息，不得非法出售或者非法向他人提供个人信息。2012 年《全国人民代表大会常务委员会关于加强网络信息保护的决定》中提出，“国家保护能够识别公民个人身份和涉及公民个人隐私的电子信息”。

就金融领域而言，个人信息的范围不只局限于个人的身份信息，《反洗钱法》将需要保密的信息界定为“客户身份资料和交易记录”。《中国人民银行关于银行业金融机构做好个人金融信息保护工作的通知》中提到了“个人金融信息”的概念，并通过列举的方式进行明确，不仅包括身份信息，还将财产信息、账户信息、交易信息等纳入其中。除概念识别外，中国人民银行制定的《个人信用信息基础数据库管理暂行办法》对个人信用信息采集、整理、保存、查询、异议处理、用户管理、安全管理等方面进行了规范。而《征信业管理条例》则进一步明确了金融机构对于个人信息收集、保存、使用、对外提供的法定义务。

除上述有针对性的规定外，单就信托而言，经我们初步梳理，对个人信息保护的规定相对较少。《信托法》第 33 条、《信托公司管理办法》第 27 条以及《尽职指引》第 48 条规定，信托公司对委托人、受益人以及所处理信托事务的情况和资料负有依法保密的义务。因此，规则相对较为笼统，在一定程度上对信托公司保护个人信息安全的实际操作带来困难。

（二）《个人信息保护法》对个人信息保护的要求

1. 原则性要求

《个人信息保护法》构建了以“告知+同意”为核心的个人信息处理规则，即只有满足《个人信息保护法》第 13 条规定的下列情况之一，才可对个人信息进行收集、存储、使用、加工、传输、提供、公开、删除等处理。

（1）取得个人的同意；

（2）为订立、履行个人作为一方当事人的合同所必需，或者按照依法制定的劳动规章制度和依法签订的集体合同实施人力资源管理所必需；

（3）为履行法定职责或者法定义务所必需；

（4）为应对突发公共卫生事件，或者紧急情况下为保护自然人的生命健康和财产安全所必需；

（5）为公共利益实施新闻报道、舆论监督等行为，在合理的范围内处理个人信息；

（6）依照本法规定在合理的范围内处理个人自行公开或者其他已经合法公开的个人信息；

（7）法律、行政法规规定的其他情形。

除第（2）至（7）项所列的业务必需和涉及公共利益等特殊情况外，上述规则将“告知+同意”作为处理个人信息的一般前提，强调了信息主体的知情权和决定权。与金融领域中信息保护提出的原则，即将《中国人民银行金融消费者权益保护实施办法》中对个人信息的“明示同意”与“合法、正当、必要原则”进行了明确与法律上的确认。

2. 具体操作中的要求

如前所述，《个人信息保护法》对个人信息处理进行了一般规定，对“敏感个人信息”进行了额外保护规定。

对于所有个人信息，相关保护义务主要包括：(1) 未经单独同意不得进行公开；(2) 不得在公共场所进行除维护公共安全外的图像采集和个人身份识别；(3) 在自动化决策方面应秉持公开、透明等要求；(4) 在向其他信息处理者提供个人信息时，个人信息处理者应当向个人告知接收方的名称或者姓名、联系方式、处理目的、处理方式和个人信息的种类，并取得个人的单独同意。[1]

对于“敏感个人信息”，除了满足上述对个人信息的规定，个人信息处理者还需要：(1) 在处理信息时采取严格保护措施；(2) 取得个人的单独同意；(3) 向个人告知处理敏感个人信息的必要性以及对个人权益的影响；(4) 在处理不满十四周岁未成年人个人信息时，应当制定专门的个人信息处理规则，并取得其监护人同意。

综合上述，将《个人信息保护法》对“敏感个人信息”的描述与《个人金融信息保护技术规范》对金融领域涉及个人信息的三级分类的对比可见，金融领域涉及的大部分信息都属于《个人信息保护法》中的“敏感个人信息”，因此金融机构既要满足对个人信息的一般规定，也要特别注意对“敏感个人信息”的特别要求。

二、信托业务中的个人信息

(一) 信托业务中涉及的个人信息

信托业务中涉及的个人信息主要是个人金融信息，主要包括账户信息、鉴别信息、金融交易信息、个人身份信息、财产信息、借贷信息等。

(1) 账户信息，包括但不限于支付账号、银行卡磁道数据（或芯片等效信息）、银行卡有效期、证券账户、保险账户、账户开立时间、开户机构、

---

〔1〕“深入解读个人信息保护法二审稿修订内容（上篇）”，载 https://www.sohu.com/a/464171055_120076174，最后访问日期：2022 年 1 月 26 日。

账户余额以及基于上述信息产生的支付标记信息等。

（2）鉴别信息，包括但不限于银行卡密码、预付卡支付密码；个人金融信息主体登录密码、账户查询密码、交易密码；卡片验证码（CVN 和 CVN2）、动态口令、短信验证码、密码提示问题答案等。

（3）金融交易信息，包括但不限于交易金额、支付记录、透支记录、交易日志、交易凭证；证券委托、成交、持仓信息；保单信息、理赔信息等。

（4）个人身份信息指个人基本信息、个人生物识别信息等。

个人基本信息，包括但不限于客户法定名称、性别、国籍、民族、职业、家庭状况、收入情况、身份证和护照等证件类信息、手机号码、固定电话号码、电子邮箱、工作及家庭地址，以及在提供产品和服务过程中收集的照片、音视频等信息。个人生物识别信息包括但不限于指纹、人脸、虹膜、耳纹、掌纹、静脉、声纹、眼纹、步态、笔迹等生物特征样本数据、特征值与模板。

（5）财产信息，包括但不限于个人收入状况、拥有的不动产状况、拥有的车辆状况、纳税额、公积金缴存金额、个人金融资产等。

（6）信用信息，包括但不限于征信情况、借贷情况等。

（7）其他信息。

（二）信托公司如何收集个人信息

1. 客户在使用信托公司服务时主动提供的信息

（1）客户在实名制注册时填写的信息。

当客户使用信托公司提供的电子服务平台时，客户往往需提供手机号码作为账户登录名，同时需要向信托公司提供个人基本信息。

（2）客户在预约、购买信托产品时须提供的信息。

客户在预约、购买信托公司销售的信托产品时，需要根据法律及监管规定进行合格投资者认定和投资者风险承受能力测评，并向信托公司提供个人信息。

（3）客户在签署信托文件时须提供的信息。

根据法律及监管规定，客户在成功预约认购信托产品后，签署风险申明书、信托计划说明书、信托合同等信托文件前，应实行录音录像，因此，信托公司需要验证客户的身份，而且客户在签署信托文件时，信托公司亦需要验证客户的身份，为此客户需向信托公司提供个人生物识别信息（指纹、声纹、面部特征等），此时信托公司会收集客户的个人信息。

（4）客户在转让信托受益权时须提供的信息。

根据法律法规、监管规定和信托文件的约定，如客户在信托设立后将信托受益权转让给其他人，信托公司需要验证信托受益人的个人基本信息；同时，信托公司需根据反洗钱相关法律、法规及监管要求，提示客户提供信托受益人的个人身份信息以供信托公司核对并留存；为核算并支付信托利益的需要，客户需要提供信托受益人的个人财产信息，以便完成信托利益的分配。

2. 在客户使用信托公司产品或服务过程中收集的信息

为了提高产品或服务质量和用户体验，信托公司往往会留存客户使用信托公司产品或服务以及使用方式的相关信息，这类信息包括但不限于：

（1）客户的浏览器和计算机上的信息。

在客户访问电子渠道服务平台时，信托公司系统自动接收并记录的客户的浏览器和计算机上的信息（包括但不限于客户的 IP 地址、浏览器的类型、使用的语言、访问日期和时间、软硬件特征信息及客户需求的网页记录等数据）。

（2）客户的位置信息。

当客户下载或使用信托公司开发的应用程序，或访问移动网页使用信托公司产品或服务时，为保障客户的账户和资金安全，信托公司可能会读取客户的个人位置信息（包括但不限于行踪轨迹、精准定位信息、住宿信息、经纬度）。

（3）客户的设备信息。

信托公司可能会读取客户访问电子渠道服务平台或使用信托公司产品或服务时所使用的终端设备的个人常用设备信息（包括但不限于设备型号、设备识别码、设备 Mac 地址、操作系统、分辨率、电信运营商等）。

（4）客户的行为或交易信息。

信托公司可能会记录客户访问电子渠道服务平台或使用信托公司产品或

服务时所进行的操作以及客户在电子渠道服务平台上进行交易的相关信息。

同时，为提高客户使用信托公司提供的产品或服务的安全性，更准确地预防钓鱼网站欺诈和木马病毒，信托公司可能会通过了解一些客户的网络使用习惯、客户常用的软件信息等手段来判断客户账户的风险，并可能会记录一些信托公司认为有风险的链接。

3. 来自第三方的信息

（1）在客户注册信托公司账户和使用信托公司产品或服务过程中，客户会授权信托公司向中国人民银行金融信用信息基础数据库及其他有关机构或单位（包括但不限于经国务院或其他政府有权部门批准合法设立的其他征信机构、公安、公积金、社保、税务、民政、物流、通信运营商、电子商务平台、中国互联网金融协会、互联网平台等第三方机构）查询、收集客户的相关信息。

（2）在客户注册信托公司账户和使用信托公司产品或服务过程中，客户授权信托公司可向信托公司的关联方、与信托公司有业务合作的机构（以下简称合作伙伴）获取其所收集的与客户相关信息。

（3）当客户通过信托公司合作伙伴的网络平台使用信托公司产品或服务，或通过电子渠道服务平台使用信托公司合作伙伴的产品或服务时，客户授权信托公司可向其合作伙伴获取其所收集的与客户相关的信息。

（三）信托业务中涉及个人信息的环节

1. 推介与适当性管理环节

推介与适当性管理环节涉及的个人信息处理者主要为信托公司，信托产品仅能向合格投资者非公开推介，信托公司在向投资者进行推介前，使得不特定对象特定化，以确定其符合可推介的合格投资者标准。

同时，在适当性管理过程中，信托公司在包括但不限于如下程序中涉及投资者个人信息处理：投资者个人信息调查、合格投资者信息收集与认定、合格投资者资产证明文件收集与认定、投资经验证明文件、特定身份证明文件收集与认定、投资者风险测评、分级与匹配、投资者的录音或录像、付款转账账户信息收集、回访（若有）、税收居民信息、反洗钱信息等。

在募集后的投资者信息动态管理过程中，包括但不限于投资者信息变更的主动和被动更新管理，涉及投资者个人信息的补充及变更管理。

关于适当性管理过程中，所收集的个人信息是否属于签署合同之必需，或为履行法定职责和法定义务所必需，是否不以获得投资者的同意为前提？关于这一点尚存在争议，尚无明确的标准。信托公司认为应当本着“饱和处理的原则”，在无进一步明确规则、监管规则的情况下，我们仍然建议遵循“告知+同意”原则。

2. 认购、申购、赎回、转让、非交易过户、分配、清算等环节

在认购、申购、赎回、转让、非交易过户、分配、清算等环节除涉及投资者基础个人信息使用外，还涉及投资者所持有的金融资产变动、信托收益权份额变动、金融账户信息使用等个人信息。

三、信托业务中个人信息安全保护存在的法律问题

信托作为金融市场的重要参与者，在信托的募、投、管、退过程中涉及大量的投资者个人信息的处理、使用；信托公司也不可避免地需要处理投资者个人信息，甚至涉及敏感信息。同时，为了业务推进，信托公司也需要向合作机构收集及提供个人信息。

其中包含直接渠道的获取，即个人金融消费者与信托公司首次建立业务关系时，根据《尽职指引》第15条第2款之规定，“信托公司进行问卷调查时，调查事项至少应包括如下内容：投资者的年龄、学历、职业等个人基本信息；投资信托的目的；信托资金来源；过往投资经验；家庭可支配年收入及可投资资产状况；可承受的最大投资损失；对金融相关法律、行政法规、部门规章及其他规范性文件、金融投资市场及信托、基金等金融产品是否有一定的了解；是否清楚信托等金融产品的风险”。除通过个人客户直接获取外，信托公司为更好地开展消费金融业务，接入中国人民银行个人征信系统（以下简称央行征信系统），从中查询获取个人征信信息，包括个人信贷交易信息以及反映个人信用状况的其他信息。这也是信托公司取得信息的一个来源。

据此，信托公司在办理信托业务的过程中，不仅掌握着客户的个人基础身份信息，还掌握着个人财产信息及征信信息等，对客户的个人信息加以保护，既是尊重客户个人隐私的职业操守和保护公司名誉的需要，更是因为金融机构有义务防范个人信息被泄露、窃取及非法利用。

个人信息安全保护存在的难点，或者更准确地说，信托公司可能面临的薄弱点在于个人金融消费者的信息在以下几种渠道之间进行流通的过程中可能存在的真空区域所带来的管理盲区。前述渠道包括：其一为从金融消费者个人流向金融机构，其二为金融机构内部信息流通及共享，其三为从金融机构流向其他合作机构。具体可能存在的违规风险如下。

（一）违规查询采集征信信息

如前文提及，由于目前有部分信托公司已接入央行征信系统，在查询个人信用信息时需要注意，授权是查询客户信用信息的必要前提条件，《征信业管理条例》第 28 条第 2 款规定："金融信用信息基础数据库为信息主体和取得信息主体本人书面同意的信息使用者提供查询服务……" 据此，任何无授权而查询客户信用信息的行为皆是严重的违规查询行为。同时，需注意的是，即使已获得客户的同意及授权，查询的范围也必须在客户的授权范围内。

2021 年 4 月，中国人民银行武汉分行公布了对某信托公司的行政处罚信息，因该信托公司未经同意查询他人个人信息和企业的信贷信息，被处罚 29 万元。[1]该公司的信托项目经理沈某，采用"撞库"等方式获取央行征信系统的用户名和密码，通过中国人民银行与信托公司的专线互联终端机，非法登录央行征信系统，查询并下载保存他人征信报告共计 100 份，其在 2013 年至 2014 年，采取同样的作案手段，查询并下载保存他人征信报告共计 1000 余份。最终因违反《刑法》第 253 条之一侵犯公民个人信息罪，被判处有期徒刑 1 年。[2]

---

〔1〕"中国人民银行武汉分行行政处罚信息公示表"，载 http://wuhan.pbc.gov.cn/wuhan/123472/123493/123502/3811247/index.html，最后访问日期：2022 年 1 月 10 日。

〔2〕案号：（2018）京 0102 刑初 936 号。

（二）个人信息使用不规范

个人信息的价值不仅来源于基础信息的采集，更在于二次利用。现在电子交易便捷迅速，各市场参与主体都会存储用户属性信息、用户行为信息、用户交易信息等隐藏着用户需求和潜在业务机会的数据。信托公司在收集客户的个人信息之后，很可能应用工具进行数据挖掘，分析用户情绪、预测用户行为，从而进行精准营销。类似该种信息的二次使用行为是否已在相关协议中以书面形式提前告知客户，并获得客户明示同意，若未经授权使用或超授权范围使用个人信息，都会带来法律风险。

同样，如前文提及，金融机构在获得个人信息之后也可能在其集团内部流通及共享，该等信息的共享有利于降低成本，创造更多业务机会。但是，即便客户已签署相关协议同意其个人信息在集团内部共享，同一集团内部各金融机构之间在共享并使用个人信息时仍需要留意，是否会侵犯金融消费者的权益。比如，个人消费者将其个人信息提供给某信托公司，该信托公司将该等信息与集团内部的保险公司共享，保险公司通过评估该消费者的资产情况，向其推销保险产品，就可能给该消费者造成困扰。

此外，电子交易相较于线下交易会产生更多个人信息，如客户的电子签名数据，客户的生物识别信息，例如指纹等。电子签名被盗取、冒用、伪造的事例并不少见，甚至客户的个人信息被公司内部员工非法出售、向他人提供，如何完善公司内控制度，进行严格的权限控制与审批，限制各类操作人员的信息接触面，都需要信托公司加以重视。

（三）对外提供信息不规范

随着大数据、人工智能等技术手段越来越多地运用到金融领域，越来越多的信托公司也利用金融科技手段来提高业务效率。根据媒体报道的不完全调查显示，较多信托公司在金融科技系统上高度依赖外包服务，15 家处于行业中上游水平的信托公司中，仅有 3 家公司采用“主导开发+外包辅助”的模式，其余信托公司均以外包服务为主。因此，在审查外包机构的资质时，需要其提供相关资质文件，以及审查其能否达到国家标准的网络安全要求，需评估该机构是否具有保护个人信息的能力。同时，在与外包机构签订保密协议时，需要明确规定其对保护个人信息的职责与保密义务，制定风险事件发生后的止损措施。向外包服务商提供客户个人信息时，或信托公司将客户个人信息与其他合作机构进行共享时，需要明确告知客户并取得充分授权，若忽视这些事项，很容易引发法律风险。

四、违法收集、使用个人信息的法律后果

《个人信息保护法》对于违法处理个人信息的行为设立了行政处罚和民事赔偿制度。对于金融机构来说，对比《中国人民银行金融消费者权益保护实施办法》,《个人信息保护法》对违法处理个人信息的惩戒力度大幅增加。

在行政处罚方面,《个人信息保护法》对未造成严重后果的轻微或一般违法行为，可由执法部门责令改正、给予警告、没收违法所得，对拒不改正的最高可处 100 万元罚款；对情节严重的违法行为，最高可处 5000 万元或上一年度营业额 5%的罚款，并可以对相关责任人员作出最高 100 万元罚款及相关从业禁止的处罚。同时,《个人信息保护法》还专门规定，对违法处理个人信息的应用程序，可以责令暂停或终止提供服务。

在民事责任方面,《个人信息保护法》明确，处理个人信息时侵害个人信息权益造成损害的，个人信息处理者如不能证明其没有过错的，应当承担损害赔偿等侵权责任。

在刑事责任方面，《刑法》第 253 条对于单位和直接负责的主管人员和其他直接责任人员侵犯公民个人信息的，向他人出售或者提供公民个人信息；将在履行职责或者提供服务过程中获得的公民个人信息，出售或者提供给他人的；窃取或者以其他方法非法获取公民个人信息的，情节严重的，处 3 年以下有期徒刑或者拘役，并处或者单处罚金；情节特别严重的，处 3 年以上 7 年以下有期徒刑，并处罚金。

五、信托公司个人信息保护之建议

除上文中提到的，信托公司需要关注个人信息的采集、流转、存储等过程中可能出现的违法或违规风险之外，我们认为，更有意义的讨论是，在认

识到这些风险后，建立一套相对主动的防范、内控机制，从管理体制角度杜绝、防范、化解个人信息风险。而从商业角度来看，我们也相信，市场上的消费者和众多金融投资人也已越来越关注个人信息的安全问题，类似机制的建立也有助于信托公司在行业竞争中展现自身优势。

（一）完善征信内控管理制度

信托公司可根据需要向征信管理部门申请设置普通查询用户，尽量减少征信系统用户数量，专人专用，其他人查询客户征信信息应通过征信用户查询，应加强管理各查询员，妥善保管密码，防止他人使用自己的用户名进入系统。绝对禁止“公共用户”现象，对于因密码保管不善导致被他人使用的，由该用户和实际使用人共同承担责任。无法查明实际使用人的，由该用户承担责任。[1]各类用户名单及时上报当地人民银行征信管理部门备案，有利于中国人民银行进行监管。此外，在取得企业或个人征信报告前，必须确保已通过书面形式取得客户同意授权，否则不采集其征信报告。

（二）完善客户个人信息安全保护制度

信托公司对客户个人信息的收集、使用应当制定相应的制度，明确规则，便于公司内部操作。针对客户个人信息的收集，应当有三方面要求。

第一，收集个人信息需是合法且合理，即不得欺诈、诱骗、强迫客户提供其个人信息，不得隐瞒信托产品或服务所具有的收集个人信息的功能，不得从非法渠道获取个人信息，客户需在完全知情的情况下自愿提供相关信息，信托公司需要通过生物特征进行个人身份认证的，应当对该行为的必要性、安全性进行风险评估，不得将人脸、步态、指纹、虹膜、声纹等生物特征作为唯一的个人身份认证方式，不得以强制方式收集个人生物特征信息。[2]

第二，收集的个人信息的性质应当与信托产品或服务的业务功能直接关

---

〔1〕 郃志强：“金融机构征信违规行为的法律风险与救济途径”，载《征信》2017第5期。

〔2〕 谢克伟：“确保高端人才隐私不外泄！国标猎头行业个人信息安全操作规范即将出台实施”，载 http://static.zhoudaosh.com/3272BCE4B5A5F4DB50A811DD728090ACCEEA39658C58969B5A46FF5E61D435AE，最后访问日期：2022年1月26日。

联，换言之，相应信息应为信托业务所必需，或者是履行法律、行政法规规定的义务所必需。

第三，在收集前应该向客户明确告知将要收集的信息的类型及范围，并以清单的形式列明处理个人信息的目的、用途、方式、种类、频次或者时机、保存地点等，同时，需要向客户提示该等授权的后果以及拒绝收集对个人的影响，并获得客户书面授权同意后才可进行收集。

特别是在收集客户的个人生物识别、宗教信仰、特定身份、医疗健康、金融账户、行踪轨迹等敏感个人信息时，应当取得客户单独同意。

针对收集的客户个人信息的使用，也应当明确以下规则。

（1）对有权访问客户个人信息的内部数据操作人员的数量应进行严格控制，且每位操作人员可访问的客户数量也应加以限制，以此限制可接触到客户个人信息的内部人员数量及频次。

（2）对个人信息的重要操作应设置内部审批流程，如批量修改、拷贝、下载等，且审批人员与数据操作员的角色应当分离。

（3）除为特定业务目的使用客户个人信息外，其他时候应当将客户信息进行去识别化处理，即无法根据处理过的信息追溯到原先的客户这一特定身份，有助于防止客户信息的泄露及不当使用，即使泄露也无法识别出特定个人，应当提前告知客户所收集信息的具体用途及使用范围，在获得其书面授权同意后，在其授权范围内使用信息。

（4）在发生或可能发生个人信息遗失或泄露等情况时，应立即告知客户，并采取补救措施，同时，需要将该等情况向监管部门报告。

（三）完善客户查询、更正、删除等个人信息处理功能

信托公司在收集客户个人信息时，应当为客户提供明显、便捷的拒绝方式。特别地，若信托公司通过互联网的方式收集客户的个人信息，应当为客户提供退出或关闭个性化展示模式的选项。严禁对“同意”选项作出明显标识，造成用户错误选择的情况。如在向用户申请权限时，应当对“同意”“拒绝”两个权限按钮使用相同颜色或相同的标识表示，避免对“同意”使用明显的提示性标识，而对“拒绝”按钮使用灰色或其他不明显的、不易

引起用户注意的标识。

信托公司在收集完毕客户个人信息后，应当向客户提供查阅、复制、更正、删除、限制处理、转移个人信息，以及注销账号、撤回处理个人信息同意的途径和方法。当信托公司与客户终止信托服务、收集个人信息不再必要或与用户约定或者个人信息处理规则明确的存储期限到期时，信托公司应当删除个人信息。删除个人信息从技术上难以实现的，或因法律、监管规定等原因，无法删除个人信息的，信托公司不得开展除存储和采取必要的安全保护措施之外的处理，并应当向客户作出合理解释。〔1〕

在大数据时代，客户个人信息已成为有巨大商业价值的资源之一，如何利用好、保护好这些信息资源也成为各信托公司的一门必修课。信托公司需在保护客户个人信息安全的基础上，合理且合规地使用个人信息，为客户提供更为优质的服务。

第五节　通道类信托业务中信托财产的原状分配

按照委托人设立信托的目的来分，信托一般包括商事信托、民事信托、慈善信托等。本书讨论的问题限于商事信托领域。商事信托中，通过信托投资来获得收益是受益人的主要目的。根据我国法律法规规定，信托合同中一般会约定在信托计划到期后，信托收益以现金方式或者维持信托财产终止时的原状方式或者两者混合的方式，对信托财产进行分配。一般来说，委托人在与受托人签订信托合同设立信托之初，就会在合同中根据委托人意愿约定信托到期后财产的分配方式。其中原状分配是典型的信托财产清算方式，在信托财产无法变现或者不宜变现时，受托人将资产按照原状分配给权利归属人，无须将信托财产变现处置，减轻了其资产处置的风险与成本。原状分配常应用于通道类信托业务中，信托公司按照资金方指示，将信托贷款投向特定领域，不参与信托财产的管理、运用和处分，信托合同中一般会约定在信

〔1〕“深入解读个人信息保护法二审稿修订内容（下篇）”，载 https://www.sohu.com/a/464320029_120076174，最后访问日期：2022 年 1 月 26 日。

托财产到期后按照信托财产原状进行分配。受目前行业监管政策影响，通道类信托业务被监管部门要求“应清尽清、能清尽清”，不可避免会涉及信托终止后的清算。本节拟就通道类信托业务的原状分配清算方式从概念定义、立法规制、不同财产类型的分配方式以及司法实践中原状分配的应用等方面论述。

一、信托财产原状分配概述

（一）关于原状分配的立法规制

我国《信托法》《信托公司管理办法》等法律法规或部门规章未对信托财产原状分配的定义作出规定。《信托公司集合资金信托计划管理办法》第32条第1款对信托财产原状分配进行了原则性规定，“清算后的剩余信托财产，应当依照信托合同约定按受益人所持信托单位比例进行分配。分配方式可采取现金方式、维持信托终止时财产原状方式或者两者的混合方式”，确认了原状分配条款的法律效力。基于前述规定，所谓原状分配通常理解为信托终止时，受托人将其持有的信托财产按照信托财产在终止时的实际存续状态，以财产现状的方式分配信托财产，剩余什么就分配什么，比如债权、股权、合伙企业份额、动产、不动产等，受托人无须变现、处置信托财产。需特别说明的是，《信托法》上“原状分配”中的“原状”有别于民法中“恢复原状”的“原状”，前者是指信托终止时信托财产的最终状态，而后者通常理解为将当事人之间的法律关系、物权等恢复到最初的、原来的状态，两个“原状”概念之间差异较大，理论上有些学者认为“信托财产的原状分配”更准确的说法是“信托财产的现状分配”。

除此之外，原状分配的规定也散见于现行有效的其他行业监管法规或规定中。中国证券业协会于2013年7月19日发布实施的《关于规范证券公司与银行合作开展定向资产管理业务有关事项的通知》第5条规定，“证券公司应当与符合条件的银行或经其合法授权的分支机构、相关部门签订定向资产管理合同，并在合同中明确约定双方权利义务，包括但不限于以下内容：……（三）明确约定合同期限届满、提前终止或合作银行提取委托财产时，证券公司有权以委托资产现状方式向委托人返还”。

可以看出，目前对信托财产的原状分配作了原则性规定，内容较为简单概括，对原状分配在不同财产类型中的应用规范，委托人或受托人或受益人等主体在原状分配期间和之后的权利义务等尚无详细规制。

（二）通道类信托业务中原状分配的性质

在通道类信托业务[1]中，信托文件一般会规定在信托终止后按照财产在信托计划终止时的存续状态进行分配。其实质是信托财产权利义务的转让以及当事人主体的变更，即受托人将其在相关交易文件中的权利义务转移给信托文件规定的权利归属主体，退出原交易架构，进而由受让方作为新的主体加入原交易关系当中。以笔者曾经见到的一些房地产信托项目为例，在交易架构上由资金方实际出资并通过信托公司以信托贷款方式向房地产企业发放项目贷款，除融资提供方与融资方签署合作协议约定具体合作细节之外，融资提供方作为委托人（亦为受益人）与作为受托人的信托公司签署信托合同，信托公司作为贷款人与作为借款人的融资方（项目公司）签署借款合同，为担保项目债权而附随的抵押合同、质押合同、保证合同等均由信托公司与融资方签署，信托公司成为名义上的债权人和担保权人等。一旦信托计划到期涉及信托财产原状分配时，即由信托公司与委托人签署原状分配协议，将相关债权及担保物权等全部转让于委托人，融资提供方作为项目的债权人和担保权人，继续与项目公司履行贷款合同及附随的担保合同等，信托公司退出该交易架构。

同时，根据《信托法》第55条的规定，信托终止后，在该信托财产转移给权利归属人的过程中，信托视为存续，权利归属人视为受益人，即通常所谓的“法定信托”。法定信托是为了保证信托事务的连续和顺利清算而拟制的法律关系，信托公司作为受托人仍负有忠实义务与谨慎义务，就信托财产的转移通知债务人、担保人等外部第三人，并协助办理信托财产的转移交

〔1〕 参见《九民纪要》第93条，当事人在信托文件中约定，委托人自主决定信托设立、信托财产运用对象、信托财产管理运用处分方式等事宜，自行承担信托资产的风险管理责任和相应风险损失，受托人仅提供必要的事务协助或者服务，不承担主动管理职责的，应当认定为通道业务。

付手续等。

二、不同财产类型的原状分配

《信托公司集合资金信托计划管理办法》第 32 条将“维持信托终止时财产原状方式”作为与“现金方式”分配财产并列的分配方式。通常认为，原状分配的信托财产类型多为非现金形式财产，常见的如债权、股权或合伙企业份额、担保物权等。我们分别分析其原状分配的具体操作方式。

（一）债权

债权的原状分配体现为债权由受托人转让至信托财产的权利归属人、债权人由受托人变更为权利归属人，应当适用我国《民法典》关于债权转让的有关规定，主要为通知义务。根据《民法典》第 546 条第 1 款“债权人转让债权，未通知债务人的，该转让对债务人不发生效力”的要求，受托人应当将债权转让的事实通知债务人。首先，债权转让的通知对象为债务人，通知内容上应包括债权转让日期、债权内容（如截至信托终止日期的剩余信托贷款本金以及产生的利息等）及移交的债权基础文件资料（如信托贷款合同及其补充协议等）等；其次，为确保债权转让通知的有效送达，建议在交易合同缔约之初即明确约定通知或诉讼文书的送达地址，避免债务人联系不上等情形的出现而无法成功送达，进而影响债权转让的效力。

除通知义务外，受托人可将其与债务人签署的贷款合同（含其补充协议）等基础交易文件复印件材料交付给权利归属人，如基于此类基础交易文件的履行而产生的以受托人名义发起的律师函等文件，亦可一并交付。

（二）股权、有限合伙企业份额

股权即股东权利，根据我国《公司法》的规定，包括有限责任公司的股权、非上市股份有限公司的股份以及上市股份有限公司的股票。

针对有限责任公司股权的原状分配，应当适用我国《公司法》以及公司章程中有关股权转让的规定。具体而言，在公司章程没有相反规定时，根据《公司法》第 71 条的规定，股东向股东以外的人转让股权，应当经其他股东过半数同意，且经同意转让的股权，在同等条件下，其他股东有优先购买权。因此，当其他股东主张行使优先购买权时，则可能导致股权无法现状返还、分配给权利归属人，此时可协商将股权现状财产变现为货币，进而以现金形式对信托财产的权利归属人进行分配；如根据相关业务实际情况，不希望其他股东主张优先购买权，则建议在信托设立之初即取得其他股东放弃优先购买权的书面承诺，以便信托终止后可原状分配股权。同时，权利归属人受让股权后，应相应修改公司章程和股东名册中有关股东及其出资额的记载，并向原公司登记机关申请办理工商变更登记。

针对股份有限公司股权的原状分配，适用我国《公司法》及公司章程中有关股权转让的规定。根据《公司法》第 138 条的规定，股东转让其股份，应当在依法设立的证券交易场所进行或者按照国务院规定的其他方式进行，通过证券登记结算机构过户给权利归属人才完成原状分配。

至于有限合伙企业的原状分配，应当适用合伙协议对有限合伙企业财产份额转让的规定，因此在信托合同设立之初，需梳理合伙协议中对有限合伙企业财产份额转让、入伙、退伙等事务的安排，避免信托终止时受基础交易文件的限制而无法成功向权利归属人转移有限合伙企业份额。如合伙协议未约定时，则适用《民法典》《合伙企业法》对有限合伙企业财产份额转让的要求，一方面根据《民法典》第 974 条，《合伙企业法》第 22 条、第 23 条、第 73 条，向权利归属人进行原状分配（合伙人向合伙人以外的人转让有限合伙人份额）时，应提前 30 日通知其他合伙人并取得其一致同意，在同等条件下，其他合伙人有优先购买权。如其他合伙人主张行使优先购买权，则可与各方当事人协商将合伙企业份额变现后以现金方式分配给权利归属人，则不再有原状分配的可能。最后，根据《合伙企业法》的规定，需就合伙人变更事宜另行签订新的合伙协议，并向原企业登记机关申请变更登记。

（三）担保物权

担保物权是债权的从权利，我国立法对二者关系已有明确规定，例如《民法典》第 407 条规定：“抵押权不得与债权分离而单独转让或者作为其他债权的担保。债权转让的，担保该债权的抵押权一并转让，但是法律另有规定或者当事人另有约定的除外。”如项目债权存在担保物安排时，对债权原状分配的同时必然涉及担保物权的原状分配。常见的担保物权包括抵押权、质权等。比照债权的原状分配，就担保物权的原状分配，受托人应通知担保人，通知事项一般包括债权转让日期、担保权人变更、剩余信托贷款本金及应收未收利息等，还应将担保合同、担保权利凭证等一并移交给新的担保权人。除此之外，担保物权因为有担保物的存在，还需要由受托人完成转移交付。具体而言，针对需登记公示的担保物权，受托人应配合办理担保物权的变更登记手续；其他担保物权，例如动产质权等，应转移占有、交付给信托财产的权利归属人。

在担保人或其他义务人拒绝配合办理担保物权变更登记手续的情况下，《民法典》第547条规定，“债权人转让债权的，受让人取得与债权有关的从权利，但是该从权利专属于债权人自身的除外。受让人取得从权利不因该从权利未办理转移登记手续或者未转移占有而受到影响”。据此，担保物权未变更登记不影响担保物权的转移，权利归属人仍可行使担保物权。在司法实践中，亦不乏有相关案例支持，未办理抵押变更登记不影响抵押权转让的效力，受让人有权行使因债权转让而取得的抵押权。

【典型案例】某银行股份有限公司、中国某发展银行某市支行合同纠纷案〔1〕

湖北省高级人民法院作出的二审民事判决书认为，在信托合同中已明确约定，以信托财产在信托终止时的状态（在该案中主要为债权及担保权利）向受益人进行原状分配，并通过向受益人送达《原状分配通知书》的情况下，当信托计划受托人在信托终止时依照信托合同约定的方式向受益人送达了通知书，且向最终债务人、保证人、抵押人等义务承受人通知了权利转让事宜后，受益人便获得了受托人基于信托合同及从属担保合同项下的相关权利，因此也有权直接向最终债务人、保证人、抵押人等义务承受人主张权利。在以原状分配方式实现担保权利等从权利同步转移的生效要件方面，该

〔1〕 案号：（2017）鄂民终2301号。

民事判决书则认为，抵押权随主债权转移，无需登记便发生物权变动效力。

需关注的是，针对当事人另有约定或从权利专属于债权人的例外情形，担保权利可以不随主债权一并转移。实务中，也有部分信托计划项目到期终止后，虽债权已经转让予信托财产权利归属人，然而担保物权等仍登记在受托人名下，此时，受托人仍有义务配合委托人并根据其指示以受托人名义进行债权催收、提起诉讼等。

三、受托人在信托财产原状分配过程中的义务

原状分配信托财产过程中，受托人的履职情况关系到受益人能否顺利取得信托利益、获得信托财产。根据我国《信托法》第 55 条规定，“依照前条规定，信托财产的归属确定后，在该信托财产转移给权利归属人的过程中，信托视为存续，权利归属人视为受益人”，信托原状分配期间仍然属于“法定信托”期间，应适用我国《信托法》《信托公司管理办法》等法律法规对受托人管理和运用信托财产的忠实义务、谨慎义务等作出的一般规定。

（一）忠实、谨慎义务的规定以及受托人的具体职责

《信托法》《信托公司管理办法》和《信托公司集合资金信托计划管理办法》对受托人的忠实谨慎义务及职责作出了概括规定。《信托法》第 25 条规定，“受托人应当遵守信托文件的规定，为受益人的最大利益处理信托事务。受托人管理信托财产，必须恪尽职守，履行诚实、信用、谨慎、有效管理的义务”，即通常理解的受托人负担的“忠实、谨慎”义务。《信托法》第 26 条至第 28 条进而对忠实义务要求的具体禁止情形作出了明确规定，谨慎义务则主要体现在受托人对信托财产的管理和运用方式上，见于《信托法》第 29 条、第 30 条、第 33 条等。《信托公司管理办法》第 24 条规定，“信托公司管理运用或者处分信托财产，必须恪尽职守，履行诚实、信用、谨慎、有效管理的义务，维护受益人的最大利益”，对受托人的忠实和谨慎义务再次强调。据此，忠实义务是指受托人仅能为受益人的利益管理信托事务、避免利益冲突、不得进行冲突交易；而谨慎义务则是指受托人应当在管理信托财产过程中尽最大程度的注意义务。现有法律法规对受托人忠实、谨

慎义务作出了原则性规定，无法覆盖多元化的实际业务场景。

根据《信托公司集合资金信托计划管理办法》第32条第3款“采取维持信托终止时财产原状方式的，信托公司应于信托期满后的约定时间内，完成与受益人的财产转移手续。信托财产转移前，由信托公司负责保管。保管期间，信托公司不得运用该财产……”可知，具体到信托财产原状分配过程中，受托人的职责主要有：（1）于信托期满后的约定时间内，完成与受益人的财产转移手续。譬如在房地产投资类信托产品的运作模式中，常伴随有土地、在建工程、商品房抵押，股权、应收账款质押等，信托公司作为受托贷款方多是名义上的质押权人、抵押权人等，因此需要配合办理抵押权、质押权等担保物权的变更登记，完成财产权利的转移。（2）信托财产转移前，信托公司负责保管信托财产，且不得擅自运用该财产。对信托财产进行妥善保管，以避免信托财产价值贬损。例如，针对诉讼时效即将到期的债权及时以权利人名义提起诉讼、发出催款函件等中断诉讼时效；对信托财产及时申请财产保全或者在执行期限即将到期时及时申请强制执行等；如有债务人破产清算，及时与管理人沟通联系、申报债权等。（3）完成信托合同中规定的、受托人在财产原状分配过程中需配合处理的其他约定义务，例如，通知债务人、担保人信托财产原状分配安排等。

（二）违反忠实义务和谨慎义务的法律后果

首先，关于受托人违反忠实、谨慎义务的归责原则，最高人民法院发布的《九民纪要》第94条作出了规定，要求“资产管理产品的委托人以受托人未履行勤勉尽责、公平对待客户等义务损害其合法权益为由，请求受托人承担损害赔偿责任的，应当由受托人举证证明其已经履行了义务。受托人不能举证证明，委托人请求其承担相应赔偿责任的，人民法院依法予以支持”。即实行举证责任倒置，促使受托人忠实、谨慎履行管理、运用信托财产职责时，留存相关证据，以免遭遇不利诉讼风险。

其次，《信托法》第22条、第23条、第36条对受托人违反忠实谨慎义务的后果进行了明确，概括而言有请求赔偿、申请撤销受托人不当处分行为、解任受托人、要求恢复信托财产原状等四种情形，主要是民事上的司法救济途径。另外，监管部门对受托人违反忠实谨慎义务的行为亦有权从行政监管角度进行规制。

四、信托财产原状分配在司法实践中的认定

信托财产原状分配给权利归属人后，其诉讼主体资格、申请执行人资格等问题，司法实践中已有不少关于信托计划终止后对信托财产进行原状分配的案例可供参考。

（一）原状分配后权利归属人成为适格的信托财产权利主体，有权向债务人、担保人等主张权利，具备诉讼主体资格

信托合同纠纷实践中，常有债务人、担保人等主体依据合同相对性原则主张与权利归属人之间没有合同法律关系，以权利归属人不是适格的信托财产权利主体进行抗辩，拒绝承担债务清偿责任，对此，司法实践的观点一般是认可权利归属人的诉讼主体地位。

【典型案例】甘孜联社、四川某矿业公司合同纠纷案[1]

管理人申万宏源证券与委托人甘孜联社在《资产管理合同》中，委托人申万宏源证券与受托人山东信托签署的《信托合同》中均约定了“原状分配条款”，后《信托合同》到期后，山东信托按照约定向委托人进行了原状分配，包括债权、质押的股权、保证等财产类型，并通知了债务人及担保人。审理法院认为：“本案信托于2015年2月6日期限届满后，山东信托、申万宏源证券分别向委托人发送了《信托财产原状分配通知书》，并向信托财产的债务人、担保人发送了《债权人变更通知书》，履行了财产原状返还后债权人变更的通知义务。至此，甘孜联社取得了山东信托在《债权转让合同》项下的全部债权，有权要求科亨矿业按照《借款合同》约定归还借款本息；在信托期满，山东信托、申万宏源证券以原状分配方式将信托财产转移交付至甘孜联社后，甘孜联社作为信托财产的委托人及信托财产权利义务

[1] 案号：(2017) 最高法民终880号。

归属人有权要求前述保证人为科亨矿业的债务承担连带保证责任；甘孜联社就质押股权享有质权，在其未获清偿的债权范围内，有权对质押股权拍卖、变卖的价款优先受偿。”

但需注意，当信托合同约定委托人是权利归属人（受益人），但委托人并非实际向信托公司投入信托财产的主体时，法院有可能认为经原状分配后委托人也不能成为真正的信托财产权利人，进而不能向第三人主张权利。

【典型案例】威诗朗工会与威诗朗公司、乐豪公司、王某某、程某某债权转让合同纠纷案〔1〕

原告威诗朗工会声称通过公司23名员工集资筹得借款，以工会名义与中信证券签订了《资产管理合同》，委托中信证券设立定向资管计划，中信证券又与融通资本签订《资产管理合同》，中信证券又委托融通资本设立专项资管计划；后融通资本与光大信托签订《单一资金信托合同》，委托光大信托向被告威诗朗公司发放信托贷款。因被告威诗朗公司未能按期足额偿还借款本息，光大信托将信托财产按现状（债权、机械设备抵押权、保证担保等）转移给融通资本，融通资本又原状返还给中信证券，中信证券亦向原告威诗朗工会发送《委托财产现状分配告知书》，层层向上进行原状分配，直至资金方威诗朗工会获得相应的底层权益。但是法院审理认为“威诗朗工会本身没有对外放贷的职责。本案从形式上看，工会通过委托信托公司的方式对集资款项进行定向资产管理并以现状分配的方式受让剩余债权，但其本质上仍是当事人借工会集资的名义进行放贷。本案名义上有23名员工参与集资，但经本院调查，其中21人约2400万元资金直接来源于王某某的银行转账，而被告威诗朗公司用于还款的资金中有1000万元以上直接来源于王某某的银行转账，在还至原告账户后又以‘代发工资’的名义分别打入23名员工的账户，其中有20人收到的款项的部分或全部又被转汇到王某某账户，可见原告与被告之间不存在真实的借贷的关系。综上，原告并非真正的出借人或债权人。虽然在原告委托信托公司管理资产的后期，形式上以现状分配

〔1〕案号：（2018）浙0822民初2254号。

的方式受让剩余债权，但实质上仍旧是基于之前发生的借贷关系继而对剩余债权的再确认。本案实际债权人利用工会的名义进行信托放贷并利用工会的名义起诉，原告主体不符，应当依法驳回起诉”。

（二）原状分配后权利归属人如何加入强制执行程序

实务中，信托财产原状分配时，如果受托人以自己名义向债务人或担保人等发起的诉讼或仲裁案件已经审结完毕，相关判决文书或仲裁裁决书等业已生效，此时基于原状分配取得信托财产的权利归属人该如何加入执行程序呢？实务当中，有以下两种方式。

（1）由作为受托人的信托公司向法院申请强制执行，再通过变更申请执行人程序将权利归属人变更为申请执行人。《最高人民法院关于民事执行中变更、追加当事人若干问题的规定》第1条规定：“执行过程中，申请执行人或其继承人、权利承受人可以向人民法院申请变更、追加当事人。申请符合法定条件的，人民法院应予支持。”第9条规定：“申请执行人将生效法律文书确定的债权依法转让给第三人，且书面认可第三人取得该债权，该第三人申请变更、追加其为申请执行人的，人民法院应予支持。”该司法解释规定了生效法律文书确定的债权人将该债权转让给第三人后，可以在执行程序中变更第三人为申请执行人。因此受托人申请强制执行后，然后再以债权转让为由向法院申请变更执行人为信托财产的权利归属人，合法有效。

（2）受托人将债权转让给信托财产的权利归属人后，权利归属人直接以自己的名义申请强制执行。根据《最高人民法院关于人民法院执行工作若干问题的规定（试行）》第18条第4项规定“继承人或权利承受人申请执行的，应当提交继承或承受权利的证明文件”，即申请强制执行的主体范围除生效法律文书载明的权利人之外，还包括继承人和权利承受人，因此信托财产的权利归属人有权依据前述规定取得申请执行人资格，直接向法院申请强制执行。

以上两种做法，在司法实践中均操作可行。

【典型案例】吉林建苑公司与四川信托合同纠纷案[1]

原告吉林建苑公司（受益人）与被告四川信托签署《信托合同》，以自有资金委托四川信托设立资金信托，用于向案外人众诚钡盐公司发放信托贷款。由四川信托与案外人众诚钡盐公司签订《信托贷款合同》《质押合同》《保证合同》等，后众诚钡盐公司违约。四川信托经请示吉林建苑公司后采取法律措施，依据公证债权文书和执行证书向法院申请对众诚钡盐公司及担保人进行了强制执行。在申请强制执行期间，案涉信托计划到期，四川信托以现状分配方式向吉林建苑公司分配信托财产。随后，原告吉林建苑公司向法院出具《变更申请执行人申请书》，请求将申请执行权利人变更为吉林建苑公司。法院认为“本案在执行过程中，当事人间的权利义务依法发生了变化，吉林建苑公司是《四川信托—山东众诚钡盐信托贷款单一资金信托合同》的实际出资人和受益人，该合同系当事人真实意思表示，不违反法律规定，也不损害国家、集体、第三人的利益，真实有效，法院予以认可。根据合同约定，信托终止后原四川信托的权利、义务应由吉林建苑公司承继，裁定变更吉林建苑公司为该案的申请执行人”。

【典型案例】李某、李某某申请执行厦门某实业集团公司、厦门某实业总公司执行复议案[2]

最高人民法院认为“生效法律文书确定的权利人在进入执行程序前合法转让债权的，债权受让人即权利承受人可以作为申请执行人直接申请执行，无需执行法院作出变更申请执行人的裁定”，又根据《最高人民法院关于案例指导工作的规定》第7条的规定：“最高人民法院发布的指导性案例，各级人民法院审判类似案例时应当参照。”

最高人民法院34号指导案例所确立的裁判规则，对各级法院所遇到的此种情况具有影响。事实上，司法实践中有参照最高人民法院34号指导案

---

〔1〕 案号（2017）川民终680号。

〔2〕 最高人民法院2014年12月18日发布的34号指导案例（2017）川民终680号；最高人民法院2014年12月18日发布的34号指导案例（2012）执复字第26号。

例的案件，如重庆市高级人民法院（2020）渝执复57号执行裁定书、辽宁省沈阳市中级人民法院（2021）辽01执复351号执行裁定书、武汉市武昌区人民法院（2020）鄂0106执异236号执行裁定书等。信托财产权利归属人可以直接申请强制执行。

第六节　新型信托产品法律分析

一、“雪球结构”信托产品

《资管新规》实施后，监管部门持续监督信托公司“压降”业务，2021年末银保监会向各地方银保监局下发《关于进一步推进信托公司“两项业务”压降有关事项的通知》，要求进一步推进信托公司通道业务和融资业务压降工作。信托行业面临着迫切的业务转型压力，信托公司积极探索业务创新，与证券公司开展合作业务不断增多，在这些业务探索中，“雪球结构”收益凭证类信托产品市场销售火爆，引起了业内机构和投资者的广泛关注。自“雪球”这个新兴产品诞生起，便伴随激烈讨论：“雪球”是不是标品？“雪球”的风险点有哪些？信托公司怎样才算履行适当性义务？鉴于“雪球结构”信托产品的复杂性，在解答这些问题之前，有必要讲清楚“雪球”底层产品到底是什么。

在论述前，有必要先明确本节所称“雪球”的概念范围。“雪球结构”产品内嵌雪球期权，是奇异期权的一种，类似的还有“凤凰结构”“安全气囊结构”等，即使“雪球”本身，还包括“双标的结构”“降落伞结构”等各种形态，不同结构在期限、挂钩标的、敲入与敲出条件、票息等方面有所不同。结合2014年9月中国证券业协会发布的《证券公司开展收益凭证业务规范（试行）（征求意见稿）》（以下简称《业务规范》）中关于收益凭证类型的划分，目前市场上雪球产品按照收益结构可以划分为保本型、部分本金保障型和非保本型。篇幅所限，鉴于非保本型产品票息较高，也最受消费者追捧，本书所指的“雪球结构”专指目前市场上最常见的典型“雪球结构”，即产品底层资产为非固定收益型的券商收益凭证（带敲入和敲出的障碍期权）。

（一）投资者眼中的“雪球”

自《资管新规》明确提出“打破刚兑”的要求后，投资者急需寻找“低风险”理财产品，以券商信用为背书的收益凭证逐渐被投资者熟悉，其中“雪球”产品宣称15%至20%的年化收益，使得“雪球”产品规模大幅上升，甚至出现一分钟售罄的情况，在投资者眼中的“雪球”属于“买到即赚到”的产品，但当被问及什么是“雪球”时，投资者往往存在认知偏差。

1. 何为“雪球”

“雪球”名称的由来，是对投资者可能获得的最终收益的形象比喻。好比冬天滚雪球，只要路面不出现大的坑洼，雪球便会越滚越大，套用在“雪球”产品中，理论上可简单认为只要挂钩标的不出现大幅下跌，持有时间越长，投资者实际获得的收益便会越高。经济学上看，这实际上表达了温和看涨的观点，尤为吸引投资者的是，即使市场出现了一定程度的下跌，只要处于保护范围内，便不影响最终收益。

但在“雪球”产品大卖的同时，2021 年 8 月，各大券商场外业务部均收到监管函，要求强化“雪球”产品的风险管控，不禁令人好奇，看似“稳赚不赔”的“雪球”，是否存在被忽视的风险？

2. 投资者损益分析

了解“雪球”的第一步自然是从金融消费者角度说明如何才能获得投资收益。为便于理解，先解释下何为“票息”“挂钩标的”“敲入”“敲出”。

“雪球结构”内嵌的期权与普通期权（也称香草期权）不同，属于“障碍期权”（奇异期权的一种），“障碍”指包含的两个“障碍价格”，也就是我们所熟悉的敲出价格与敲入价格。这两个“价格”是指挂钩标的的价格，根据《业务规范》第 2 条，特定标的包括但不限于股权、债权、信用、基金、利率、汇率、指数、期货及基础商品。当然，其中最常见的是中证 500 指数，相关原因将在之后作简单阐释。而“雪球结构”实质上就是投资者向券商卖出奇异的看跌期权，同时获得约定的期权费用的过程，这个“期权费用”通常就是指“票息”。所谓敲入，指挂钩标的资产价格在观察日跌到敲入障碍价格之下；所谓敲出，指挂钩标的的资产价格涨到敲出价格之上，如果触发敲出，产品结束，投资者依约获得持有期间的固定收益（年化收益）。以下，我们引用机构间私募产品报价与服务系统[1]理性认识“雪球产品”中的图示，将挂钩标的资产价格的起初价格设为100%，敲出价格定为初始价格的105%，敲入价格定为初始价格的70%，产品期限限定为12个月，票息15%（年化），那么在产品期限内，可能会发生如下五种情形。

情形1（提前终止）：未发生敲入，任意敲出观察日敲出，投资损益净值=票息收益（年化）。

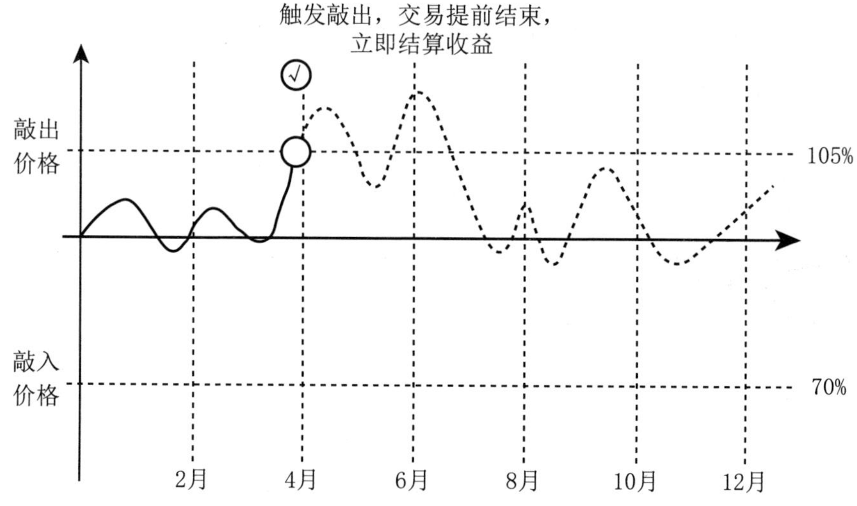

情形2（提前终止）：期间发生敲入，在之后某一敲出观察日敲出，投资损益净值=票息收益（年化）。

〔1〕 此系统的网址为https://www.interotc.com.cn/portal/newportal/index.html。

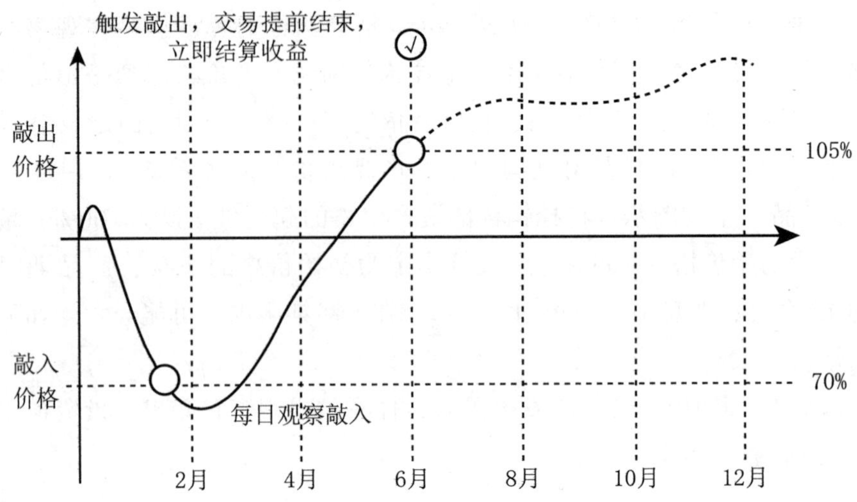

情形3（依约到期）：期间未敲出，且从未低于敲入价格，投资损益净值=票息收益（年化）。

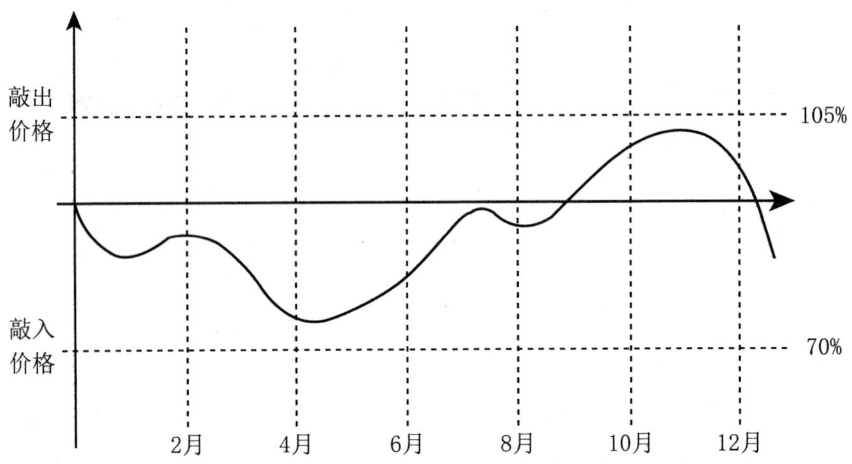

情景4（依约到期）：敲入未敲出，且到期价格大于等于期初价格（即涨幅不超过5%），投资损益净值=0。

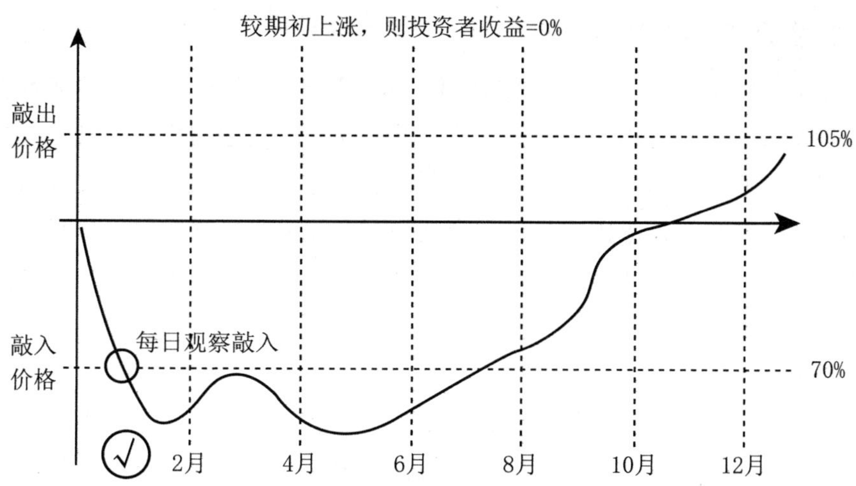

情景5（依约到期）：敲入未敲出，且到期价格低于期初价格，投资损益净值=标的跌幅×本金（非年化）。

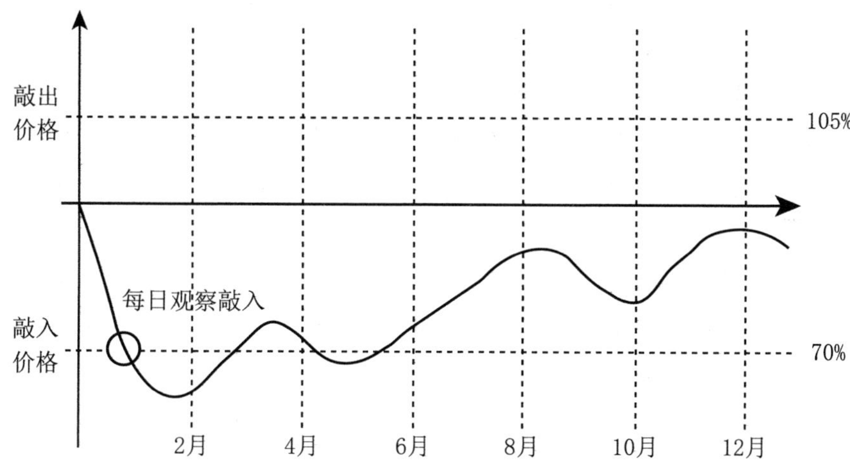

所以，投资者认购的基本逻辑是：认为在约定的产品期间内，挂钩标的价格不会大跌（不超过30%，触发敲入），以获得约定的固定收益。而且因为是年化票息收益，所以投资者期望标的价格涨幅不宜过快，持有的期限尽可能延长，也就是前文所述温和上涨。至于票息收益的报价，则由证券公司主导确定。

3. 投资者认知“陷阱”

以上五种情形是目前大多数介绍“雪球”时采用的图示，投资者仅在第五种情形下才会亏损，似乎概率比较低；同时即使标的价格下跌，在投资者眼里仍然心存侥幸，因为敲入价格下跌30%才触发敲入事件；就算触发敲入事件，只要再触发敲出事件仍然会获得预期收益，毕竟标的价格只需要上涨5%。对于初次接触“雪球”的投资者而言，很容易想当然地认为投资“雪球”赚钱非常容易。

然而，事实没有看起来那样简单，投资者忽略了另一个因素——“观察日”，也就是说观察敲入价格和敲出价格的频率并不同步。通常来讲，敲入的观察日是每天，而敲出的观察日是每月一次，也就是说非观察日里触发的“敲出事件”，不算敲出。这种时间维度上的错位，在上述二维图示中往往被投资者甚至销售人员忽视，加之目前“雪球”销售火爆的背景，固定收益高达15%的诱惑，投资很容易掉入认知陷阱。

（二）券商眼中的“雪球”

根据投资者损益分析，不免让非专业证券从业人员好奇，券商如何盈利？投资者向券商卖出带两个障碍价格的看跌期权，券商买入看跌期权并向投资者支付期权费，难道投资者比券商更了解资本市场？这实际上犯了投资者与券商二元对立的错误，投资者与券商看似“对赌”，或者说“风险转嫁”，实则不然，相反，实践中可能出现“双赢局面”。为了更好地了解“雪球”产品可能出现的风险，有必要进一步说明“雪球结构”的收益逻辑。

1. 券商如何盈利

券商在“获得”投资者资金后，其盈利来源与投资者没有直接联系，以挂钩标的为中证500指数为例，盈利方式有三，一是贴水收益[1]，二是闲置资金配置固收产品收益，三是对冲收益，其中最主要的收益方式就是“对冲收益”。

何为“对冲收益”？简单讲就是在中证500指数波动中“高抛低吸”获

[1] 贴水收益，或者基差收益，指利用中证500期货和现货的贴水，赚取价差。

得的收益。券商买入一份看跌期权的同时，再买入一份中证 500 指数的多头，形成对冲仓位。如果指数涨，那么看跌期权不行权，损失期权费，但所持指数多头赚钱；指数跌，看跌期权行权，赚取收益，但是所持指数多头亏钱，在平衡状态下，整个组合不亏不赚。如果指数上涨幅度较大，超过了盈亏平衡点的部分就是券商的盈利，称为高抛；如果指数下跌，超过了盈亏平衡点的部分，也是券商的盈利，称为低吸。

可以看出券商的收益来源并不直接来自投资者，而是“中证 500 指数的波动”，挂钩标的在可控范围内波动，券商“高抛低吸”赚取收益，然后将部分收益作为票息收益（期权费用）支付给投资者，投资者得到持有期内的固定收益，实现券商与投资的双赢局面。从过往统计数据来看，大部分是双赢的状态，所以券商与投资者双向认可“雪球”产品，使这一产品在这种震荡行情中供不应求。

2. 券商为何中意“中证 500 指数”

“雪球”挂钩标的中为何以“中证 500 指数”最为常见？从上文分析可知，挂钩标的需要具有至少两个特性，一是从投资者角度看，标的价格大概率不要大跌，二是从券商角度看，标的价格的波动率尽可能高，以获得对冲收益。“中证 500 指数”刚好符合以上要求。

第一，尽管没有人可以预测标的价格走势，但据 Wind 数据显示，截至 2021 年 7 月 30 日，中证 500 指数的市净率（PB）为 2.00，处于历史上 16.14%的分位数水平；市盈率（PE-TTM）为 21.63，处于历史上 5.60%的分位数水平。这意味着尽管近几年看中证 500 指数已处于高位，但是估值仍处于相对合理区间。另外，自 2019 年起，中证 500 指数大幅走强，即使遭遇新冠肺炎疫情，仍然表现相对坚挺。结合上文图示，也就是说从数据和历史表现上看中证 500 指数跌幅超过 30%的概率较低，被称为“安全垫比较厚”。

第二，根据深交所官网“投资者教育”专栏的表述，中证 500 指数又称中证小盘 500 指数（CSI Smallcap 500 index），简称中证 500（CSI 500），上海行情代码为 000905，深圳行情代码为 399905，是以沪深交易所市值排名约在301—800的股票作为样本股组成的指数。中证500指数主要由高成长性、市值偏中小盘的股票组成，用以反映A股市场中一批中小市值的股票价格表现情况，因此其波动率较高。

所以，站在投资者角度，投资者并不关心券商到底干了什么，仅对中证500指数的涨跌感兴趣。而站在券商的角度，对中证500指数的在观察日敲入敲出不感兴趣，更关心产品期间指数的波动率。二者的联系是，波动率决定券商可能获得的期间收益，期间收益决定了票息高低，同时也影响敲出敲入价格、是否设定锁定期等结构因素，进而影响投资者最终收益。

（三）“雪球结构”收益凭证信托

在介绍“雪球”基本内容后，将视线移向信托领域，信托领域中的“雪球结构”产品以“收益凭证”为载体，全称“雪球型自动敲入敲出式券商收益凭证信托产品”，也就是信托计划最终认购券商发行的某种收益凭证，此种收益凭证内嵌“雪球结构”障碍期权。

1. 何为“收益凭证”

（1）现行规范。

2013年3月3日中国证监会发布的《证券公司债务融资工具管理暂行规定（征求意见稿）》首次对“收益凭证”进行了定义，一般认为券商收益凭证是指，由证券公司依托自身信用发行的，约定本金和收益的偿付与特定标的相挂钩的有价证券，特定标的包括但不限于股权、债权、信用、利率、汇率、指数、金融衍生品、基金及基础商品等。收益凭证根据收益结构可大致分为固定收益型和非固定收益型两类，内嵌“雪球结构”的收益凭证属于非固定收益型。

（2）法律性质。

按照收益凭证的定义，收益凭证被认为是由证券公司发行的面向合格投资者的场外融资工具，与证券公司债、次级债并列为证券公司的表内工具。证券公司以自己信用背书，支付与特定挂钩标的价格相关的收益。从法律关系上讲，投资者与证券公司形成了债权债务关系，证券公司在满足约定的条件下向投资者支付对价。

根据《资管新规》以及《标准化债权类资产认定规则》第 4 条之规定，“……中证机构间报价系统股份有限公司的收益凭证，……是非标准化债权类资产”。另外 2021 年《中国银监会关于银行业保险业巩固治乱象深化强监管的指导意见》提出，“投资证券公司收益凭证等非标资产的，要严格执行穿透管理”。从以上规定看出，收益凭证在目前法规中被认定为“非标”，那么信托公司投资“雪球”是不是要受到非标额度的管控？按下不表，我们需要继续认识“雪球”。

2. 常见交易模式

（1）直接认购收益凭证。

信托计划能否直接认购收益凭证的核心问题是，信托公司是否需要根据《信托公司行政许可事项实施办法》第 43 条之规定，具备股指期货交易等衍生产品交易业务资格。问题进一步转化为，“雪球结构”信托产品仅仅是与券商的债务融资工具，还是金融衍生品。根据 2021 年 12 月 3 日中国人民银行、中国银保监会、中国证监会和国家外汇管理局联合发布的《关于促进衍生品业务规范发展的指导意见（征求意见稿）》，笔者倾向于认为信托公司应当具备相应资格。

《关于促进衍生品业务规范发展的指导意见（征求意见稿）》被认为是对境内场外衍生品市场大一统的规定，较之于《银行业金融机构衍生产品交易业务管理暂行办法》中关于“衍生品”的定义，〔1〕该征求意见稿没有对“衍生品”进行明确定义，仅列举了衍生品通常具备的四个特征，〔2〕同时要求衍生品的认定遵循实质重于形式的原则。内嵌“雪球结构”的收益凭证，实际上是投资者与券商之间的一种金融合约，其价值取决于挂钩标的价格，具有明确的到期期限，券商以自身信用背书，并不是对约定票息收益的担

---

〔1〕 根据《银行业金融机构衍生产品交易业务管理暂行办法》第 3 条的规定，衍生产品是一种金融合约，其价值取决于一种或多种基础资产或指数，合约的基本种类包括远期、期货、掉期（互换）和期权。衍生产品还包括具有远期、期货、掉期（互换）和期权中一种或多种特征的混合金融工具。

〔2〕 根据《关于促进衍生品业务规范发展的指导意见（征求意见稿）》第 1 条，四个特征包括：具有未来进行交割或行权的基础资产；合约需明确未来进行交割的基础资产的数量和价格，或其确定方式；具有明确的到期期限；具有明确的交割方式。

保，而是保证在产品结束时依约履行相应的支付义务，这与普通债券融资存在本质差异。尽管目前监管并未对此问题进行明确表态，但根据上述征求意见稿提及的“实质重于形式”的原则，笔者建议信托公司如果不具备股指期货交易等衍生品交易业务资格，须采用其他方式参与“雪球”发行。

（2）认购定向资产管理计划。

信托公司通常采取认购私募基金，由私募基金管理人担任投顾，定向认购券商发行的“雪球”收益凭证，常见的结构如图 4-1 所示。

需要特别提示，在设立信托阶段，根据《关于进一步加强证券公司场外期权业务监管的通知》以及《证券公司场外期权业务管理办法》，信托产品投资收益凭证需要满足一定要求：应当为合规设立的非结构化产品，规模不低于 5000 万元；穿透后的委托人中，单一投资者在产品中权益超过 20%的，应当符合《证券期货投资者适当性管理办法》专业投资者的基本标准，且最近一年金融资产不低于 2000 万元，具有 3 年以上证券、基金、期货、黄金、外汇等相关投资经验。

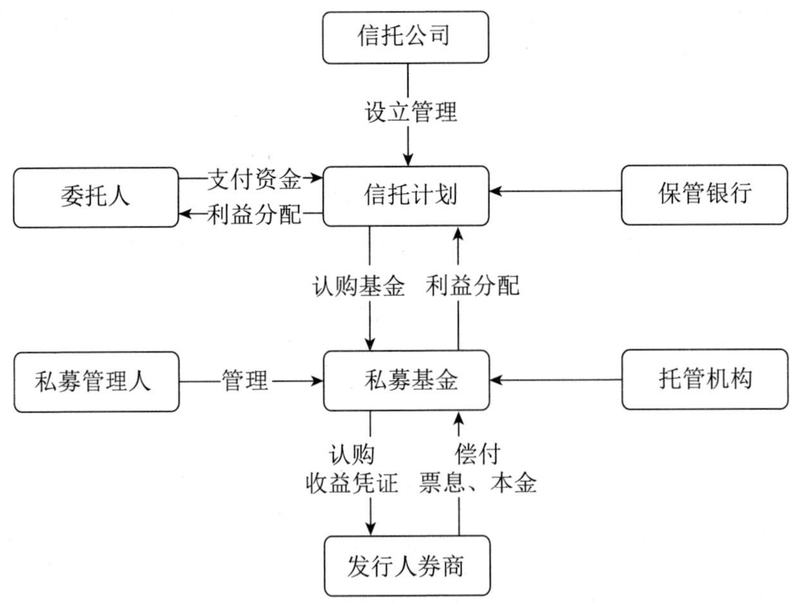

图 4-1　认购定向资产管理计划的常见结构

3. “雪球结构”信托产品的投资性质类型

根据《资管新规》，资产管理产品按照投资性质的不同，分为固定收益类产品、权益类产品、商品及金融衍生品类产品和混合类产品。固定收益类产品指投资于存款、债券等债权类资产，权益类产品指投资于股票、未上市企业股权等权益类资产，商品及金融衍生品类产品指投资于商品及金融衍生品。那么“雪球结构”信托产品的投资性质属于何种类型呢？

有观点认为，根据上文提到的《证券公司债务融资工具管理暂行规定（征求意见稿）》对收益凭证的定义，投资者与券商的法律关系本质上为债权债务关系，那么“雪球结构”信托产品的投资性质类型应为固定收益类产品。

有观点认为，按照“雪球结构”的实质，其实际上属于自动赎回障碍期权结构，是投资者向券商卖出奇异的看跌期权，同时将获得期权费用的过程，既然是一种期权，那么“雪球结构”信托产品的投资性质类型应归为商品及金融衍生品类产品。

然而，实际上在部分信托公司的信托合同中，“雪球结构”信托产品的投资性质类型一般为权益类产品，笔者更认可此种划分。

第一，就“雪球结构”而言，其性质兼具期权结构和提供固定收益双重属性，尽管属于券商表内业务，但不同于一般债券，事实上即使收益凭证本身也分固定收益型和非固定收益型；另外不同于一般金融衍生品风险性，券商以自身信用提供背书，不管券商是否实现预期收益，只要标的价格满足约定的条件，即提前敲出或期间未触发敲入，券商都会以自己的资本金为保障，给投资者兑付承诺的固定收益，除非券商信用破产。

第二，对资产管理产品投资性质划定类型，其监管目的之一是出于金融安全、防止规避监管，资产管理产品在产品成立后至到期日前不得擅自改变，如有改变，除高风险类型的产品超出比例范围投资较低风险资产外，应当先行取得投资者书面同意，并履行登记备案等法律法规以及金融监督管理部门规定的程序。另外，监管目的更重要一点是向投资者明确披露投资风险，根据《资管新规》第 12 条，固定收益类产品的投资风险，包括但不限于产品投资债券面临的利率、汇率变化等市场风险以及债券价格波动情况，产品投资每笔非标准化债权类资产的融资客户、项目名称、剩余融资期限、到期收益分配、交易结构、风险状况等；商品及金融衍生品类产品，金融机构应当通过醒目方式向投资者充分披露产品的挂钩资产、持仓风险、控制措施以及衍生品公允价值变化等；权益类产品的投资风险包括产品投资股票面临的风险以及股票价格波动情况等。

“雪球结构”最显著的特点是其挂钩标的价格的波动性，不论是券商做“高抛低吸”获得波动收益，还是对投资者设置的敲出敲入机制，都更符合权益类风险特征。而且本节前述已经提到，与直接参与衍生品交易不同，投资者认购收益凭证表达了对未来挂钩标的价格不会大跌的观点，至于券商采取的对冲措施，其隐含的对冲成本已经包含在票息价格上。实际上，业内普遍认为，“雪球结构”的风险系数也更接近权益类产品。

4. “雪球结构”信托产品的潜在风险

“雪球结构”不是万能的避风港，作为一个现代金融产品创新，从前文分析看，实际上既不单纯属于固定收益产品，也与一般衍生品存在差异，这正是“雪球”在实务中面临的主要困境。“雪球”“现货+期权”的特性，将固定收益产品与金融衍生交易合二为一，在将投资者对未来市场走势预期产品化的同时，增强了产品收益的稳定性。也正是这种复杂性，往往将“风险”隐藏，除投资者面临挂钩标的价格下降的风险（甚至损失全部本金）外，其他风险主要包括以下几方面。

（1）流动性风险。

一方面，券商与投资者获取收益的途径不同，为获得对冲收益，券商将根据对冲策略在产品期限内做“高抛低吸”，在与投资者的合约中不设有主动赎回条款，投资者将严格按照约定的终止条件实现退出。除信托公司直接认购收益凭证外，在通过私募基金定向认购的情况中，信托合同中一般也会设置同样的限制条款，销售人员须向委托人明确说明是否设有开放赎回日，提醒委托人提前做好资金安排。

另一方面，投资“雪球”不宜在未来挂钩标的价格出现大跌情况下买入。如果出现过快触发敲出事件的情况，同样不合适买入，因为委托人实际获得的绝对收益并不等于票息收益，而是年化收益，所以标的价格一旦涨幅过快，加之支付的时间成本，委托人收益很可能不及预期，此种风险也被称为再投资风险。

（2）表内亏损风险。

收益凭证以证券公司自身信用发行，有种不太严谨的说法认为只要证券公司不破产就可以“刚兑”，实则证券公司仍然面临表内亏损的可能。根据中国证券业协会官网披露的数据，[1]2020 年 7 月起，收益凭证月度存续规模陡然增加，突破 5000 亿元，环比增长 51.49%。截至 2021 年 10 月，证券公司 2021 年累计发行 35 309 支收益凭证，已接近 2020 年全年 36 541 支发行规模。尤为值得注意的是，尽管收益凭证仍以固定收益型为主，但非固定收益型收益凭证占比已经由 2019 年 12 月的 16.45%，2020 年 12 月的 27.43%，达到 2021 年 10 月的 42.61%。

因为“雪球结构”并不适合证券市场任何时点，尽管根据《业务规范》有发行收益凭证的余额不得超过证券公司净资本 60%的限制，但“雪球”发行规模持续上升，如果伴随市场波动率的下降，导致收益凭证挂钩标的波动率走低，证券公司对冲成本将大幅增加，不排除特殊情况下证券公司大幅亏损的可能。

（3）对冲风险。

上文提到证券公司的收益主要来自波动率交易，同时支付给投资者的票息收益。那么票息是如何确定的？实务中券商通过计算机来完成，计算机模型分析对应标的过往的波动情况，指导何时买入与买入数量，在波动区间内做低买高卖，然后计算机根据过往波动率测算出来一个收益。这些都对证券公司的对冲准确性和交易能力提出了较高要求。

这也是监管函对各大券商场外业务部强化全面风险管理，采取针对性风险防控措施的重要方面，监管函针对“雪球”产品的特点提出，风险敞口

---

〔1〕 数据来源参见中国证券业协会与中证机构间报价系统股份有限公司联合发布的《场外业务开展情况报告》（2020 年第 1 期 · 总第 52 期，2021 年第 1 期 · 总第 64 期，2021 年第 11 期 · 总第 74 期）。

限额管理：结合自身资本情况，逐级设置风险控制指标和业务规模、亏损限额、Delta、Gamma、Vega 等风险限额标准，风险管理部通过系统每日进行风险计量，并对指标限额进行监控和风险评估；按业务实质进行风控指标计量：证券公司发行内嵌期权结构的收益凭证，按照场外期权计算相关风控指标。对于“雪球”结构或其他可提前向客户支付本金及收益且无法准确预计支付时间的收益凭证，不得计入可用稳定资金，确保风控指标，按照业务实质真实、准确、完整计量。[1]从这个角度看，投资者通过卖出看跌期权，赚取期权费收益，而券商通过买入看跌期权，通过二级市场买卖对冲敞口，赚取超过期权费的对冲收益。

（4）监管风险。

目前对“雪球”信托投资性质类型、是否受非标额度管控等问题，监管部门尚未给出明确答复，也尚未出现涉及“雪球”的纠纷，但“中行原油宝”的惨痛教训还历历在目，中国银行因违反“银行业金融机构应当严格遵守审慎经营规则”，中国银保监会对中国银行进行行政处罚。尽管与“中行原油宝”不同的是目前市场尚未发现“雪球”加杠杆，对于类似这种结构过于复杂的产品，不排除监管部门专门出台相关规范的可能。

5. 信托公司的责任与义务

投资界的金句“收益率超过 6%就要打问号，超过 8%很危险，超过 10%就要做好损失全部本金的准备”，仍如达摩克利斯剑悬挂在每一个投资者头上。金融创新产品在丰富投资渠道的同时，理应避免异化、脱离为原有金融设计的价值导向和服务功能，这也是为何“雪球”在销售火爆时，监管部门向券商场外业务部出具监管函“泼凉水”，要求加强投资者准入及适当性管理，并要求强化全面风险管理。为避免纠纷产生，信托公司在资产端应当挑选有实力的基金管理人或券商，在资金端应当履行适当性义务。

---

〔1〕 以最常用的一种对冲手段 delta 对冲为例，其核心机制就是 delta 对冲获得的收益大于向客户支付的期权费。delta 代表组合盈亏与标的走势的关系，看跌期权的 delta 值处于-1 至 0（标的跌得越多，该值越接近于-1），为了保持 delta 中性，券商需要通过做多中证 500 股指期货，将 delta 指数配平。也就是说，指数越跌，券商手里的 500 期权多头越多。在标的的涨跌中，配平 delta 值，不断高抛低吸（即期权中常见的 gamma slaping）。

（1）资产端选择合适交易对手。

第一，如果信托公司直接购入收益凭证，因为“雪球”是券商发行的以自身信用为背书的收益权凭证，所以在满足兑付条件时，券商的兑付能力是不是充足，也就是它的净资产是不是能够覆盖所发行的量。除满足《业务规范》发行额不超过证券公司净资本60%的强制规定外，建议信托公司选择发行量占净资本尽可能低的券商。

另外，前文已经写明券商收益主要来自波动率交易，票息的确定也依赖计算机模型分析，所以选择的交易对手须具备较强的衍生金融工具投研力量，以管控复杂结构带来的风险。以对冲手段为例，根据《关于进一步加强证券公司场外期权业务监管的通知》的规定，经中国证券业协会备案，证券公司可以作为二级交易商，通过与一级交易商开展衍生品交易进行个股风险对冲，不得自行或与非一级交易商开展场内个股对冲交易。二级交易商申请与一级交易商进行对冲时，一级交易商应当根据自身合约设计要求及标的范围确定是否接受对冲交易，一级交易商拒绝接受的，二级交易商不得与客户达成交易合约；交易商发现异常交易的，及时向中国证券业协会报告。所以，站在风险控制的角度，建议信托公司选择头部券商作为交易对手。

第二，如果信托公司投资定向资产管理计划，那么如何选择有实力的具有投资场外金融衍品类资产资格的交易对手成为重点，通常的问题是如何选择私募基金管理人。从信托公司的尽职调查报告或可研性报告中可以看出，信托公司一般会从基金管理人的历史沿革、备案情况、经营状况、治理结构、核心成员、历史业绩、获得荣誉等方面进行考察，当然在双方首次合作、信托公司没有建立白名单时，最主要的选择依据之一通常是从私募排排网、Wind数据等查询私募基金排名。

当然，需要特别强调的是，建议信托公司加强专业投研力量，借助与基金管理人、券商合作的契机，加强对各类挂钩标的资产走势的研究。一方面，在信托产品准入时需要对挂钩标的价格进行预判，如果认为产品很有可能触发敲入，且指数可能持续走低，应重新选择准入时机，避免委托人损失；另一方面，信托业务非标转标的监管要求不可避免地将信托公司推向资本市场，虽然可以选择与投顾合作，但终究提升自身实力才能在当下波诡云翳的环境突破困境。

（2）信托端适当性义务的履行。

第一，加强销售行为管控。2020 年 5 月份发布的《信托公司资金信托管理暂行办法（征求意见稿）》直接把融资类信托业务“打入冷宫”，虽然还没有正式实施，但是已经给各家信托公司的业务开展套上“紧箍咒”。可以想到，在信托行业相对严峻的当下，“雪球结构”相对“高收益”不论对投资者还是信托公司无疑都是巨大“诱惑”，实践中销售（代销）人员大多这样介绍“雪球结构”：持有期内，只要挂钩标的不大幅下跌，投资者便可获得约定的票息收入。考虑到“雪球结构”的复杂性，大部分投资者并不了解底层投资逻辑和风险特征，甚至一些销售（代销）人员本身未必理解“雪球结构”到底是何物。

信托公司包括代销机构应持续加强对销售人员的培训，在销售底层资产为“雪球”产品的资产管理产品过程中，严禁使用“保本”“稳赚”等词汇诱导投资者购买或片面强调收益，客观揭示投资者可能面临的信用风险和市场风险，除了与投资者签订风险揭示书，还须充分提示相关亏损风险并进行留痕。

第二，选择与“雪球”风险匹配的投资者。从投资者收益角度看，“雪球”绝不属于无风险产品，“雪球”仅仅是用流动性和收益性换来一定的安全垫。所以无论市场是单边上涨还是单边下跌，都不是选择“雪球”的好时机，前者收益不及指数增强产品，后者不能提前赎回，如果触发敲入，到期挂钩标的价格低于起初价格，投资者将承担巨大损失。所以销售（代销）人员须对委托人的风险偏好及可承受的损失充分了解，比如，如果委托人认为所持有产品期间市场的大跌可能性很小，上涨趋势又不明朗，希望在震荡行情获取收益的，便适合购买“雪球”。

从合规角度，除了上文提到的单一投资者在产品中权益超过 20% 的情况外，投资者应当满足《证券期货投资者适当性管理办法》第 8 条第 1 款第 5 项关于专业投资者的规定，即就自然人而言，“1. 金融资产不低于 500 万元，或者最近 3 年个人年均收入不低于 50 万元；2. 具有 2 年以上证券、基金、期货、黄金、外汇等投资经历，或者具有 2 年以上金融产品设计、投资、风险管理及相关工作经历，或者属于本条第（一）项规定的专业投资者的高级管理人员、获得职业资格认证的从事金融相关业务的注册会计师和律师”。

另外，根据监管部门对券商的监管函中“投资者适当性审查”的要求，建议信托公司参考《证券期货投资者适当性管理办法》第6条了解委托人的下列信息：自然人的姓名、住址、职业、年龄、联系方式，法人或者其他组织的名称、注册地址、办公地址、性质、资质及经营范围等基本信息；收入来源和数额、资产、债务等财务状况；投资相关的学习、工作经历及投资经验；投资期限、品种、期望收益等投资目标；风险偏好及可承受的损失；诚信记录；实际控制投资者的自然人和交易的实际受益人等其他必要信息。

第三，充分进行风险披露。根据上文提到的“雪球”潜在风险，在《信托合同》风险披露时，“雪球”风险不仅包括信托计划本身的一般风险，还须特别说明包括但不限于收益凭证产品的相关风险：本次发行收益凭证特有风险（例如挂钩标的中证500指数的风险）、场外期权面临的风险（流动性风险、表内亏损风险）、与发行人有关的风险、基金风险（如有）等，另外，对于监管风险还可能存在调整信托产品类型的风险。

第四，不同于传统股票及债权投资的收益实现依赖于市场上涨，“雪球”为投资者提供带有风险缓冲的收益结构，实际上是在金融市场震荡的背景下，根据投资者不同风险偏好、不同业务策略创新金融产品所进行的深度定制，极大地丰富了市场需求。这些特征与信托公司提高主动管理能力、满足居民和企业投融资需求相契合，相信在有效防控相关风险的前提下，“雪球结构”信托产品的正外部性可以“越滚越大”。

根据相关媒体2022年1月8日和1月9日的报道，银保监会窗口指导要求信托公司暂停涉及“雪球”类券商收益凭证产品的发行，“雪球结构”信托产品不允许向C端投资者募集，正在发行的停止募集。其实，早在2021年9月，券商资管“纯雪球产品”即被叫停。从中国证监会监管的角度看，其原因是“深圳证监局在日常监管中关注到，部分机构在销售过程中存在未向投资者充分揭示风险，仅片面强调‘高收益’‘稳赚不赔’的情况，出现亏损时容易引发纠纷”。从中国银保监会的角度看，其原因一是对于“雪球”类信托产品，信托公司并不具备主动管理能力，更多的是券商的通道；

二是雪球结构过于复杂，基于投资者适当性要求，投资者需要具备更强的专业知识。另外，根据 2021 年 9 月中国证券投资基金业协会出台的“雪球”产品窗口指导意见，9 月后该协会暂停不符合要求的“雪球”类产品备案，除了 1000 万以上专业投资参与的资产管理计划，要求单只资产管理产品投资“雪球”的比例不超过产品净值的 25%。因目前尚无进一步的监管政策，期待相关收益凭证业务、金融衍生品业务的细则发布。

（四）“雪球结构”信托产品相关法律规范

· 《证券法》

· 《期货和衍生品法》（草案）

· 《关于促进衍生品业务规范发展的指导意见》（征求意见稿）

· 《证券公司场外期权业务管理办法》

· 《证券期货投资者适当性管理办法》

· 《关于进一步加强证券公司场外期权业务监管的通知》

· 《证券公司金融衍生品柜台交易业务规范》

· 《证券公司金融衍生品柜台交易风险管理指引》

· 《证券期货经营机构私募资产管理业务管理办法》

· 《私募基金募集行为管理办法》

· 《私募投资基金监督管理暂行办法》

· 《基金募集机构投资者适当性管理实施指引（试行）》

· 《中国银监会关于印发信托公司参与股指期货交易业务指引的通知》

· 《信托公司证券投资信托业务操作指引》

· 《银行业金融机构衍生产品交易业务管理暂行办法》

二、可转债信托产品

（一）可转债概述

1. 何为可转债

可转债全称为“可转换公司债券”（Convertible Bond，CB），根据 2020 年 12 月 31 日证监会发布的《可转换公司债券管理办法》，是指公司依法发行、在一定期间内依据约定的条件可以转换成本公司股票的公司债券，属于《证券法》规定的具有股权性质的证券。[1]根据东方财富 Choice 数据统计显示，截至 2021 年底，我国可转债发行规模为 2820 亿元，相较于我国百万亿级债券市场规模，无疑属于典型的小众市场。但作为 2019 年以来“固收+”重要代表品种之一，同时兼具“股性”和“债性”的混合证券品种，可转债为企业募集资金提供了多样化的选择，在提高直接融资比重、优化融资结构、增强金融服务实体经济能力等方面发挥了积极作用。

可转债既可面向特定对象发行，也可向不特定对象发行，但在交易方式、锁定期、转股价格、受托管理人等方面有所区别。可转债以债券发行后转股时点为界限进行划分，转股前具备“债性”特征，其融资方式类似于发行普通债券，属于债务融资，可转债投资者为发行方的债权人；转股后具备“股性”特征，类似于定增，属于权益融资，可转债投资者于转股的次日变为发行人股东。可转债的股转期限由存续期限及公司财务状况确定，自可转债发行结束之日起不少于 6 个月后方可转换为公司股票。

当然，可转债持有人享有转股或者不转股的选择权，可转债从而具备“期权”特征，但持有人将付出低于普通债券利率收益的机会成本。同时，类似于期权合约有效期内，有效期越长时间价值越大，期权费越高的特点，可转债的“机会成本”逐年递减。以 2022 年首支可转债新券“博瑞转债”(债券代码 118004，债券期限 6 年）为例，其第一年至第六年的票面利率依次为 0.4%、0.6%、1%、1.5%、2.5%、3%。[2]

与可转债持有人享有转股权相对应，可转债发行人拥有是否实施赎回条款的选择权。一般情况下，触发赎回的条件是当发行人股票在一段时间内连续高于转换价格达到一定幅度，此时发行人可以按照约定价格买回尚未转股的公司债券。在满足赎回条件前后，发行人要及时履行披露义务，防止发行人行使赎回权可能出现可转债价格剧烈波动时，滋生内幕交易。

---

〔1〕 近些年在非上市公司投资领域，出现了投资公司参照上市公司“可转债”的交易结构，创设类似“股权+债权”的新型投资模式。因为此模式下实际上既存在借款法律关系，又包括附条件增资法律关系，所以由《民法典》《公司法》等相关法律予以规范，本节不予讨论。

〔2〕 本书提到的金融产品，仅为笔者方便论述，不构成任何投资建议或产品推介，特此说明。

就目前信托领域，相比于“雪球”和多策略FOF，市面上可转债打新的相关产品并不常见，除可转债市场本身规模所限外，更直接的原因是中签率太低导致综合收益率不高，不具备产品化的能力。但是伴随可转债的再融资功能越来越受到发行人认可，近年来可转债市场持续出现供需两旺的局面。业内普遍认为，未来可转债依然具有较高的配置价值，可转债市场会继续扩容；另外，信托行业横跨货币、实业和资本市场，在可转债信托模式中，信托公司具有得天独厚的竞争优势。所以，有必要对可转债信托产品的相关问题进行梳理。

2. 可转债的特点

可转债因为兼具“债”和“股”两种特性，所以在一定范围内拥有较强的弹性盈利能力。当出现证券市场波动性较强的情况时，比如2018年股票市场较大浮动波动、债券市场长端利率整体下行，可转债相较于其他证券投资产品的抗风险属性促使其发行量逆势上扬。

（1）可转债与可交债。

可交债全称为“可交换他公司股票的债券”（Exchang Eable Bond，EB），根据《上市公司股东发行可交换公司债券试行规定》，可交换债是指上市公司的股东依法发行、在一定期限内依据约定的条件可以交换成该股东所持有的上市公司股份的公司债券。所以，与可转债类似的是，可交债也属于股债结合的金融产品，但二者区别较为明显，包括以下几个方面。

第一，发行人不同。可转债的发行人为上市公司，可转债的发行实为增发新股，将稀释上市公司原有股东股权；可交债的发行人为上市公司的股东，可交换债换股并不增加上市公司股票数量，因可交债通常发生在母公司与其控股的上市子公司之间，即由母公司发行债券，债券到期时可以转换成其上市子公司的股票，所以转股后会降低母公司对子公司的持股比例，但不会改变上市公司的总股本，也不会摊薄每股权益。

发行主体的不同，使得发行人在转股意愿上出现差异，进而影响交易主体之间条款的设置。一般情况下，可转债的发行人和投资者均有转股意愿，而可交债发行人可能仅仅为了达到低价融资的目的，所以可交债相关条款的设计更为灵活，尤其对于私募品种，如果发行人减持意愿较弱，则可以设置较高的换股价，增强可交债“债性”方面的吸引力。

第二，性质不同。可交债是上市公司股东以其持有的上市公司股票为质押的一种债务融资方式。当然不同于股票质押债务融资（债权人只有在债务人不能还本付息的情况下，才可以主张占有质押物），可交债持有人在换股期内享有是否行权的选择权。所以，与可转债具有期权特征不同的是，普遍认为可交债属于内嵌期权的金融衍生品，具有担保价值和转股价值双重属性。而对于可转债，根据《上市公司证券发行管理办法》第 20 条[1]，净资产不低于 15 亿元的可转债发行人将豁免提供担保，其他发行人的担保措施既可以是保证，也可以是抵押或质押。

第三，功能与目的存在差异。可转债与可交债都可以实现低成本融资的目的，考虑到可交债的发行人往往持有大量标的股票，发行可交债可以同时实现减持股票的功能。不可否认，直接减持上市公司股票与发行可交债均会对市场产生信号作用，但相较于前者，可交债投资者存在不行权的可能性，且经过在换股期间内逐渐换股，所以对上市公司股价的冲击要小很多。可交债的减持功能可以进一步实现发行人股权结构调整、市值管理、资产流动性管理等多重目的。例如在国有企业混合所有制改革过程中，发行可交债一方面由于换股规模可控，在引入投资者的同时，可以避免丧失国有控股权，另一方面在很大程度上降低了股东套现对上市公司市值以及 A 股市场的冲击。

（2）可转债与定增。

定增，也称定向增发，根据《上市公司证券发行管理办法》第 36 条，定增是指上市公司采用非公开发行方式向特定对象发行股票的行为。与定增相类似的是，目前证监会将可转债与定增均纳入再融资方向进行监管，而且

---

〔1〕《上市公司证券发行管理办法》第 20 条规定，公开发行可转换公司债券，应当提供担保，但最近一期末经审计的净资产不低于 15 亿元的公司除外。提供担保的，应当为全额担保，担保范围包括债券的本金及利息、违约金、损害赔偿金和实现债权的费用。以保证方式提供担保的，应当为连带责任担保，且保证人最近一期经审计的净资产额应不低于其累计对外担保的金额。证券公司或上市公司不得作为发行可转债的担保人，但上市商业银行除外。设定抵押或质押的，抵押或质押财产的估值应不低于担保金额。估值应经有资格的资产评估机构评估。

因可转债具有转股的可能性，所以二者在发行要求和流程上类似。但是与定增不同的是，可转债存续期间发行人仍需面临还本付息的压力。

数据显示，可转债产品自 2017 年起由原来每年发行数量不足 20 支，一跃达到 40 支，2018 年升至 67 支；[1] 与此同时，2018 年定增融资 7322.51 亿元，同比 2017 年下降 28.19%，相比 2016 年下滑 59.44%，2018 年共 214 家企业进行定增 237 次，同比 2017 年下降 53.62%。[2] 正因为二者一定程度上的相似性，可转债市场的扩容曾一度被认为是因 2017 年修正《上市公司非公开发行股票实施细则》后，定增发行难度上升，此消彼长的缘故。尽管 2017 年的修订抬高了定增融资的资金成本，为可转债的发展提供了重要机会，但可转债市场的壮大，更多依赖权益市场的繁荣，以及"固收+"市场的市场需求，二者完全可以共同发展。

《上市公司证券发行管理办法》《上市公司非公开发行股票实施细则》等再融资规则的再次修订，监管政策对定增在发行数量、发行价格、定价基准日等方面的再次松绑，使得定增规模出现回升。与此同时，可转债市场并没有因此缩小，相反依然火热，数据显示，2020 年全市场发行了近 200 支可转债，2021 年发行 127 支可转债，每年融资规模约在 2400 亿元。[3]

相较于定增，从监管政策上，可转债融资的优势体现在以下几个方面。

第一，发行间隔期方面暂无限制。根据中国证监会 2020 年 2 月 14 日发布的《发行监管问答——关于引导规范上市公司融资行为的监管要求》再融资审核的第三个要求，[4] 定增原则上发行间隔为 18 个月，特殊情况也不得少于 6 个月，而可转债无此要求。

---

〔1〕 数据来源具体参见网址：https://xueqiu.com/7807113010/119189412。

〔2〕 数据来源于金融界网站"去年定增融资 7322 亿元 同比下降 28%"，具体参见网址为 https://baijiahao.baidu.com/s?id=1623389114735260325&wfr=spider&for=pc。

〔3〕 数据来源参见"可转债站上'历史之巅'两大推手加码高估值"，载 https://baijiahao.baidu.com/s?id=1722792395482121145&wfr=spider&for=pc，最后访问日期：2022 年 1 月 10 日。

〔4〕 2020 年《发行监管问答——关于引导规范上市公司融资行为的监管要求》规定，"三是上市公司申请增发、配股、非公开发行股票的，本次发行董事会决议日距离前次募集资金到位日原则上不得少于 18 个月。前次募集资金基本使用完毕或募集资金投向未发生变更且按计划投入的，可不受上述限制，但相应间隔原则上不得少于 6 个月。前次募集资金包括首发、增发、配股、非公开发行股票。上市公司发行可转债、优先股和创业板小额快速融资，不适用本条规定"。

第二，锁定期较定增更为宽松。根据《上市公司非公开发行股票实施细则》第 8 条第 1 款，定增发行的股份至少有 6 个月的锁定期，另外根据第 7 条第 2 款，上市公司的控股股东认购的股份有 18 个月的锁定期。[1]对于可转债而言，根据 2021 年 2 月上市公司监管一部、二部和科创板公司监管部发布的《关于可转换公司债券适用短线交易相关规定的通知》，上市公司持股百分之五以上的股东、董监高适用于“短线交易”规制范围。所以，按照《证券法》第 44 条之规定，[2]仅前述人员买入的可转债才存在 6 个月的锁定期。

第三，虽然二者均会对发行人股权进行稀释，但与定增发行后立即摊薄股本不同，可转债可通过招募说明书设置赎回、回售等较为灵活的条款，延迟股权稀释过程。

当然二者并没有孰优孰劣之分，事实上定增在融资规模、财务要求指标、申报材料等方面较可转债具备优势。所以对上市公司而言，须结合自身经营状况与融资需求进行选择。

（3）可转债与分离交易可转债。

根据《上市公司证券发行管理办法》第 27 条第 1 款，分离交易可转债

---

〔1〕《上市公司非公开发行股票实施细则》第 7 条第 2 款规定：“上市公司董事会决议提前确定全部发行对象，且属于下列情形之一的，定价基准日可以为关于本次非公开发行股票的董事会决议公告日、股东大会决议公告日或者发行期首日，认购的股份自发行结束之日起十八个月内不得转让：（一）上市公司的控股股东、实际控制人或其控制的关联人；（二）通过认购本次发行的股份取得上市公司实际控制权的投资者；（三）董事会拟引入的境内外战略投资者。”第 8 条第 1 款规定：“发行对象属于本细则第七条第二款规定以外的情形的，上市公司应当在取得发行核准批文后，按照本细则的规定以竞价方式确定发行价格和发行对象。发行对象认购的股份自发行结束之日起六个月内不得转让。”

〔2〕《证券法》第 44 条规定：“上市公司、股票在国务院批准的其他全国性证券交易场所交易的公司持有百分之五以上股份的股东、董事、监事、高级管理人员，将其持有的该公司的股票或者其他具有股权性质的证券在买入后六个月内卖出，或者在卖出后六个月内又买入，由此所得收益归该公司所有，公司董事会应当收回其所得收益。但是，证券公司因购入包销售后剩余股票而持有百分之五以上股份，以及有国务院证券监督管理机构规定的其他情形的除外。前款所称董事、监事、高级管理人员、自然人股东持有的股票或者其他具有股权性质的证券，包括其配偶、父母、子女持有的及利用他人账户持有的股票或者其他具有股权性质的证券。公司董事会不按照第一款规定执行的，股东有权要求董事会在三十日内执行。公司董事会未在上述期限内执行的，股东有权为了公司的利益以自己的名义直接向人民法院提起诉讼。公司董事会不按照第一款的规定执行的，负有责任的董事依法承担连带责任。”

的全称是“认股权和债券分离交易的可转换公司债券”（Bond with attached warrant 或 equity warrant bonds，WBs），属于可转债的一种。在此定义下，可转债也称为“普通可转债”或“一般可转债”，鉴于分离交易可转债不设赎回条款，本书所称可转债，如无特别说明仅指“一般可转债”。分离交易可转债可看作由公司债券和认股权两部分组成，与可转债相同的是二者均是股票与债券以一定方式结合的混合型证券，二者的区别表现在以下几方面。

第一，分离交易可转债的公司债券和认股权证可分离交易。《上市公司证券发行管理办法》第 28 条第 2 款规定：“分离交易的可转换公司债券中的公司债券和认股权分别符合证券交易所上市条件的，应当分别上市交易。”分离交易可转债发行人相当于一次性捆绑发行了公司债券和认股权证两个交易品种，公司债券和认股权证独立交易赋予发行人两次融资的机会，前者为债权融资，后者属于股权融资。从投资者的角度看，分离交易可转债的投资者在行使了认股权利后，其债权依然存在，仍可要求到期归还本金并获得利息；而可转债的投资者一旦行使了认股权利，债权就不复存在了。

第二，发行条件存在差异。对比《上市公司证券发行管理办法》第 14 条和第 27 条，[1] 发行分离交易可转债在净资产规模、现金流量等方面有更高要求。同时，发行分离交易可转债“预计所附认股权全部行权后募集的资金总量不超过拟发行公司债券金额”，所以在发行同等规模债券的前提下，发行分离交易可转债能够募集更多资金。

---

〔1〕《上市公司证券发行管理办法》第 14 条规定：“公开发行可转换公司债券的公司，除应当符合本章第一节规定外，还应当符合下列规定：（一）最近三个会计年度加权平均净资产收益率平均不低于百分之六。扣除非经常性损益后的净利润与扣除前的净利润相比，以低者作为加权平均净资产收益率的计算依据；（二）本次发行后累计公司债券余额不超过最近一期末净资产额的百分之四十；（三）最近三个会计年度实现的年均可分配利润不少于公司债券一年的利息。前款所称可转换公司债券，是指发行公司依法发行、在一定期间内依据约定的条件可以转换成股份的公司债券。”第 27 条规定：“上市公司可以公开发行认股权和债券分离交易的可转换公司债券（以下简称分离交易的可转换公司债券）。发行分离交易的可转换公司债券，除符合本章第一节规定外，还应当符合下列规定：（一）公司最近一期末经审计的净资产不低于人民币十五亿元；（二）最近三个会计年度实现的年均可分配利润不少于公司债券一年的利息；（三）最近三个会计年度经营活动产生的现金流量净额平均不少于公司债券一年的利息，符合本办法第十四条第（一）项规定的公司除外；（四）本次发行后累计公司债券余额不超过最近一期末净资产额的百分之四十，预计所附认股权全部行权后募集的资金总量不超过拟发行公司债券金额。”

第三，条款设计上不同，包括赎回、回售、修正条款。分离交易可转债不设赎回、向下修正条款，对于回售条款，除了《上市公司证券发行管理办法》第24条和第35条均规定“募集说明书应当约定，上市公司改变公告的募集资金用途的，赋予债券持有人一次回售的权利”，分离交易可转债不设其他回售条款。所以对于分离交易可转债投资者，增加了持有认股权证的风险，但当正股价格大幅上涨时，可充分享受正股价格上涨带来的收益；对于分离交易可转债发行人，为了促成债转股从而再次获得融资的机会，将会积极提升经营业绩和股价，避免出现不断向下修正转股价格或者强制赎回方式给投资者造成损失。

3. 可转债相关法律规范

从全球范围内来看，1843年美国New York Erie铁道公司发行了第一支可转债，不过直到20世纪70年代美国经济大幅通货膨胀才使得可转债真正进入投资人的视野。从国内来看，可转债的产生时间比企业债券还要早，可以说是我国证监会体系下最早的公司债券。早在1991年我国便有了第一支可转债，因为可转债的发行门槛要比一般公司债券要高，在我国一直处于小众地位。2017年中国证监会发布了修订后的《证券发行与承销管理办法》，将可转债和可交债的申购方式由资金申购转为信用申购，大大提升了投资者的参与热情。

可转债的监管主体主要为证监会、上交所和深交所。其中，证监会发布负责可转债发行规则和总括性的监管条例，沪交所、深交所作为可转债的主要交易场所、主要负责制定可转债的发行、上市、交易等实施细则。目前上交所可转债交易规则包括：《上海证券交易所交易规则》《上海证券交易所证券异常交易实时监控细则》《上海证券交易所股票上市规则》；深交所相关交易规则有：《深圳证券交易所交易规则》《深圳证券交易所关于完善可转换公司债券盘中临时停牌制度的通知》《深圳证券交易所股票上市规则》。根据沪深两市交易规则，二级市场交易可转债均可当日回转，且无涨跌幅限制，但二者在集合降价和连续竞价中的申报价格、盘中临时停牌制度等方面存在差异。

证监会目前有关可转债的相关规定主要为2020年2月14日发布并实施的《上市公司证券发行管理办法》和《科创板上市公司证券发行管理暂行办法》、2021年1月31日实施的《可转换公司债券管理办法》以及2021年2月26日发布并实施的《公司债券发行与交易管理办法》。其中，为了防止可转债被炒作或者操纵，整合散见于各类不同监管文件中的规定，《可转换公司债券管理办法》成为专门规范可转债市场的重要规章文件，该管理办法共23条，主要包括交易转让、信息披露、转股、赎回、回售、受托管理、监管处罚、规则衔接等内容。就信托公司而言，须重点关注以下内容。

第一，规范交易行为。

与普通股票交易受T+1交易、涨跌停板限制等相比，可转债在原交易规则下可以有更高的价格波动性、换手率等，而且可转债剩余规模会随着债转股数量的增加而下降，也意味着可转债有着更易于被操纵的条件。《可转换公司债券管理办法》有关规定突出了可转债的“股性”，明确其属于《证券法》规定的具有股权性质的证券，并明确证券交易场所要根据可转债的风险和特点，完善交易规则，防范和抑制过度投机。对于可转债程序化交易，该管理办法遵循了《证券法》有关程序化交易管理的规定，要求其应当符合中国证监会的规定，并向证券交易所报告，不得影响证券交易所系统安全或者正常交易秩序。根据沪交所、深交所通知，自2021年3月29日起，客户开展可转债程序化交易需要按程序向交易所报告。同时，该管理办法还规定交易所要加强对可转债的风险监测，建立跨正股与可转债的监测机制，并根据可转债的特点制定针对性的监测指标。实操中，交易所会将连续异常波动可转债纳入重点监控，并对影响市场正常交易秩序、误导投资者交易决策的异常交易行为依规及时实施暂停账户交易等自律监管措施。

第二，可转债绝不是“稳赚不赔”。

普通投资购买可转债常常听到对可转债“下有保底，上不封顶”的描述，加之部分营销人员片面强调可转债具有“债券本息到期偿付”的保底属性，使得投资者简单认为购买可转债获取收益极为简单，即股市行情不好的时候不将可转债转成股票，到期收取本金和利息，股市行情好的时候则选择转换成股票，享受股票上扬的高额收益。实则不然，可转债投资需要极高的专业性，可转债兼具“股+债”的特性就要求投资者既懂“股”又懂“债”，需慎重投资。首先，可转债最近几年亮眼的表现实际上十分依赖股市整体市场环境，对很多投资低风险偏好的投资者而言，可转债投资成为替代股票投资的选择，期待获取股转后的上涨收益。但是如果遭遇市场风格转换，出现整体下跌的情况，投资可转债的胜率将大幅下降。其次，可转债打新出现破发的可能比新股申购高很多，即按照 100 元面值发行的可转债，出现跌破面值的情况。如果在持有期截止时，发行可转债公司的股价比转股价格还低，可能仅获得比银行定期存款利率还要低的可转债收益。另外，投资者除面临股票价格波动的市场风险外，还须承担上市公司违约的信用风险，加上往往忽视强制赎回条款、回售保护条款等客观情况，可转债投资并不是低风险投资，更不是无风险投资。

所以上述因素都促使《可转换公司债券管理办法》完善投资者适当性管理制度，尤其须解决可转债的风险与散户投资者风险承受能力不匹配的问题。为此，该管理办法一方面要求证券交易场所和证券公司制定投资者适当性管理制度、引导投资者理性参与可转债交易，另一方面建立可转债受托管理制度，加强投资者权益保护。

第三，回售条款与赎回条款及披露义务。

可转债的投资需要特别关注回售与赎回两个条款，前者主要指发行公司按事先约定的价格买回可转债，后者则指投资者按事先约定的价格将可转债卖给发行人的行为。一般会有一个有条件回售条款和强制赎回条款。

其中，对于有条件的可转债回售条款，几乎均明确规定“股票在任何连续三十个交易日的收盘价格低于当期转股价的 70%时，可转债持有人有权将其持有的可转债回售给公司”，该条款实际上是对投资者的保护，但投资者有选择权。

对于强制赎回条款，主要指当股价在一定时期内连续超过转股价一定比例时，发行人有权强制赎回，避免对发行方的冲击。

另外，对于披露义务，例如预计可能满足赎回条件的，应当在赎回条件满足前 5 个交易日及时披露，向市场充分提示风险；在赎回条件满足后及时披露，明确说明是否行使赎回权。特别地，对于发行人决定不行使赎回权的，在证券交易所规定的期限内不得再次行使赎回权。

（二）可转债纠纷与风险防范

1. 可转债争议焦点

受限于可转债市场规模，近三年信托领域涉及可转债的诉讼案件有限，根据中国裁判文书网公开的法律文书显示，尚没有单独涉及可转债的纠纷，可转债往往仅属于证券投资范围的一种，所以笔者在此将涉及可转债的证券投资信托纠纷归纳如下。

【典型案例】杨某与某信托公司信托纠纷案〔1〕

信托计划成立于2015年4月13日，设立时资金总规模为10 000万元，其中优先委托人资金为7500万元，一般委托人资金为2500万元。信托计划成立初期，合同各方均按照约定履行自身权利义务，其后信托单元净值低于补仓线，杨某（一般委托人）于2015年7月23日补仓600万元。后由于证券市场行情发生变化，股票市场出现大幅下跌，信托财产单位净值跌破平仓线，此时，因杨某未按照《信托合同》及《追加协议》的约定履行合同义务，本信托计划于2015年8月26日开始按《信托合同》约定进行止损操作。2015年11月27日，受托人与杨某签订《信托合同补充协议》，约定：由于经各方协商已于2015年9月30日向优先受益人提前分配优先级信托本金5700万元及对应信托收益，优先级受益人持有的优先信托单位变更为1800万份；同时，在不减少信托财产的前提下，一般受益人主动放弃一般信托单位，放弃后一般委托人持有的一般信托单位变更为600万份。2016年4月13日，本信托计划到期终止，但剩余信托财产不足以全额支付信托计划优先受益人本金、对应收益及其他应付费用。

另据《信托合同》第4条约定，“信托资金的管理与运用。（一）受托人投资管理方式。本信托计划财产的管理与运用由受托人、委托人代表、保管银行、证券经纪人共同完成。各方根据本信托计划下的相关合同与协议履

〔1〕 案号：（2019）川01民终11460号。

行各自的职责。……全体委托人特此指定，一般委托人杨某作为本信托计划的委托人代表，委托人签署本合同即视为同意选定杨某为本信托计划项下的委托人指令权人向受托人发送投资指令。（二）本信托计划的投资范围与限制。投资范围：本信托计划的信托资金投资于如下标的：本信托计划项下初始信托资金主要投资于沪、深证券交易所上市交易的A股股票、封闭式基金、ETF基金、LOF基金、货币市场基金、新股申购、国债逆向回购和公司债务（含可转债和可分离债），闲置资金可用于银行存款。（三）信托资金的运用程序。委托人确认本信托运作模式为：信托资金的运用采取委托人代表投资指令和受托人指令相结合的方式进行投资管理。……全体委托人在此一致同意：由委托人代表根据对信托财产的投资管理运作发出投资指令，委托人代表出具的投资指令代表了本信托计划项下全体委托人对信托财产管理和运用的意愿，受托人根据委托人代表的投资指令进行信托资金的交易和运作”。

本案是关于增信措施对信托合同效力影响的典型案件。

本案争议焦点为争议格式条款，“若信托计划资产变现后，现金部分不足以分配信托计划优先受益人的本金及理论收益，则一般委托人承诺作为本信托计划的一般委托人有义务补足差额部分，并对此承担无限连带责任”是否具有格式合同无效情形，杨某是否应承担补足资金的责任。

杨某主张，争议格式条款扩大，加重了上诉人在该信托计划中应承担的投资风险，而优先受益人无任何风险，严重违背了公平原则。属于《合同法》第40条规定的“……提供格式条款一方免除其责任、加重对方责任、排除对方主要权利的，该条款无效”的情形。

法院经审理认为，按照《信托合同》关于投资范围的约定，其实质是一种证券投资信托业务。从信托计划对资金的配置和收益的约定来看，优先受益人出资7500万元，理论信托收益为年7.4%或6.8%，一般受益人出资2500万元，收益无上限约定，同时杨某作为一般委托人代表，有权发出投资指令。即一般委托人虽出资2500万元，却获得4倍于其实际出资的资金用于证券投资，从而可能获得远高于年利率7.4%或6.8%的收益，优先受益人放弃了对信托财产的管理，放弃其高出资可能获得的高收益，该对价即劣后受益人负责对其本金、预期收益承担连带保证责任，这应是双方当事人参与该种结构化信托的合同目的。优先受益人出资多，但收益率小且固定、风险低，一般受益人出资虽少，但通过杠杆获得融资，可能获得更大的收益但也承担更大的风险，收益的高低与风险的大小成正比，亦符合公平原则。杨某作为一般委托人代表，对该种结构化信托的收益、风险分配规则应是明知的，因此争议格式条款的约定并不存在加重杨某责任的情形。

故，最终法院判决杨某应当向信托公司支付补足资金。

【典型案例】陈某与某信托公司营业信托纠纷案〔1〕

案涉信托计划于2015年4月3日成立。2015年4月7日，客户经理向委托人寄送了《基金4号信托计划信托合同》，在该份合同的“受托人”一栏已加盖信托公司公章。该份合同包含三部分，分别是认购风险申明书、信托合同、客户风险偏好及风险承受力测试。受托人聘请某投资管理公司作为本信托计划的投资顾问，对信托财产的投资提供投资顾问服务，投资顾问为本信托计划出具投资方案、提供投资建议。2015年5月13日，信托公司发布《基金4号信托计划期间管理报告》，载明，基于目前新三板市场的实际情况，为受益人利益最大化，根据信托合同约定，并经信托计划投资委员会决议，对信托计划投资范围调整为受托人将本信托的信托计划资金通过直接投资或嵌套有限合伙企业的形式，投资于拟在或已在新三板挂牌的健康行业企业，具体投资方式包括私募股权投资、定向增发、协议转让、并购机会、期权、二级市场投资（做市）、优先股及可转债，参与新三板挂牌企业的二级市场交易以及信托业保障基金等，信托计划资金闲置时，可投资于银行存款等高流动性、低风险的资产。

本案争议焦点为，信托公司履行诚实、信用、谨慎、有效管理的义务贯穿整个信托管理期间，本案委托人对信托公司义务的质疑，一是募集阶段是否尽到适当性义务；二是管理阶段投资顾问的资质问题。

法院经审理认为，第一，适当性义务是指卖方机构在向金融消费者推介、销售信托理财产品等高风险等级金融产品，以及为金融消费者参与高风

〔1〕 案号：（2020）浙01民终10296号。

险等级投资活动提供服务的过程中，必须履行的了解客户、了解产品、将适当的产品（或者服务）销售（或者提供）给适合的金融消费者等义务。在判断信托公司是否尽到适当性义务的标准上，就本案而言，委托人系主动要求购买案涉基金 4 号信托计划，并在签订合同前即主动支付投资款项，在收到信托公司邮寄的信托合同后亦注意到合同有关于受托人不承诺保本和最低收益的约定，之后并未要求退出信托计划，而是对信托计划的投资方向和盈亏情况持续关注，即委托人购买案涉信托计划并非基于“保底 8%”的错误认知，而是对该信托计划的性质和风险有了充分了解后愿意购买并继续履行信托合同。另外，结合委托人的受教育程度、工作经历以及在微信中陈述的自己的投资经验，即使信托公司确未对其进行风险评估亦并不影响委托人对购买案涉信托产品作出自主决定。

第二，关于投资顾问的资质。委托人主张案涉信托产品的投资顾问不具备证券类咨询资格，在信托公司将信托投资范围增加了私募股权投资的内容后，投资顾问亦不具备信托公司私人股权投资顾问资质。

法院认为，从委托人角度，委托人明知聘请了该投资管理公司为投资顾问，且信托公司聘请投资顾问事宜并未违反合同约定；从监管的角度，在案涉信托计划成立之前，信托公司就向当地银监局上报了包含有投资顾问某投资管理公司详细情况的《信托公司固有业务、信托项目事前报告表》，同时，案涉投资基金 4 号已在中国证券投资基金业协会完成了私募投资基金备案。从因果关系上看，信托公司根据信托合同的约定，为受益人利益最大化而在投资范围中增加了对拟在新三板挂牌的健康行业企业进行私募股权投资，在此之后案涉信托计划投资了未在新三板挂牌的项目博瑞生物，而该项投资盈利比例达 42.86%，因此委托人未能提交充分证据证明信托公司聘请某投资管理公司作为投资顾问存在违约行为并对信托项目造成了损失。

故，最终法院认为信托公司并未违反谨慎、有效管理的义务。

2. 风险防范

根据目前涉及可转债的证券投资信托纠纷，其“债性”一面体现得更明显，笔者根据相关法律规范，结合上文涉诉案件争议焦点，针对可转债信托产品提出以下风险防范需要关注的方面。

（1）合规风险。

可转债具备债和股的双重属性，如果投资者参与可转债融资业务采取结构化信托模式，根据《资管新规》第 21 条规定，“固定收益类产品的分级比例不得超过 3∶1，权益类产品的分级比例不得超过 1∶1”，以及《关于加强信托公司结构化信托业务监管有关问题的通知》第 9 条规定，“单个信托产品持有一家公司发行的股票最高不得超过该信托产品资产净值的 20%”，当可转债信托产品转股后不符合上述比例要求，应当减持股票，所以信托文件须注意提前设置相应的减持期限。

（2）增信措施的安排。

债券是信托公司向标准化市场转型的重要方向，但收益的持续走低会影响纯债产品的拓展。债券资产更加符合原先较低风险偏好信托客户的诉求，信托公司也有能力基于优秀的产品设计和资产挖掘能力为客户找到优质的债券资产。但是，在利率长期走低的背景下，纯债类固收产品的收益将持续下行，无法满足传统非标客户对收益的要求。可转债信托产品属于一种“固收+”产品，其收益来源于两个重要部分，一是债券资产产生的资本利得或票息收入，另一个是“+”的资产或策略产生增厚收益。因此，“固收+”的难度就在于，既要有较高而稳定的固定收益来源作为基础，又要有表现优异的另类资产或策略，才能体现出竞争优势。就目前而言，信托公司发行可转债信托产品应当注重以下两个方面的风险控制。对于“固收+”产品，风险资产的选择要考虑与债券资产的相关性，增加权益或商品等资产类型。但由于现阶段信托公司在权益领域的投研能力、产品运营管理与人才等方面都相对欠缺，所以风险资产的配置可更多考虑与券商、公募基金等资产机构合作。

（3）信托公司管理义务的履行。

信托公司是否履行相应勤勉义务的详细阐述，请参考“信托公司适当性义务的实务分析”一节。此处结合前述信托纠纷案件中，信托公司在销售信托产品时，需要特别注意两点：一是委托人对该信托计划的性质和风险是否有充分了解，二是购买信托产品是否由委托人自主决定。这就要求销售或代销人员除要做好双录外，应当向委托人披露可转债所涉风险，因其带有“期权”的性质，须明确告知可能带来收益不及预期的风险。当然需要特别对违反适当性义务的责任性质进行说明，在推介、销售高风险等级金融产品和提供高风险等级金融服务时，适当性义务的履行是“卖者尽责”的主要内容，也是“买者自负”的前提和基础。适当性义务系卖方机构在订立合同过程中应尽的义务，若未履行上述义务所需承担的民事责任属于缔约过失责任。

最后应当说明，相较于券商、公募基金等资产管理机构，信托公司开展证券投资信托业务不仅要加强投研能力、加快金融科技建设以突破前述资产管理机构的“护城河”，而且面临竞争规则等制度上的制约，但仍应看到我国资本市场层次体系不断丰富带来的机遇，在标准化投资产品成为信托业新的业绩增长点的趋势下，相信信托业能够在“大一统”的资管市场中获得投资者的青睐。